NORTH RONALDSAY VOICES

~ *An Oral History* ~

Ann Marwick

Published by The Orcadian (Kirkwall Press)
Hell's Half Acre, Kirkwall, Orkney, KW15 1GJ
Tel: 01856 879000 Fax: 01856 879001
www.orcadian.co.uk
Book sales: www.orcadian.co.uk/shop/index.php

ISBN No: 978-1912 889 136

Printed in Orkney by The Orcadian,
Hatston Print Centre, Hell's Half Acre, Kirkwall, Orkney, Scotland, KW15 1GJ

Front cover photo: 'Family at Sholtisquoy'

Contents

DEDICATION

For Christine and Tommy Muir

Acknowledgements

I would like to express my gratitude to the people of North Ronaldsay, in particular the families of the islanders I have interviewed. Many of the recordings have been available in the Orkney Sound Archive since the 1990s and I hope this book will give them the wider audience they deserve. I want to thank Christine and Tommy Muir for making me so welcome in their home and introducing me to the island. David Mackie and Lucy Gibbon from the Archive Department of the Orkney Library have given me assistance over many years, their support has been much appreciated. Ian Scott and the late Kathleen Scott assisted by supplying information and their attention to detail was very useful. James Miller has been an intuitive and sensitive publisher, giving me a sense of direction through years of recording and mountains of transcriptions. The book could not have been written without the help of Beatrice Thomson, a true North Ronaldsay historian, who generously gave me access to her meticulous and comprehensive research into the island's history.

Information has been reproduced from the Orkney Library Photographic Archive, and I want to thank Bessie Muir for access to the Dr Beatrice Garvie photographs. I also thank Kelvin Scott for his 1989 Photographic Census of the islanders displayed in The North Ronaldsay Archive. Karl Cooper has generously allowed his map to be reproduced here for the first time; it provides a landscape for the voices and contributes a real sense of place. The Archive is an essential record of the culture and heritage of the island, and profits from the sale of this book will go to support it.

Finally I want to thank my children, Paul, Lucy and Becky for tolerating my visits to the island when they were still peedie, and my husband David Drever for his editing, emotional support and infinite patience with this project.

Introduction

I first visited North Ronaldsay in November 1985 and immediately felt a sense of the past. First impressions were that I had reached the edge of the world, or the edge of Orkney at least. In the cold, grey light the island felt remote and bleak, with a flat landscape that merged with wild seas. I arrived in an eight seater Islander aircraft and was regarded with some suspicion when we landed in the muddy grass field that served as the island's runway. Tourism in the North Isles of Orkney had still to develop at that time and unfamiliar faces were relatively rare. I was met by Tommy Muir who ran the taxi service from the airport, and looking back I realise how lucky I was to stay with him and his wife Christine in their family home at Garso. After that first visit I returned many times to stay with them. It was always a treat to sit in the evenings next to the warm Raeburn stove chatting about life in the island. Christine was an ideal person to introduce me to North Ronaldsay - she had close family connections and returned to live there when she married a North Ronaldsay man. An outsider despite her family ties, she had translated her experiences as a farmer's wife and mother into a monthly column featured in The Farmers Weekly from 1966. These stories were collected and published as 'Orkney Days,' which made interesting reading for me as an island novice.

This first visit came though my work as the Orkney Sound Archivist. I had been appointed in 1980 with a remit to record the life stories of people who lived in the island and mainland communities of Orkney. My recordings were intended to enlarge the sound archive established by the Orkney historian Ernest Marwick from tape recordings he had made during the 1960s and 70s. Some of these were created as historical research while others became part of radio programmes broadcast on BBC Radio Scotland, and later Radio Orkney. My recordings aimed to document the lives of folk who farmed the land, fished the seas and cooked in the homes. They worked hard in often unforgiving conditions to sustain themselves and their large families. An extended sound archive would add their individual voices to existing historical resources.

The history of Orkney through the centuries is well documented in books which focus on different aspects of island life. However few shine a light on the lives of ordinary people. A notable exception to this is 'Reminiscences of an Orkney Parish' by John Firth; a fascinating tribute to the working lives of Orcadians in the 19th century. Within communities oral history was central to the preservation of knowledge, experience and culture. In earlier days this tradition was common to all isolated and preliterate societies.

Historical fact had to be recorded and important information held in the memory and shared. This included farming, fishing and home skills; changing weather patterns; and seasonal observations of the sky and sea. Also there were facts relating to land division, place names, and community rules and regulations. All this was passed on by word of mouth through the generations. This rich resource provided the basis for an oral history which would bring Orkney's past to life. As the historian Owen Dudley Edwards observed,

" It is from oral history that we get blood, otherwise all that remains to us are the dry bones!"

When I started recording in the 1980s I wanted to capture stories from before World War 1. This event fundamentally changed the way of life across Britain, and Orkney was no exception. At that time it was still possible to find people who could remember this period. Initially I recorded individual stories from different parts of Orkney, but it became clear that a focus on specific parishes or islands would create a more comprehensive oral history. I began to look to the North Isles for a suitable community and chose North Ronaldsay as the location for a detailed study. It was the most remote and isolated island in Orkney, and supported a diminishing population who had preserved a traditional way of life. Here the oral tradition remained strong, and folklore, superstition and belief were still important. Hugh Marwick wrote of the island in 1951

'Old words and traditions survived here longer than anywhere else in Orkney… and primeval ritual is not long dead.'

The islanders took pride in their ability to remember the past and this collective memory allowed me to travel back in time. Over the next five years I made more than 150 recordings of the older members of the community. I recorded each interviewee a number of times, building trust and corroborating island stories. Recounting genealogies was an activity islanders enjoyed, it is called 'telling the kindred.' This involved going back through the generations reciting names of relatives and their extended families. 'Telling the kindred' was an ideal way to test the memory and provided a great evening's entertainment. Listening to this helped me to compile individual histories for each of the families I met.

My relationship with the island developed over regular visits; in 1987 there were thirty one occupied homes and I recorded family stories from twenty three of them. In the course of my work I made many personal friends, often visiting without my tape recorder. I attended lots of island events - concerts, talks, exhibitions, conferences, harvest homes and Burns Suppers. On one memorable occasion I took my ten year old daughter Lucy to a harvest home. She still remembers travelling back late on a beautiful moonlit night to sleep in a small box room at Garso that was filled with vintage wooden toys. In 1993 I had the opportunity to interview a group of North Ronaldsay women for the tv documentary series, 'Time Quines.' This programme featured my research into the working lives of women in Orkney.

Fast forward to 2010 when, encouraged by Beatrice Thomson, I returned to the island to resume recording. It was exciting to document the changes and new challenges facing the islanders. Fear for the future had intensified during the intervening years. Depopulation had continued, the number of full time residents dropping from eighty to around forty. The lack of new economic development opportunities was apparent. With Ian Scott's assistance I was able to contribute oral transcription material to the North Ronaldsay Archive which houses an exhibition of island life. I also took the opportunity to transfer my North Ronaldsay interviews on to CDs. I then gave each family their copy of recordings made twenty five years earlier.

My friendship with the late Kathleen Scott allowed me to witness the ongoing struggle for the island's fragile future. However the pleasure of working in the island again was tinged with sadness, as it was clear the community was struggling to sustain day to day existence. There is still no ro-ro ferry and tourism has been slow to develop. While the new lighthouse museum is undoubtedly an asset, the Auld Beacon is still covered in rusting scaffolding. Despite building two new houses the population continues to decline and the school is closed due to a lack of children.

It is crucial that the individual islander's voice comes through on the page. Transcribing the many hours of recorded material was a meticulous task as it was important to capture the unique North Ronaldsay dialect. Their rich resource of memory and story cannot be expressed in standard English: the humour and typical Orcadian understatement in the narrative would be lost. I have transcribed the interviews as accurately as possible; however this is an oral history study, not a linguistic exercise. My aim has been to convey each islander's words as they were spoken during our interviews. I am a West Mainland Orcadian not a North Ronaldsay islander, and our conversations reflect that. The intention is to capture the immediacy and spontaneity of the spoken word.

During my visits to North Ronaldsay I noticed interviews were influenced by a number of factors. First time visits were more formal with fewer dialect words and expressions. However once I got to know the interviewee, the North Ronaldsay dialect crept into our conversations. Sometimes I took visiting oral historians with me and on these occasions, language would become more formal, reverting to a general Orcadian or English pronunciation. Described as 'chantan,' this mode of speech was adopted as a courtesy to the visitors. People are adept at modifying language to communicate effectively. I have used a spelling that reflects the distinctive North Ronaldsay pronunciation, while keeping the text readable.

I was fortunate to discover that during the 1930s and early 1940s, Dr Beatrice Garvie the resident doctor, was also an talented amateur photographer. A selection from her albums illustrate the text. Over the years she gained the trust of the islanders and this is reflected in her informal depictions of island life.

The accounts in this book are often personal memories, reflecting the life stories of individual people. However they are also the collective experience of a community. I have visited now for over 35 years and have built a close relationship with the island. I have recorded family groups including husbands and wives, fathers and daughters, mothers and sons and on one memorable occasion, three Thomson sisters, daughters of the great storyteller Willie o' Neven. Their narratives have an honesty and integrity that give a remarkable glimpse of life on North Ronaldsay in the not so distant past.

These stories highlight concerns for the future of a unique island identity. The need to record this cultural and historical heritage is urgent as depopulation and economic decline gather pace. The folk I recorded in the 1980s who remembered the island way of life are gone, and the next generation struggle to keep the collective memory alive. I hope this oral history will help preserve a way of life that is precious to us all. In a sense, it is our shared Orkney heritage.

Ann Marwick

Place Name Survey of the Island of North Ronaldsay

Compiled and Drawn by Karl Cooper, Orkney

© Crown copyright and database rights 2020 OS [96353943]

ATLANTIC OCEAN

The Point o' Trinley
North Muller
GREEN SKERRY
GARSO W
Altars o' Linay
LENSWICK
Leddle Hole
Nose o' the ridge
Geo o' Coorse
Trinley
Fairasippy
Oot Klet
Hole o' Brue
Suliber
Wheeter
Packhoose
Poor man's corner
North Geo o' Hangie
Crown Prince 1760
Hoe Skerries
Clapey faces
Rock o' Hangie
South Geo o' Hangie
Skeet Mill
Pow o' Krevan
Grithamy Dyke
Back o' the quoy
Vakkles
Save Geo
Grithamy Pow
Crewgather
Red Banks
Breckies Lum Hat
Point o' Save Geo
Sand o' Lenswick
Pouan o' Lenswick
Westness
Pool
Ooin Klets
Black Rocks
Rocky Stairs
Savie Geo
Brue
Kuttivat'girth
Grund End
Belyegrate
Linklets Toon
Stoen
Ebb Garso
Loch
North Hole
Quarries o' Snaban
Snatan Pund
Lensmire
Sander
Quoy o' Abut
Seaside
Sooth Hole
Grey Stane
TORNESS
Nether Linay
Lean
Upper Breck
Loch o' Garso
Musapöl
Midhoose
Turrieness Hill
Piggy
Andrew's Gate
Mid Linay
Burray
Nether Breck
Brae o' Breck
Conglabist
CRE
Howabuck Quoy
Longlibanks
Brae
Hinegreenie
Brigg
Stoots Well
Kringlamae
Parkhoose
Neven
Skerr
The Staff
Upper Linay
Kuter's Mire
Longar
Sandy Quoy
Ship Geo
Snash Ness
The snoot
Toots in Dannemarck
Staff Geo
Upper Cott
Ancum
Lairds Park
burnt mound
Tween Skerries
Geo o'
Jo's Hole
Bay o' Ryas Geo
pund
Nether Cott
Tiftaloan
Old Brae o' Ancum
Skroo Brae
Sooth Skerries
Inglass Geo
Trangie
Fairy Brae
Matches Dyke
pump house
Sandsheen
Sandy Neuk
Cellar o'
Hamar Geo
North Manse
Sbripe o' Sangar
Hamar Geo or Himmera Geo
Matches Crag
Bukkakeeth
Ancum Loch
Sangar
Sandsheen Loch
Sooth Hamar Geo
Verracott
Enyan
Knowe o' The Enyan
Geo o' Verracott
West Hill
LINKLET
LINKLET BA
Geo o' Antabreck
Surtis o' Sangar
Sodlis Geo
Old Horse Pund
West Hill House
Antabreck
North Graviby [Linkshoose]
Klet Rous
Cra' Dyke
Furvo Dyke
Stane o'
Trim Tooers
Roy's
Skiderhoose
Trunkie Gate
Peedie Grit
Brae
Sooth

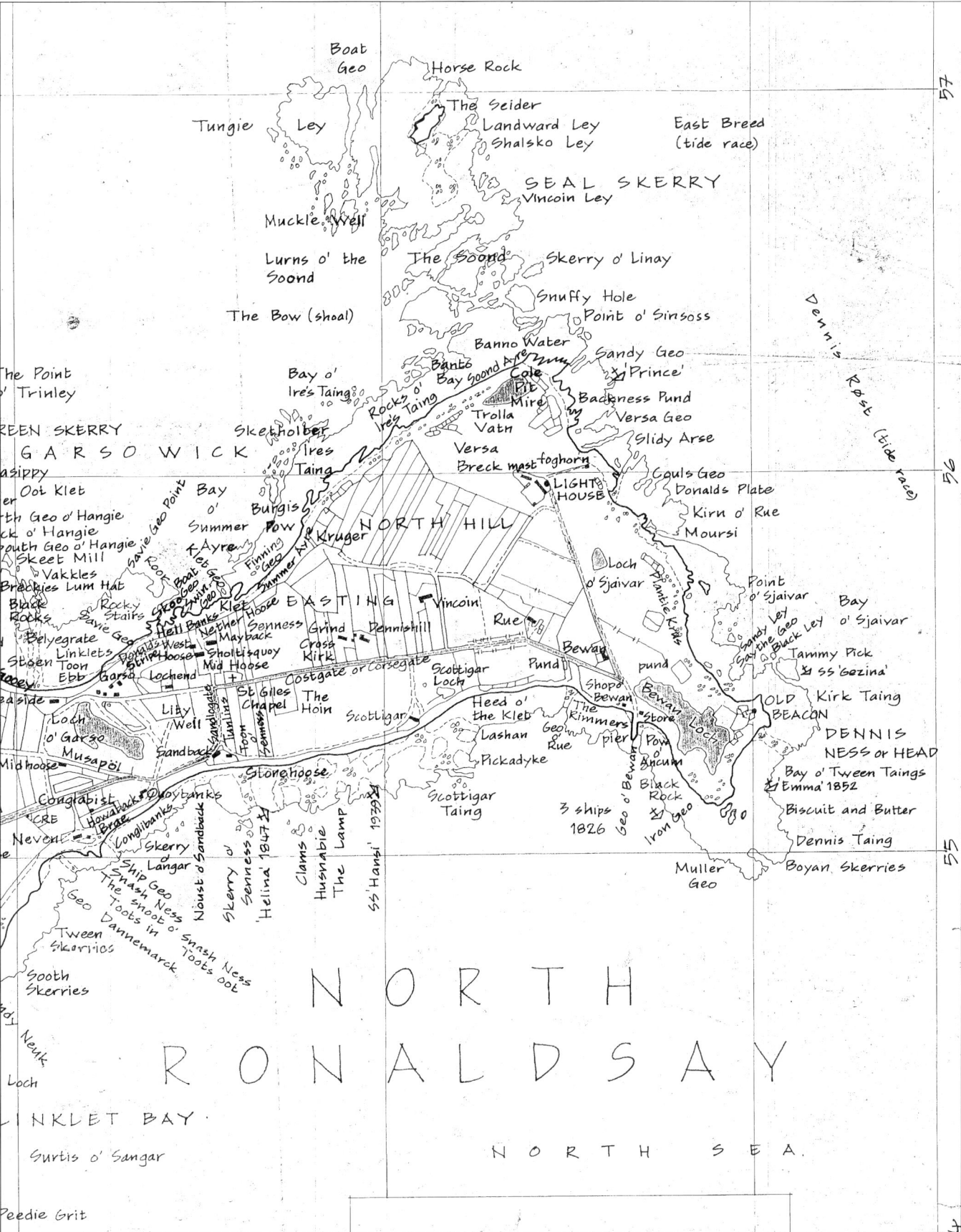

Boat Geo

Horse Rock

Tungie   Ley

The Seider
Landward Ley
Shalsko Ley

East Breed
(tide race)

SEAL SKERRY
Vincoin Ley

Muckle Well

Lurns o' the Soond

The Soond

Skerry o' Linay

The Bow (shoal)

Snuffy Hole
Point o' Sinsoss

Banno Water

Dennis Røst (tide race)

The Point o' Trinley

Bay o' Ire's Taing

Bantö
Bay Soond Ayre
Rocks o' Ire's Taing

Sandy Geo
'Prince'

Cole
Pit
Mire

Badgeness Pund

REEN SKERRY

Sketholber

Trolla Vatn

Versa Geo

GARSOWICK

Ires Taing

Versa Breck

Slidy Arse

asippy

Oot Klet

Bay o'
Burgis

mast foghorn

Couls Geo

Donalds Plate

th Geo o' Hangie
ck o' Hangie
outh Geo o' Hangie
Skeet Mill

Summer Pow

NORTH HILL

LIGHT HOUSE

Kirn o' Rue
Moursi

Ayre
Kruger

Finning Geo

Point Bay

Gavie Geo Point

Vakkles
Brackies Lum Hat
Black Rocks

Rocky Stairs

Boat Geo

Skoo Geo

Summer Ayre

Loch o' Sjaivar

Point o' Sjaivar

Bay o' Sjaivar

Twin Geo

Hell Banks

Klet Hoose

EASTING

Vincoin

Plantie Kro

Sandy Ley
Gos the Geo
Black Ley

Tammy Pick
SS 'Gezina'

Gavie Geo

Nether Hoose

Senness
Mayback

Grind

Dennishill

Rue

Belyegrate
Stoen
acey

Linklets
Toon
Ebb Garso

West
Struy Hoose
Sholtisquoy
Mid Hoose

Cross Kirk

Dennishill

Beway

Lochend

Costgate or Corsegate

Scottigar Loch

Pund

Shop
Bewan

pund

Bewan Loch

OLD BEACON

Kirk Taing

baside

Liliy Well

St Giles Chapel

The Hoin

Scottigar

Heed o' the Kleb

The Rimmers

Store
pier

Pow o' Ancum

DENNIS NESS or HEAD

Loch o' Garso

Musapöl

Lashan

Geo o' Rue

Black Rock

Bay o' Tween Taings
'Emma' 1852

Tanglagate
Toon Senness
Sandback

Lamp

Midhoose

Pickadyke

Iron Geo

Biscuit and Butter

Congrabist
CRE
Neven

Howaback
Brae
Longlibanks

Toybanks

Scottigar Taing

3 ships 1826

Geo o' Bewan

Muller Geo

Dennis Taing

Skerry o' Langar

Skerry o' Senness
'Helina' 1847

Clams
Husnabie
The Lamp

SS 'Hansi' 1939

Boyan Skerries

Ship Geo
Snash Ness
The snoot o' Snash Ness
Geo Dannemarck
Noust o' Sandback
Toots in Toots oot

Tween Skerries

Sooth Skerries

Neuk

NORTH

RONALDSAY

Loch

LINKLET BAY

NORTH   SEA.

Surtis o' Sangar

Peedie Grit

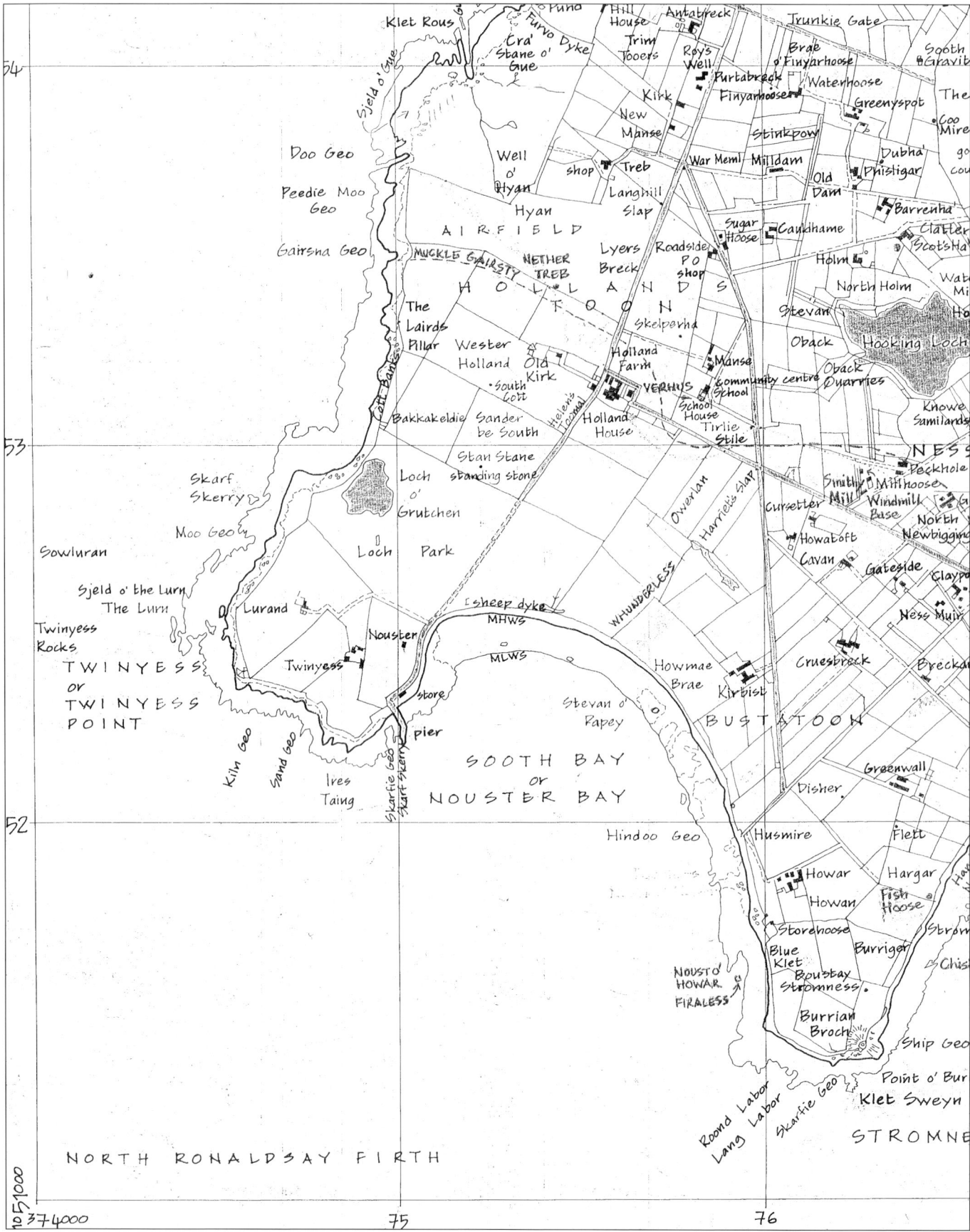

Klet Rous
Furvo Dyke
Cra' Stane o' Gue
o Pund
Hill House
Antabreck
Trunkie Gate
Trim Tooers
Roy's Well
Brae o' Finyarhoose
Sooth Gravib
Sjeld o' Gue
Kirk
New Manse
Purtabreck
Finyarhoose
Waterhoose
Greenyspot
The
Coo Mire
go
cou
Doo Geo
Well o' Hyan
shop
Treb
War Meml
Stinkpow
Milldam
Old Dam
Dubha'
Phistigar
Barrenha
Peedie Moo Geo
Langhill Slap
Sugar Hoose
Caudhame
Clatter
Scot's Ha
Hyan
A I R F I E L D
Lyers Breck
Roadside P O shop
Holm
North Holm
Wab
Mi
Gairsna Geo
MUCKLE GAIRSTY
NETHER TREB
H O L L A N D S
Stevan
Oback
Hooking Loch
Ho
The Lairds Pillar
Wester Holland Old Kirk
Skelpenha
Holland Farm
Manse
Oback Quarries
Bakkakeldie
South Cott
Sander be South
Helen's Fauld
Holland House
VERHUS
community centre
School
School House
Tirlie Stile
Knowe
Samilands
Stan Stane standing stone
N E S S
Peckhole
Skarf Skerry
Loch o' Grutchen
Overlan
Harriet's Slap
Cursetter Mill
Smith
Milhoose
Windmill Base
North Newbiggin
Moo Geo
Loch Park
W. HUNDERLESS
Howaboft
Cavan
Gateside
Claypo
Sowluran
Sjeld o' the Lurn
The Lurn
Lurand
sheep dyke
MHWS
Ness Muir
Twinyess Rocks
Nouster
Howmae Brae
Cruesbreck
Breckan
T W I N Y E S S
or
T W I N Y E S S
P O I N T
Twinyess
MLWS
Stevan o' Papey
Kirbist
B U S T A T O O N
store
pier
Kiln Geo
Sand Geo
Ives Taing
Skarfie Geo
Skarf Skerry Geo
S O O T H   B A Y
or
N O U S T E R   B A Y
Greenwall
Disher
Hindoo Geo
Husmire
Flett
Howar
Hargar
Howan
Fish Hoose
Storehoose
Blue Klet
Burrigar
Strom
Chis
NOUST O' HOWAR FIRALESS
Boustay Stromness
Burrian Broch
Ship Geo
Roond Labor
Lang Labor
Skarfie Geo
Point o' Bur
Klet Sweyn
S T R O M N E
N O R T H   R O N A L D S A Y   F I R T H
54
53
52
10 51000
10 37 4000
75
76

Peedie Grit

North Galt

e Links

Galtie Rock

olf

Sooth Galt

urse

cer

ill

ooking

Wheelow Slap

Geo o' Haskie Taing

Haskie Taing

Elgin, 1897

Haskie Slap

STOON

Toon Lands

herbo

Skerries o' Ness

Northness

Brae o' Stennabreck

Dog Geo

Hastie Geo

ows

Soothness

Noose

Stennabreck

Suthinalus

o' here

Brides Ness

Myres

Dummy Rock

Nokkan (fishing mark)

WELL

burnt mound

Pow

WAST PARK

Bride's Loch

Cat Geo

Bride's Ness Pund

Mustard Cheel Yard

Geo o' Bride's Pund

Viggay

Hurgi's Cheel Yards

Peedie Loch

BRIDE'S + KIRK

D Pow

AIST PARK

North Taing

BRIDE'S NESS

Viggay Banks

LOUP TENT PIER

BRIDE'S AYRE

KRUIK O'

BRIDE'S KIRK

WHET'S HURGI

Hurgis

SKARE ROOS

Muller

Cnue Steeths

Bride's Noust

Skerries o' Loup

KIt of Bristol, 1840

Mail Geo

Soorh Taing

Noland

Gentleman's seat

Geo o' Hann

nness Pund

BRIDE'S ETHY

t o' Burrigar'

rian

SS

Reef Dyke or Riff Dyke

'Svecia' 1740

77

78

79

INSET MAP. SENNESS, EASTING DISTRICT.
SCALE 1: 2500

MHWS

MLWS

Boat Geo

Swin Geo

Klet

Rugged faced lady

Skoo Helzie Banks or Hell Banks

Nether Hoose

Mayback

Leper's Hoose

West Hoose

Sholtisquoy

EASTING

Quoy o' Lochend

Midhoose

SENNESS

The Biggings o' Senness

St Giles + Chapel (site)

Lochend

Sandgate

Twnlins

Toon o' Senness

Liby Well

Sandback

MHWS

Store hoose

Portraits of the "Voices"

William Thomson

Willie Thomson with his parents Hugh and Annie, and daughter Annie.

William Thomson, known as Willie o' Neven, was born in 1901 and lived on a small croft, supplementing his income by lobster fishing. He was a painter and reader of history books, with a deep knowledge of traditional island life. It was very atmospheric talking with him on a winter night, the waves crashing on the shore outside, the wall clock ticking, and Willie puffing on his pipe. A talented story teller, his timing was masterful - a skill recognised by the researchers who travelled to North Ronaldsay to record him. His wife Jeanie died in her forties leaving Willie four children to bring up; his only son Henry was lost at sea in 1971. He died suddenly in 1987 with a painting half finished and a book partly read.

Recorded in 1985

Peter Thomson

I first met Peter and his wife Beatrice when I recorded his father-in-law Willie Thomson in 1985. He was born on the seven and a half acre croft of Greenspot in 1922. It struck me immediately when he told me about his life, just how hard he had worked from a young age. His memories of boyhood were of gathering whelks, fishing for cuithes, helping with the hens and breaking stones for the roads. His adult life was spent in farm service in North Ronaldsay, Sanday and mainland Orkney. Peter moved to Finstown when he retired and I recorded sessions with him and his neighbour John Thomson, who had left the island as a young man. Peter had a great sense of humour and I had many laughs recording him and his memories of island life.

Recorded in 1985, 2010 and 2011

Tammy and Mary Thomson

Tammy Thomson was born in 1908 and grew up on the six acre croft of Bewan in the North End of the island. A seafarer all his life, he worked as ferryman on the post boat carrying mails and passengers between Sanday and North Ronaldsay; he was also

a lobster fisherman. He married Mary Swanney in 1933 and they had nine children. Tammy had a great sense of humour and I listened to his sea stories for many entertaining hours sitting beside their old cast iron stove as it burned driftwood. After his death at the age of 81, I returned to Nether Linnay to record Mary who herself had many stories to tell of island life. In 1993 I visited her with a film crew to record an interview for Time Quines, a documentary programme made by Grampian Television. Mary died in 2000 aged 89.

Recorded in 1986, 1987, 1988. Filmed in 1993 for Time Quines, Caledonia films for Grampian Television

Meeno Tulloch

I first met Meeno in 1987 and we immediately got on well. I had already interviewed her sister Sarah Knight so she knew about me and was completely relaxed. I soon realised her life had been far from easy. She was born in 1900 on the twelve acre croft of Howatoft, the oldest of ten children. Her mother died in childbirth when Meeno was fourteen and she had to take responsibility for her nine brothers and sisters. She never complained of the hardship of her childhood, and was full of fun - we often ended up giggling together. Meeno married John Tulloch from Upper Linnay and had five children. The only sadness I sensed was when she told me of three young sisters who emigrated to Canada. Having spent her own youth holding the family together, it was hard when they had to leave. She died in April 1989. In 2013, over twenty years later, I interviewed her son John Ninian.

Recorded in 1985 and 1987. Sarah Knight was recorded in 1985 and John Ninian Tulloch in 2010

Christine and Tommy Muir

Christine grew up in Leith and her family connections with North Ronaldsay led her to visit the island when she was young. She married an islander, Tommy Muir in the 1960s and went to live on the farm of Garso where they brought up their four children. I have many memories of chatting to Christine about women's lives, embroidery patterns and children's books - Tommy was a constant contributor to these discussions. I would often stay at Garso on my visits, and remember watching the lighthouse beam sweep rhythmically across my bedroom window. Christine's knowledge of island lore was inspirational and comprehensive, absorbed from years of listening

to family stories. From 1966 she wrote articles for *The Farmers Weekly* and *The Scotsman* describing both the joys and the challenges of living on a small island farm. A selection were published as Orkney Days, one of my favourite books. She was one of the first Open University students graduating with both an MA and a BSc. Tommy had been born on the farm of Scots Ha' and brought a wealth of island experience, well grounded and thoughtful, to all my interviews.

Recorded in 1987 and 2010. Filmed for the Grampian Television series Time Quines in 1993

Annie Tulloch

Annie born in 1927 was the oldest daughter of Willie Thomson and I met her at Milldam in North Ronaldsay. Annie was quite reserved but had agreed to speak to me about her experience of domestic service and to answer my questions about women's work. She was employed at the manse on the island before taking a job at the Albert Hotel in Kirkwall, and then moved to mainland Scotland to work in service at Tarbat House in Ross and Cromarty. Married to Johnny Tulloch, joiner and undertaker, they arranged and supervised many funerals. Annie had two sisters, Sybella and Beatrice, and in 2011 I was able to interview all three of them together in Finstown.

It was fascinating to hear them speak about their childhood on North Ronaldsay. Annie and Beatrice stayed in the island and Sybella left to become a nurse.

Recorded in 1987 and again, with sisters Sybella Paterson and Beatrice Thomson, in 2010

Bella Cromarty

In 1987 I met Bella in Kirkwall where she had lived for many years, leaving North Ronaldsay for shop work in St Catherine's Place. It was obvious that she missed the island and she spoke fondly of her brothers and sisters. Born in 1916 one of eight children, she grew up on the five acre croft of Trebb.

Bella's father, James Swanney started a shop and the family worked in the business, her brother Stewart starting a bakery in the island. Cheerful and friendly Bella obviously loved her work as a shop keeper. In 1985 I had the opportunity to interview her mother Isabella in North Ronaldsay, shortly after her 100th birthday and although tired after the celebrations, she became animated when she spoke about her family. I also spoke to Hugh and Ronnie, Bella's brothers. Recording four family members gave a full picture of their island life.

Recorded in 1987. Her mother Isabella Swanney was recorded in 1985 and her brother Hugh, in 1986.

Maimie Corse

Maimie Corse was born in 1923 and brought up on Kirbist, one of the bigger farms on North Ronaldsay. The younger of two daughters of John Tulloch, she went on to the Kirkwall Grammar School and then to Craigstone College to study Domestic Science. When she was a student, Maimie liked nothing better than to get back to the farm in North Ronaldsay to work with the horses and other animals. She married Jim who was in the lighthouse service, and lived in different locations including the Isle of Man and Aberdeen. She returned to Orkney in 1993 after her husband died. For a time Maimie had worked at the Agricultural College in Kirkwall as an adviser on poultry farming. She died in 2010.

Recorded in 2010

Sydney and Tia Scott

I recorded Sydney many times in North Ronaldsay. Born in 1915, he was the youngest of the eleven children of John and Anne Scott from North Manse. Sydney was a farmer and worked as a miller for many years. A real character, he was a singer and story teller with a great memory for island history. He married Tia Tulloch, the youngest of six children from Cruesbreck. She was born in 1911 and had a clear memory and witty turn of phrase. Together

they were a delight to interview, and I spent many evenings with them sitting in front of the Raeburn stove at Antabreck. They had six children and in 2011 I recorded their son Ian and daughter Kathleen, who both inherited their parents' interest in island history. Together we discussed the many changes they had seen in North Ronaldsay.

Recorded in 1985, 1986, 1987, 1988, 1989. Their son Ian and late daughter, Kathleen were recorded in 2011 and 2013

Sarah and Jimmy Deyell, Lochend

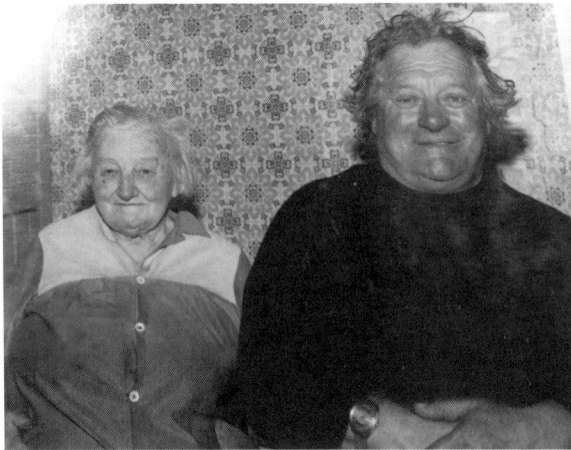

Sarah (an only child) was born in 1911, and lived all her life on the twelve acre croft of Loch End in the North End of the island. Her grandparents also lived on the croft - her grandfather was a seaman who had sailed round the Horn. Sarah told me she remembered clearly what he told her on his return: 'America', he said, ' was heaven for women and cats but hell for men and horse!' I interviewed Sarah with her husband Jimmy Deyell. They both had excellent memories and a detailed practical knowledge of life on a small croft. Sarah died in 1992.

Recorded in 1987

Jenny Tulloch

Jenny was born on the fifteen acre croft of Sandback in 1920. She was one of two sisters and left school at fourteen, working at home on the farm and in the harvest at Westness. She went into domestic service for Rev. and Mrs Gordon at the manse before going to Edinburgh to work for Professor Shearer, an

Orcadian. She joined the RAF during the war and came home when she married a North Ronaldsay man. She brought up her two daughters at Scottigar, a small farm in the North End of the island.

Recorded in 1987 and filmed for the Grampian Television series Time Quines in 1993.

Johnny Laverty

Johnny Laverty, from Barrenha' was born in 1901, the youngest of seven children, to parents Daniel and Janet Laverty. He was a very wise, reserved man with a great knowledge of all aspects of island life. He didn't really enjoy being interviewed but he was courteous in allowing me to ask him questions. As one of the oldest islanders he felt it was his duty to share his knowledge and experience of North Ronaldsay.

Recorded in 1985 and 1987

Helen and John Swanney,

Helen grew up on the farm of Westness with her two brothers, Tommy and John. Her father was John Swanney from Longar and her mother, Mima Tulloch. She was married to Ronnie Swanney and ran the shop at Trebb, as well as working at the airport. I interviewed her and her brother John in 2010 . Helen had a wealth of information on farming and her brother John was an experienced creel fisherman.

Recorded in 2010

Bertie Thomson

Bertie Thomson was born at Claypows in 1933 and lived all his life on the island. He was a great expert on North Ronaldsay sheep and was a Sheepman for many years. He married Alice Swanney from North Gravity and they had three children. I recorded his uncle John Swanney in 1986.

Recorded in 2011

Dr Beatrice Garvie - The Photographer

Dr Garvie arrived in North Ronaldsay to take up the post of doctor in 1931 at the age of fifty, and spent the next fifteen years as the island doctor. She had been a missionary doctor in Northern India before taking up her post. John Thomson remembered her clearly.

"Oh god, I mind Dr Garvie fine, I took milk up tae her every day. Shu wus a peedie bit o' wife, an shu always wore breeches. Shu wus in North Ronaldsay fur years an shu smoked like a chimney. Shu hud a dog, Jocky, a bloody thing o' a dog, a peedie dog that wud bite, shu got hud fae Johnny o' Hooking. God I think shu got on alright wae the fowk, the fowk liked Dr Garvie an she geed a whole lot o' the fowk photographs, she wus good that wey, yes."

John T

On her arrival she had to deal with an outbreak of whooping cough, but her approach was drastic and not appreciated by everyone.

"She came just before we had the whooping cough, and she said to my mother, 'Put them outside, get them outside.' But there were two children died of the whooping cough at Garso, a brother and a sister. And that really was because they were outside in the frost and snow when they shouldn't have been outside. Their mother was dead and the auld granny just didn't know what to do I suppose."

Maimie

She became involved in community life, giving talks on India, speaking at Burns Suppers, giving toasts at weddings and making presentations at the school.

"After Dr Garvie came, she organised a Santa and everyone got a present. Oh she was very good like that. She had no family herself and she never married, she'd been in India for years and years before she came to North Ronaldsay."

Maimie

Dr Garvie was a keen amateur photographer who focussed on the island as a working environment rather than a scenic landscape. She took photos of all the children she delivered and enjoyed depicting the reality of women's working lives, both inside and outside the home. Gradually gaining the trust of the islanders, her portraits of family groups are often relaxed and informal.

"They dudno like her very weel tae start wae, weel they wur a bit frightened o' her, bit shu got better. Shu took a great lot o' photos. An shu left something tae aal the bairns when shu went awey, bonny peedie brass ornaments fae India. Kathleen got a frog an Anne got a cat an Ian got the snake. An shu left a lot o' money tae the Kirk when shu died."

Tia

She retired in 1946 and the islanders arranged a farewell presentation and paid tribute to the ' faithful and efficient manner in which she had fulfilled her duty in fair weather or foul' and wished her a well earned retirement. She left her remarkable collection of photographs in the care of the community and a year later they were used in a lantern lecture given by the Rev. McAlpine in the Memorial Hall.

The Island

North Ronaldsay is the most isolated of Orkney's Northern Isles lying thirty six miles north of the capital Kirkwall. It is small, stretching three miles in length and two miles wide. Flat and treeless, it is exposed to violent westerly gales and strong tides which can make the journey hazardous. The island's identity has been shaped by this remote location and even today most Orcadians living on the Mainland have never visited.[1] Situated in a fifty mile tidal channel where the North Sea and the Atlantic Ocean meet, strong tides make travel difficult and inaccessibility has been a defining factor; today it is the only Orkney island without a roll on—roll off ferry. This isolation has aroused curiosity about the island, its people and their way of life; and a fascination with their continued survival.

As our modern world becomes more connected through technology and travel, there is an increasing interest in remote places. The common perception of the northern islands of Scotland is that they are cut off from civilisation: the more inaccessible the location, the more mysterious. North Ronaldsay has attracted its fair share of visitors over the centuries and their commentaries are some of the earliest references to life on the island. It may have been the 'Ultima Thule' mentioned by early Roman voyagers, but the first recorded visitors were ministers sent to compile geographical surveys and to report on the religious and moral character of the inhabitants.[2]

Jo Ben's 1529 report of the islanders is the earliest description of life in Orkney

> *"The first island is North Ronaldsay, from the north… it is distant from Kirkwall sixty miles. The people are very ignorant of divine discourse, because they are seldom or ever taught. There is great abundance of corn there, viz. of corn and oats. The people in the winter live upon barley bread, but in the summer upon small fish and milk."* [3]

Early travellers were attracted to aspects of island life that were strange and unusual, adding descriptions to give their narrative an exotic quality, reinforcing the notion that life in the north was primitive and uncivilised. These communities were seen as existing outside the constraints of 'civilised' society, and fear of the unknown is evident. Rev Brand describes a reported birth when he visited the island in 1701.

> *"There was a Monster about 7 Years ago, born of one Helen Thomson Spouse to David Martin Weaver in North Ronaldsha, having its Neck between Head and Shoulders a quarter and an half of a yard long, with a Face, Nose, Eyes, Mouth etc. to the Back, as well as before, so that it was two Faced, which Monster came living into the World: This the Minister declared unto us, having taken the Attestation of the Woman present at the Birth, he not being on the place at the time."* [4]

This is island life as seen through the eyes of the outsider. Their travel accounts were intended for an audience unlikely to visit for themselves, and this allowed exaggeration to add colour and interest.

ANTIQUITIES

North Ronaldsay was inhabited from early times and archaeological excavations have uncovered evidence of Bronze and Iron Age, Pictish and Norse settlements. A single large Neolithic monolith, known locally as the Stan Stane, measures over thirteen feet high and three feet wide with a hole carved through its depth. Within recent memory the standing stone was used as a place of celebration.[5]

> " Oh bit that stone's been a religious symbol. Thur wus a minister here a couple o' hunder years ago an he got in a great flurry. Hud wus the Auld New Year in those days an the thirteenth wus New Year's Day instead o' the First you see, hud wus the auld reckoning. An every Hogmanay the young fowk o' the island, young men an young women went doon there an danced roond that stone in moonlight. He could'na git them stopped. Well hud certainly

wus a relic o' the worship o' Odin, thurs no mistake aboot that. An hud wus done until ap aboot a hunder an sixty years ago. Oh aye. "

Willie

~

Island ministers were critical of communities that kept their pagan customs. The minister of North Ronaldsay and Sanday, the Rev William Clouston wrote in the late 18th century.

"There is a large stone, about nine or ten feet high and four broad placed upright in a plain in the isle of North Ronaldsay; but no tradition is preserved concerning it... for religious worship. The writer has seen fifty of the inhabitants assembled here on the first day of the year, and dancing with moonlight, with no other music than their own singing." [6]

This continued through the 19th century.

" *Awey in the 1880s, I know my faither told me, every New Year's morning aal North Ronaldsay gathered aroond that stone an danced 'heuld speullye', a free sort o' style o' dancing. Hud wus done aal his young days an afore that. That wus done every New Year's day until the new lighthoose here wus built. An than they forgot aboot the Standing Stone an thur New Year's day wus made at the lighthoose an a dance wus made there. An that lighthoose is near the auld cave at Versabreck an thurs been a connection wae frootery.* "

Sydney

~

This connects the New Year celebration with locations associated with 'frootery', the North Ronaldsay dialect word for superstitious belief and custom.[7]

" *Weel again, that Brae o' Versabreck, thurs a loch doon below hud ca'ad Trolla Vatn, which is full o' frootery.* "

Sydney

~

By the Viking Age the power of pagan gods was fading but new year festivities continued to be celebrated. Stories of giants and their role in the creation of stone monuments are common in Orkney.[8] They feature frequently in Scandinavian folklore and since Norse colonisation, have lived on as popular stories in many communities. In the legend of the Stan Stane, a giantess casually creates the monument.

" *Thurs a hole through the stone, if you reach ap you can pit yer hand through hud. So the story goes hud wus an auld woman there in the auld days, thur wur giants in those days you know, an shu wus been down i' the ebb pick'an limpets. An shu fund this stone ly'an doon an shu pokes a hole an shu pits hur finger through hud. An than shu took the stane ap wae her finger an stuck hud ap there. An there hud stands yit. Some woman eh! Oh they hud a lot o' stories like that you see. Oh yas.* "

Willie

~

There are many cist burials and burnt mounds on the island and Dr Traill, the laird of North Ronaldsay excavated some of these in the 1870s.

"Two stone cists were recently found at the farm of Antabreck, in the island of North Ronaldsay, Orkney. The field where the cists were found consists of a clay loam sufficiently impervious to moisture have kept the interior remarkably free from water. The smaller cist was 2 feet by 2.5 and 18 inches deep. It contained portions of two skeletons and the other cist was 4.5 feet long by 2.5 feet wide and 2.5 feet deep." [9]

Local farmers take pride in their archaeological heritage and treat sites with respect.

" *Oh hud wus dug up by a cousin o' me faither, Donald Thomson at Antabreck here, he wus a tenant o' Antabreck at that time. Hud wud been aboot 1920 an he wus digg'an a hole fur a fencing strainer when he cam on this thing an he stopped immediately. I can show ye whar hud is yit. Huds still there, a stone kist, fower feet long an aboot two an a half feet wide an aboot three feet deep. Huds covered ower wae a flagstone aboot fower inches thick. Huds oot here, right at the back o' the hoose yit,* huds still bother'an me that I can't go oot tae extend in that direction because ye don't meddle wae that, ye jist don't do hud. **"**

Sydney

~

Some have become the focus of superstition.[10]

" Thur wur several o' that same stone kists fund on Holland ferm, wan fairly recently, in the 1940s an 50s, in wan o' thur cultivated fields. An they recorded hud right enough. An hud wus immediately left alone, bit I think thur aal ower the place. Ye see that burnt mounds, weel ye see them aal ower the place. Thurs wan there above Parkhouse an anither wan doon here above Gravity.**"**

Sydney

~

There are two ancient earth dykes, the Muckle Gersty and Matches Dyke, which stretch across the island dividing it into three separate areas. Known as trebb dykes or gairstys, they are over nine metres wide and one metre high and date from 1000 BC. According to local tradition, they were built by three brothers to mark their respective properties, reflecting the Norse udal system of dividing inherited land.[11]

" Thurs wan story, an huds true enough. Thur wus a chief that owned the whole island an when he died, he hud three sons an wae the auld Norwegian law, his land wus divided intae three you see. So the island wus supposed tae belong tae the three brothers an thur wus a bank that wus dug an the isle wus roughly divided intae three parts, they ca'ad the dykes Gerstys, a Gersty. **"**

Willie

THE PICTS

Dr Traill's excavations included an Iron Age (500 BC till 500 AD) settlement at the Broch of Burrian which remained occupied until the 9th century AD. The site produced remarkable Pictish artefacts including an inscribed cross, a carved Ogam stone and fine Norse combs and tools.[12]

" We hae a great lot o' picts hooses here. Thurs wan there on the brae at Stennabreck an thurs wan there at Hoomae, below Kirbist an at the Brae o' Breck. An of coorse whit wae ca'ad Picts hooses is no actually Picts hooses at aal. **"**

Sydney

~

The arrival of the Vikings in Orkney overshadows earlier historic periods and their contribution to our heritage and culture. However in North Ronaldsay, the people that preceded them, the Picts, are still acknowledged. This indicates the survival of an earlier oral tradition as these ancient Scottish ancestors are still alive in stories and sayings.[13]

" Ye see the Peghts or the Picts, the trows or the trolls, they can'na differentiate atween them yit. The Norsemen cam in an the Picts wur here at that time, they'd come up fae Scotland, an they wur smaal in stature I think, an they wur frightened fur these big men ye see, quite rightly so. Ye see thur wur caves an hills an they could hide aal through the countryside, which they did. They wur frightened, they wur'na fit tae fight them. The auld fowk here spoke aboot the peghts, aye. Weel my judgement is, this smaal people they fled an lived in caves an hills an lived partly fae fishing. **"**

Sydney

~

The popular 19th century novelist Sir Walter Scott visited Orkney in 1814 and collected oral history which he used in his novel The Pirate, published in 1822. One of his footnotes suggests that the Picts were still referenced in the early 19th century.

"About twenty years ago a missionary clergyman had taken the resolution of traversing those wild islands where he supposed there might be a lack of religious instruction, which he believed himself capable of supplying. After being some days at sea in an open boat, he arrived at North Ronaldsay where his appearance excited great speculation. He was a very little man, dark complexioned, (and so) ill dressed and

unshaven..that the inhabitants set him down as one of the Ancient Picts, or, as they call them with the usual strong guttural, Pechts".[14]

In the 1980s Sydney Scott still remembered the term 'pecht' being used as a derogatory term.

" I mind me faither using the wurd pecht, he wud say, 'He's only a god damn pecht,' sort o' style, they wur supposed tae be smaal in stature. "

Sydney

NORSE HERITAGE

From the 9th century Orkney was part of the Norse earldom. This period is documented in the Orkneyinga Saga, a series of dramatic stories set in Orkney and written in Iceland around 1200 AD. The stories are full of the daring exploits of the Orkney Earls and give a literary narrative to an older oral tradition. The sagas were intended to entertain rather than accurately describe historical events. North Ronaldsay is mentioned as the place where Halfdan Highlegs was slain by Earl Torf Einar.[15]

" Halfdan Highlegs, Holy Moses, he wus the King o' Norway's son. Well, he'd killed somebudy in Norway an the King banished him an he cam tae Orkney tae take the Earldom fae the Earl o' Orkney. He hud a fleet o' ships from Norway, this Halfdan Highlegs as they ca'ad him. They met in the North Ronaldsay Firth an he hud his fleet there. An Earl Einar wus anchored wae three ships there. "

Willie

~

Returning from Scotland to reclaim the earldom, Einar defeats his rival in a sea battle off the coast of North Ronaldsay. Halfdan is captured but escapes in the dead of night and swims ashore.

" The next day than they could'na find the King o' Norway's son. So Einar, you see he saw something move'an on the rocks awey doon at the Point o' Twinyness there, ach huds either a burd hover'an in the air or mibbe huds a man comman ower the rocks, we'll come ashore an see. Well hud wus the King's son an he fled when he saw them comman an they chased

him tae the North End an they took there an they killed him. "

Willie

~

Halfdan was slain Norse fashion by having a blood eagle cut on his back, and he was offered as a sacrifice to Odin.[16] This violent death was a story often retold in North Ronaldsay and the location of his grave has been a source of interest for generations. Rinar's Hill, the brae on which the Parish Church stands is thought locally to be the site where Torf Einar killed Halfdan Highlegs.[17]

" Oh yas, wae heard aal that, that the King o' Norway's son wus buried here. Wae heard the place that he wus buried, an thur wus a stone stand'an ap there I remember, an hud wus Mackay the teacher, he wus read'an the Sagas, an he started tae dig there bit they fund nothing. I don't think he wus buried there, they jist pat a pile o' stones ower the dead body you see, every man pat a stone or two, fur they wur aal guilty o' the murder. An these stones you see, mibbe a hunder year efter, wur used fur dyke building. "

Willie

~

These 13th century saga stories have become part of local tradition. Another North Ronaldsay story is based on Ragna, a forceful female character from the Sagas. Presenting herself to the Earl, she tries to win favour for her son, Thorstein by attributing to him the quality malt she herself has made.[18] Local historians believe that the farm of Kirbist was the home of Ragna the Wise and her son.[19]

" Thur wus a mother, shu wus around the time o' Earl Rognvald, the great Earl, an shu gave a bot load o' malt tae the Earl fur New Year thu sees, shu wanted wan o' her sons tae be the Earl's bodyguard. An shu cam in there wae the malt an got an interview wae him an he hud no hesitation, 'Bring the boy'. An than they started tae brew you see, an hud wus the best beer o' the lot fae onywhere. An the Earl, he thowt noo hud must be awfully good land they've got here. 'Oh huds no that at aal' shu says, 'Huds the man that made the malt, the malt maker. 'An who made this', he says, an shu says, 'I made hud mesell, do you think I would trust onybody else!' So shu betrayed hersel thu sees. Oh they hud lots o' stories like that. **"**

Willie

~

Stories of the sea folk are often told in North Ronaldsay. Fin men could live on land, wearing their fins neatly wound around their bodies like clothes. They were responsible for remarkable feats and were so strong they could row to Norway with seven strokes of the oar.[20] An account of a 'real' one discovered in the seas around the North Isles appears in James Wallace's account of his travels in Orkney in 1693.

"Sometimes about this Country, are seen these men they call Finn-men. In the year 1682, one was seen in his little Boat, at the South end of the Isle of Eda, most of the people of the Isle flock'd to see him, and when they adventured to put out a Boat with men to see if they could apprehend him, he presently fled away most swiftly." [21]

Other sea folk like mermaids and selkies could live on land or sea. Stories focus on their contact with humans.[22]

"Hud wus a great Earl on Norway an he hud a very nice wife an twa three boys an lasses. Well, the poor woman died an efter a while he needed somebudy tae look efter his bairns so he married again. Bit this woman wus not a guid woman, he dud'na ken hud bit shu wus jist a bloom'an witch. Shu wus a widow an hud a boy o' her ane an shu wanted her boy tae be Earl efter her husband, bit his first family stood in the road. So shu went awey tae an auld witch woman an she got some herbs fae her aal mixed ap and shu told her tae pit hud in the boys' porridge. Noo thur wus gan tae be a holiday an thur wus tae be a swimming contest in a sheltered geo. Noo the boys as soon as they went into the water they wud be turned into fishes, oh that wud be grand, shu wud be clear o' them then. So shu went tae mix the spell an pat hud in the porridge you

see, bit shu wus in such a hurry that shu spilt the half o' the mixture. Och well hud will huv tae dae shu thowt an shu pat half the right amount in everybudy's dish an than they went oot tae swim. Well, of coorse they swimmed a wee while an they wur'na turned intae fish fur you see the spell wus only half effective fur they wur jist turned intae seals. An thats hoo the first seals cam you see, hud wus the auld Norse tradition. An than, at certain times, they could resume thur human shape fur a few hours a day. **"**

Willie

FOLKLORE

There is evidence of a Norse tradition in the folklore of Orkney, Norwegian trolls become the trows of island tales and in North Ronaldsay these 'peedie folk' are compared to the Picts.

"The trows, they worked deprivation ye see. Thur wur trolls an trows, wan wus evil an the tither wus'na, bit I think thur wus been something in hud ye ken fur they wud fled the country an wud hidden in caves an wud come oot at night an reive (steal) fae the Norwegians. I think that part o' hud has happened ye see, aye, the pechts, they cam oot at night an they stole whit they could, therefore they wur the trows. They wur thieves bit they niver caught them. Bit hud maks sense fur they wur as frightened as hell fur the blg Norsemen an they hud tae hide tae survive. So the trows wus'na aal myth at aal, I think that that jist really happened. **"**

Sydney

~

The significance of the trow is seen in the Orkney place names that incorporate the word 'troll'.[23] Trolla-watten, translated as Loch of the Trolls, is a small fresh water loch in the North End of the island.

"Oh thu hus'na far tae gang till thu comes tae a little brae that wus full o' trows, right oot here, bit I niver saa them, oh hivins no. I heard

" the auld folk spaek aboot them right enough, a great lot o' auld folk believed in hud. Thurs a piece awey there, at the lighthoose, huds a Norse name, we ca'ad hud Trolla Vatn. Well hud wus a piece that wus full o' trows. Huds jist a bit o' pool bit they took water fae that place tae steep the corn in tae mak the malt fur ale, yas an they said that hud wus far better. **"**

Tammy

~

Over the years the loch has been associated with strange happenings and today still arouses fear and suspicion in some islanders.

" Go tae Trolla Vatn, below the lighthoose, thurs wan thing aboot that loch, thurs no growth o' ony kind in hud. Huds supposed tae be a quicksand, huds no safe tae go in hud. I have been told that two North Ronaldsay men went across hud in a smaal praam bot an he could put his oar doon fourteen feet an he niver touched the bottom. Hud wus niver accepted as be'an wan o' the inland lochs in the island. **"**

Sydney

~

Many North Ronaldsay tales feature trows and fairies whose behaviour depended on how they were treated by humans. If managed with care, they could be very useful. Willie Thomson heard this story as a child from Johnny Cutt o' Peckhole, a well known island storyteller.

" Thur wus a house there, awey in the North End and the auld man there wus grow'an auld, his boys wur awey at Hudson Bay. The auld man looked oot an he wud tell the auld wife tae mak some porridge. Than he wud tak his little lamp tae the barn an he wud tak twa sheaves an thrash them wae the flail, turn them an shak them, tie them ap an place them in a corner. Than he wud say, 'Aal the same as that', than oot he wud go an he cam back in wae the porridge an set that inside the barn door. So, the next day aal the sheaves wur threshed ap clean an the bowl o' porridge wus empty. That wus the fairies. So we said that canna be true.

'Och', he says, ' Me Uncle Joseph saa them. They wur jist aboot yin high', he said. 'An the man hud tae be careful no tae step on them when he wus gan oot tae the cattle!' Och the stories. **"**

Willie

~

This story is Norse in origin and is similar to the Tomten stories told in Sweden where each farm had its own resident 'troll' that helped with the work on the farm and was rewarded with food.[24] Trows and fairies however were not always a force for good, they could also be destructive and malevolent.

" Oh yes, the auld fowk spoke aboot the fairy fowk. Oh aye, aye. They wud say, 'ye better get aff tae bed or the fairy fowk'll get ye!' An that myth cam right doon tae me time, aboot the fairy fowk, an the trows an the trolls. Ye see the trows an the trolls, wae wur frighten o' them. **"**

Sydney

LANGUAGE/ DIALECT

The Norse influence is dominant in the language of the island, all place names date from this period. The island name, originally Rinansey, was changed to Ronaldsay with North added to distinguish it from South Ronaldsay. Norn, a dialect of the Norse language, was spoken in Orkney until the 17th century. Due to the isolation of North Ronaldsay, remnants survived much longer than elsewhere. When compiling his dictionary of the Norn language, Hugh Marwick collected dialect words in the island. Some were still in use the 1980s, but many had disappeared. Sydney Scott from Antabreck passed on a word list compiled by his father John Scott.

"We are perhaps the last generation of Orcadians who will remember the old words, the old stories and the old ways. We must record as much of the remaining material as possible." Appendix 1.

The isolation of North Ronaldsay provided a unique environment to study language.

> ❝Oh the most o' the beach names is auld Norse. Tak the name Cleat, well huds Norse fur a rock. Boy thur wus an auld chap, Jakob Jakobsen comman here, travelling, oh he went aroond look'an fur Norse words in Shetland an Orkney. An auld Tommy Tullock the merchant, he spent days wae that man, the two o' them together, oh boy, days. You see auld Tommy, he hud Norwegian pronunciation.❞

Willie

~

The Faroese philologist Jakob Jakobsen made a number of visits to Orkney and spent time in North Ronaldsay. In the early 20th century outside influence had little impact on language, but as time went on dilution of the dialect was inevitable.

> ❝The teacher an the minister they steyed in the Sooth End, an at that time thur wus aalways an ootsider at Holland, in the Sooth End, so they wur mixing more wae them an they jist changed thur speech a bit tae suit. Thur wur anither family that cam in fae Westray an they changed it there as weel. Bit the Nort End wus'na mixing so much wae the strangers ye see, so hud stayed the sam there.❞

Sydney

~

In a footnote to his novel 'The Pirate', Walter Scott tells of a minister in the 1760s who read a Norse poem to his congregation in North Ronaldsay. He discovers they recognise the words because their own language was similar to Norse.[25]

> ❝Thur wus a minister there aboot that time an thur wur some auld people here that could still speak the auld Norse language, the auld Norn. An he got a howld o' a translation o' wan o' the auld Norse poetries. An he went tae recite hud tae this auld couple onywey, an they says, 'Ach we know that, we recited that tae you i' the Norn, we know that poem, every wurd o' hud.' That wus true.❞

Willie

~

The Pirate remained one of Scott's most popular

works providing inspiration for tourist visits to the Northern Isles. However his picture of life in the far north wasn't appreciated by everyone.[26]

> ❝Bit Walter Scott dud'na know whit he wus spaek'an aboot when he wrote that book The Pirate, hud wus no properly set ap an he misled everybody that read hud efterwards. He dud'no appreciate the Orkney Islands an he tried tae mak a fool o' them.❞

Sydney

~

Dialect in North Ronaldsay is today still noticeably stronger than the rest of Orkney and as islander Sydney Scott states,

> ❝You'll find a good lot o' that auld wurds, they are expressive. They were meed tae suit the job!❞

Sydney

~

But not everyone found them to be 'expressive'. A school inspector visiting the North Ronaldsay school in the 1920s commented.

> *"The accent of the natives is so strongly Norse that a mainland Orcadian cannot help smiling when he hears a North Ronaldsay man speaking. It sounds abrupt and expressionless."* [27]

STORYTELLING

North Ronaldsay is recognised as a place where traditional island life still survives. The art of storytelling, once a regular feature of social gatherings in Orkney, survived in the island until the end of the 20th century. Historian and folklorist Walter Traill Dennison was aware of this a century earlier and visited regularly collecting local myth, legends and historical fact. In recognising the importance of oral history, he helped preserve information that would have been lost forever.[28]

> ❝Thur wus a man in Sanday there, Walter Traill Dennison, he cam fae the big ferm o' Brough an his brither ran the ferm mostly, an Walter wud go roond i' the evening tae the crofter hooses an git auld stories fae wan auld person an anither. An he wud listen you know and tuck

hud aal by in his memory an come home an write hud oot. **"**

Willie

~

Willie Thomson worked four harvests on his grand uncle's farm in Sanday where he met Croy, an old farm labourer, who had worked with Dennison and had heard the stories being told.

" *Weel thur wus wan story o' Walter Traill Dennison's an he got hud in North Ronaldsay, the Guid Man o' Westness, thats a house ower there, an the Guid Wife o' Longar, an thats a house at the turn o' the road, the house is there yit! Ah he collected stories here too when he cam across, oh wherever he went he collected stories. An he telt fowk you should git a book an a pencil an you should write doon as they tell you.* **"**

Willie

~

One of his best known stories was based in North Ronaldsay. It tells of a man who steals a seal skin and in doing so traps the selkie woman on land as his wife.

" *Hud wus New Year time an everybudy gan aroond drink'an New Year beer, an the guid man o' Westness wus a young fella, an they wur aal hiv'an beer at Longar, they wur gan fae hoose tae hoose. An the guid wife says tae him 'Noo boy, huds time you hud a wife, your mither is grow'an auld,' shu says, bit he says, 'Och am no gan tae hiv a wife. Thur a bloom'an nuisance onywey, a'm better withoot them, I can do the wark mesell.' 'Ach weel,' shu says 'Comes next June you'll be married though!' 'Och git awey, who's gan tae believe auld wife's stories!'*

So a few weeks after onywey, he wus doon at the beach in the ebb, he'd been pick'an limpets fur bait, an he heard singing an he wondered who in mercy's name wus sing'an doon at the beach on the rocks. An than he saw thur wur five or six o' the bonniest lasses that ever he saw in his life, singing and dancing awey, seal skins lyan on the rocks at thur sides. By gosh, whit a beautiful skin there, so he slipped

his arm doon an he whipped awey the skin. They heard him, an everyone catched a skin of coorse an put hud on an away they went, doon tae the sea. Bit this wan poor lassie hud nothing an shu cam tae him onywey, cry'an, wae tears in her eyes. 'No, no,' he said, 'A'll no give hud tae you.' Bit the more he looked at her, the better he thowt o' her an he says, 'Come on hame wae me lassie.' Well thur wus nothing else shu could do. So he got her hame an the auld mither hud a luk at her an says, 'A'll hiv tae git some claes (clothes) fur ye lassie,' shu hud no claes on you see. So in the time they wur do'an this, he hid the skin ap in whit they ca'ad the hallan, ap in the eaves o' the hoose you see, an that wus that.

So the auld mither says, 'Thats aal very weel laddie', bit shu says, 'You've got tae marry her in a Christian manner'. So this wus done, bit they said shu pat her hands in her ears at the time o' the marriage service, fur you see shu wus a pagan, a follower o' Odin. So, onywey, they hud two or three children an they wur grow'an ap an oh shu wus jist a gem, shu could brew an bake an everything.

So he wus oot at the sea wan day an the two eldest boys wur wae him. The auld mither wus still alive an thur third child wus a daughter an shu'd been oot an shu'd sprained her ankle so the auld woman hud gone tae git bandages. An than the wee lassie says tae her mither, 'Oh,' shu says, 'I saa daddy yesterday, hud wus when you wur oot, an he took an awful bonny skin doon fae ap there in the hallan, oh hud wus beautiful, he looked at hud an than he folded hud ap an pat hud back again wae an auld blanket ower the top o' hud.' The mother pat her dowter in her bit o' bunk an shu goes tae luk, an hud wus her skin alright. Aye an shu went doon tae the beach as fast as shu could, an on wae her skin an awey. Than the auld mither says, 'I told you tae burn that skin bit oh no, you're too clever, an noo you've lost her.'

Bit they say that sometimes i' the evening the little lass wud go doon tae the beach

an her mother wud come ashore and comb
her hair an come wae beautiful sea shells an
things tae her daughter, bit no except'an she
wus there alone. **"**

Willie

Carting ware from the beach.

Kelp burning with kelp pit in the foreground.

Boys on the tangles at the banks.

The Land

North Ronaldsay is fertile and farming has been central to the economy. Referred to as *'a little fruitful isle'* in the 17th century it produced *'bere and oats in constant succession.'*[1] This was essential: the island is only four square miles and by the 19th century had a population of over five hundred. Survival was only possible by combining farming with fishing and kelp making.[2]

Me grandfaither, he wus a crofter and a fisherman also. They wur aal fishermen, bot men, at that time. In me faither's time he remembered ower 500 people in North Ronaldsay. Weel they wud'na produce enough wae oxen an a single plough tae support that number, they hud tae fish.

Sydney

~

Primitive farming methods continued into the 20th century.

Ferming, oh hud wus jist a poor upset then really, fur thur wus'na much tae farm fur wan thing. Wae jist hud aboot a dozen acres, bit ye see they dud'na depend in that days an times on the land.

Sarah D

SMALL CROFTS

Divided into small crofts, quality of life was directly related to the number of acres a family had to farm.

Peckhole was forty acres, which wus a middling size, bit some did not have big crofts. An they hud big families in that days, they must a' hin a struggle jist feed'an them aal. Some o' the crofts in the North End they could'na hin much more than twelve or fourteen acres.

John T

The laird's home farm at Holland was by far the biggest.

I grew ap at North Manse, hud wus seventeen acres. This wan (Antabreck) is thirty six acres, huds comman ap more tae a decent size. Holland, Kirbist an Howar are the biggest ferms. Holland's ower three hunder acres. I think Howar wus atween seventy an eighty acres an Kirkbist wus seventy tae eighty acres. Thur wur a good lot aboot the thirty six acre.

Sydney

~

But most of the island consisted of small crofts.

God, more than half the island wus small crofts, aal the hooses here in the North End wud been smaal. An again when ye go tae the Sooth End, I think aboot three quarters o' the island wud jist been under twenty or maybe twenty two acres.

Tommy

~

The smallest, including Bewan, were in the North End.

Bewan wus six acres, an wae hud a cow an a year auld calf. Sometimes they sold them an bowt wan in fur keep'an fur the grazing i' the summer time, yas. An thur wus corn an oats grow'an an potatoes an turnips an cabbages an aal the rest o' that. Bit I wus'na a vegetarian though, fur thur wus mutton fae the native sheep!

Tammy

RIG ABOOT

Lack of land to support the population was a major issue. Arable ground had became so scarce that in the 1830s a stone wall was built around the coast to protect cultivated land from grazing animals.[3] Land division in Orkney had since Norse times consisted of a run rig system. It had disappeared in most of Orkney by the late 18th century but continued in North Ronaldsay where it was known as 'rig aboot' or 'rig a rental.'[4]

“Rig o' rental, a'll tell ye whit hud wus, the groond wus divided in very small portions, an hud remains that tae this day. An ye see, if they'd divided hud in big portions, some wud hae aal the good an some wud hae aal the bad, so this rig o' rental business wus tae gae some good an bad tae every ane. Oh hud worked I suppose right enough, bit fur aal that hud wus'na fair, some still hud far better or others.”

Sarah D

~

All the land in the island was owned by the laird and rented to the islanders. Each tenant was given a number of strips which were located in different areas of the island.

“Say thur wus eight hooses in the toonship, they would have eight pieces o' land an hud would be wan hoose an then the next hoose an then the next hoose until they had the eight. An than they would start and have eight again, all peedie strips. Bit most o' the South End o' the island had thur land in bigger bits. At Howatoft, me faither hud his land all in wan piece an that wus'na unusual in the South End but hud wus'na usual in the North End.”

Sarah K

~

This system was driven by the laird's desire for profit, as was clearly explained by Rev. White in the New Statistical Account in 1841.

"The sort of farms and the style of farming which prevail here, are of a rather primitive nature. It was the policy of the landlords in this country to subdivide the land and encourage the increase of population as much as possible for the purpose of obtaining a sufficient number of labourers to manufacture the kelp." [5]

This meant no one could work the land without the consent and co-operation of neighbours and the laird. Any incentive to improve was removed as the rigs changed hands each year. This was not the case in other Orkney parishes.[6]

“The runrig system wus like that, ye hud a certain portion wan year, an ye hud anither portion the next year, an anither portion the third year, an thats still applying, because here at the Nort End thur wus common grund, an huds there yit, huds niver feenished. Therefore hud dud'na help ye a bit tae try an improve hud.”

Sydney

~

After the collapse of the kelp industry in the 1830s, agricultural improvement became the only source of profit for the landowner. The annual re-allocation of rigs was abolished and land was merged to create larger units called planks.

“Orkney wus squared in 1830 tae 1832, an hud took mibbe anither year or twa afore hud got through tae North Ronaldsay. Rigs as wae ca' ad them wur a quarter o' a plank, an a quarter o' a plank wus a third o' an acre, an pairts o' North Ronaldsay wus laid oot in planks. An aal that east end o' Ronaldsay, an awey at the Sooth End, wus laid oot in quarters o' planks.”

Sydney

~

The Orkney plank measured the same as a standard Scots acre.[7] By the late 19th century most of the island had been squared.

“We hud aboot thirty an a half acres, bit the land wus dotted aboot, we wur'na fairly rig a boot, we hud bigger blocks. Hud wus far easier wae bigger blocks o' land. Hud wus still the sam work though, all done by hand.”

John

~

However some crofts still had their land divided up into small units.

“There wur thirty rigs in an area o' fourteen

acres at South Ness. It wus unbelievable the number o' rigs that wur there. It was a very, very old system. **"**

Bertie

~

But not all islanders benefited from the improvements. The laird and his factor used evictions to increase the size of their big farms to make them more profitable.

" There wur six crofts at Howar on that sixty acre at wan time and they wur ordered out, it was the laird or the factor of the island, they had a lot of power in that days. There wus a Thomson man at Howar, an he acted fur the laird. But the small crofts wur ordered out, an they dud'na want to go. **"**

Peter

~

By the start of the 20th century the farming landscape of Orkney had been transformed, creating a field system able to adopt new farming methods. This was not the case in North Ronaldsay.[8]

" Ye see, even yit huds divided ap, wan here an wan there, thurs no a big patch in wan area, which, since the tractor cam in, huds come tae be a bit o' a nuisance, not hivan aal yer groond in wan area. An hud means far more expense in fencing an aal that things in this day and time. **"**

Jimmy

~

However some crofters benefited from rigaboot, albeit unintentionally.

" Thur wur a man wan time an he wus been a bit late wae his hervest, an hud wus bright moonlight, an hud wus come a grand night so he thowt that he wud go oot furtiver fur he wus ahint. An oot an awey he went, an cut hud an stooked hud an than he cam home. An the day efter he thowt he wud go an see whit like hud wus. But when he cam, god hud wus'na his land at aal, hud wus his neebor's rig! **"**

Tammy

THE SOIL

The soil in North Ronaldsay is composed of sand and clay and is very shallow in places. The north and west sides of the island are prone to salt spray which affects the quality of the land.[9]

" The sandy rigs in the North End, thats the poorest land in the island. All the area of Sander wus jist sandy links, a good place fur rabbits. Hud wus grazing right enough though. The ferm at Westness owned a good part o' that land at wan time, they hud a lot o' sandy soil, hud wus alright fur corn but not so much good fur the rest. **"**

Bertie

~

But the sea also provided the island with seaweed which crofters used to enrich the land.

" In the wintertime the ware wus collected an hud wus jist left in big piles in whit they ca'ed kests. Hud soon rotted an than hud wus kerted on in the spring, jist afore they sterted tae ploo. Hud wus spread on the land, an am seen new ware being forked i' the furrows. I mind hud fine, they wur work'an i' the ware till awey aboot the 1950s. **"**

Johnny L

~

Seaweed contained more nitrogen and potassium than animal manure and this made it good for sandy soils.

" The ware, thur wus a lot o' potash an good in hud ye see, hud certainly wus high in some o' the minerals they needed. Of coorse the land wus far harder drawn in those days an they needed tae feed hud ap ye see. **"**

Sarah D

~

Situated in the middle of strong tides from both a north westerly and south easterly direction, there was a plentiful supply of ware.

" I mind pit'an the seaweed on, wae got a great lot o' seaweed comman ashore in the spring o' the year, wae used tae pit three hundred

Sarah Cutt spreading ware at Nether Breck.

cartloads on the land. Hud wus aal hoist by hand on the carts. An than ye hud tae go ap an pit hud oot in wee roos, an than ye hud tae go ap an spread hud, hud wus aboot five feet atween every row. I mind me do'an that. **"**

John S

~

But it was back breaking work and in the days before carts, the ware was carried up from the beach by hand. This had been the tradition since early times, James Wallace visiting in the 17th century considered the work *'the greatest slavery in the world.'*[10]

"They used tae roo (gather) a lot o' ware i' that times, an that wus heavy wark. Hud wus kerried ap fae the beach on hand barras. Hud wus aboot nine feet long, an thur wur two bearers, an hud wus aboot three feet wide, an the ware geed in the middle piece, an they kerted hud an usually spread hud straight on the groond. Sometimes hud wus pitten ap an rotted, bit not very often.**"**

Jimmy

CROPS

The main crops grown were oats and barley, or bere, as it was known in Orkney. One 18th century visitor commented the island was *'the most beautiful and entirely covered in corn.'*[11]

"Hud wus corn an oats, they ca'ad the corn bere here, aye. An neeps an tatties, thats the crop, an gress. an hay fur the cattle tae eat. The dung wus keep'ed fur the neeps an tatties an ware wus keep'ed fur the gress.**"**

Johnny L

~

Climate and latitude limited the crop that could be grown. Rev. White comments in his survey in 1841 that they, *'grow nothing but the inferior kinds of grain, bere or bigg, and the small grey or black oat.'*[12]

"The crops wus mostly corn, an the oats wur black oats an the myrtle oats. Huds white oats they usually grow noo bit, this myrtle is jist black oats bit a bigger size o' oat because white oats niver seemed to dae well here.**"**

Jimmy

Black oats grew well in poorer soil but produced less meal. Murkle or 'myrtle' oats had thicker stems with heavier grain and produced good 'chaff' or 'din' which could be used in the home. The light sandy soil heavily manured with seaweed encouraged rapid growth but not a sustained development of the grain heads.[13]

> *Hud wus maybe good enough soil but hud niver grew the white oats like hud did on the mainland. The only place in North Ronaldsay that could mak onything o' grow'an the white oats wus Breckan, fur they had good deep soil. Ye see a lot o' the land is mainly shallow an sandy, an bere an corn wus the main cultivated grain crop, more so than oats. An then hud went more intae oats, an noo thurs no been a ploo on the land in Ronaldsay fur a number o' years.*
>
> **Peter**

~

After World War 1 government initiatives encouraged the use of artificial manures which along with clover crops improved soil fertility.

> *Oh yes, the wild white clover, yes hud made a big differ. Aye, at first thur wus jist a few work'an wae hud, an they saw the improvement hud wus mak'an an than everybody geed fur the wild white clover. Hud gave you better grazing so hud improved the quality o' the cattle, hud wus better feeding fur them. Thur wur other types o' clover, bit wild white clover wus wan o' the main wans.*
>
> **Peter**

~

Although lack of crop rotation in the island had been criticised, this too began to improve.[14]

> *Ye see most o' them hud thur ground laid oot in a rotation o' whit they ca'ad the fifth or sixth shifts. Weel yer rotation wus: wan year yer lay oats ye see, the second year wus corn, the third year wus yer turnips an than tatties, an the fourth year wus yer corn an sown crop, yer grass geed in wae yer corn an there efter*

> *hud wus two year under grass. So that wus yer routine an yer rotation every six year.*
>
> **Jimmy**

~

Later, artificial fertilisers like 'slag' became available.

> *They jist used seaweed an dung, thur wur very little artificial manure. An than they started wae slag, an dosed the slag on every five or six year, a heavy dose o' slag, an that certainly helped the like o' hill land. An hud made better grass. An hud made a differ, fur ye see they hud tae pit on the artificial manure than, fur they stopped the ware.*
>
> **Peter**

~

Turnips were an important part of the new rotation and became a common field crop. Large quantities were grown and their cultivation required a great deal of hard work.[15]

> *Oh wae hud seven acre o' turnips. I hud a gaper, hud thinned oot yer neeps, ye hud a disc turn'an an hud thinned oot the seedlings. Ye still hud tae go through hud wae the hoe tae trim them ap. Tia an me did twa an a half acres in wan day, wae the hoe.*
>
> **Sydney**

~

In summer the painstaking job of 'singling', weeding and thinning turnips was often done by women and older children as men were away at the fishing. In the winter they had to be pulled, carted and prepared for the cattle.

> *Hud took a long time o' the summer wae the hoe. An ye hud winter jobs wae yer neeps too though.*
>
> **Tia**

~

On Holland, the largest farm on the island, singling competitions were a clever way to get large quantities of turnips weeded and thinned at no cost. Potatoes were another essential crop that involved hard physical work.

> *And they grew a lot o' tatties in those days because there was a subsidy on them. My*

dear god what a tatties we had, it wus back breaking, but then ye needed the tatties tae boil tae the hens as part o' their feed."

Maimie

~

But both crops were also needed to feed the family.

"Everything wus home grown, aal the tatties an turnips, an the land wus in good heart at that time so they produced far more bulk o' crop ye know. Oh my they got tons o' tatties oot o' the fields. Sometimes they wud put seaweed on if hud wus sandy soil. an if ye wanted tae git a good crop o' corn or a good crop o' tatties ye wud pit some seaweed on. Aye, hud did extremely well."

Tommy

~

Today fewer crops are grown and barley, which is grown for cattle feed is more common than oats.

"A great lot o' the isle's no cultivated, huds no ploo'ed in rotation as hud used tae be.

Weel hud wus oats an barley, an of coorse turnips wus an important pairt tae. Weel they stopped the turnips completely, which wus a mistake. Hud happened because they dud'na hae the thrift tae single them! Hud wus a job aal the winter tae tak them ap an feed them tae the cattle. I think ye hud healthier cattle aal the sam. An hud cleaned the weeds oot o' yer land. Noo huds mainly hay and silage. Some hooses hiv hin no crop fur years, no crop."

Sydney

SOWING THE SEED

The traditional method of sowing seed by hand from a straw basket or 'cubbie' was still being practiced in the 1960s.

"Ye hud a cubbie, hud wus kinda oval shaped, wae a strap aroond yer back an rope ower yer neck. Ye kinda spread hud than, ye took mibbe five paces in front o' ye, an than five tae the side, an back the wey than. I wus fairly regular

Sowing with a cubbie.

sow'an wae the hand. Thur wus a difference in sowers though, some hud a far better knack than others. Me fither, he wus a very good hand at sowing an me uncle wus quite good, his body did a bonny swing an hud jist went oot perfect. Aye, a'm sown wae the cubbie mony a time. Hud wus aal wae hud tae start wae. Wae used tae sow manure wae hud, by hivens hud wus heavy wark. Ye hud aboot a half a bag o' manure an hud wus kinda heavy an kinda coorse on the neck. Bit hud always got lighter as ye went along than. Hud wus a great piece o' walking tae sow wan or two acres. **"**

John S

~

This method was ideally suited for cultivating narrow rigs and small fields.

"Oh hud wus heavy work, bit ye jist got intae a steady pace, an ye wud sow wae both arms, you could take a good sweep. The cubbie wus used until they got the sowers fur the tractor. Hud wud been long efter we moved down here, an that was in 1965. Hud wus still being sown by hand at that time.**"**

Tommy

~

The technique was passed down through the generations.

"Ye wur jist accustomed fur ye grew up wae hud. Your feet an hands hud tae go together. The women would carry the seed in a bucket an they wud tip it intae the cubbie. Ye wud mark where you were gan tae go wae the harrows when ye wur harrowing, or ye could see yer feet marks as ye went, hud wus very effective.**"**

Tommy

~

Traditions were followed and although the man of the house did the sowing, it was considered lucky for a woman to place the seed in the cubbie.

"Aal the auld people wus great for luck, Sarah Brigg always kept the last sheaf, an Jeanie sowed the first seed, she kept hud alive longer than a lot. Fur they always kept thur

own seed, like oats and corn an shallots an cabbages wur aal thur own fae the year afore. An than they hud a good strain, fur hud wus what grew well, so hud wus ideal. **"**

Tommy

~

And she had to start the process.

"Her man went intae the hoose ye see an shu wus teen ootside when hud cam time tae stert tae sow the oats. Shu hud tae throw the first handful, an than he could go ahead efter hud, but not until shu did hud first.**"**

Sydney

PLOUGHING

In the early 19th century not every croft had a plough and this meant they had to dig the ground with a spade. On small rigs this method had its advantages and remained more common in North Ronaldsay than other parts of Orkney.

"Thur wus an auld chap here in the North End that dug the land. He hud a rig o' tatties an when he took ap his tatties, he dug the spaces atween, an that did fur his cultivation fur next season, he jist dug the whole thing right across.**"**

Tommy

~

By the end of the century this had changed.

" At wan time they did hiv wooden made ploughs. I don't mind them work'an wae the wooden ploo bit I mind the remains o' wan at me auld home doon in the Sooth End, at Bridesness.

Jimmy

~

The plough used was one stilted and could be lifted by one ploughman; it was effective in the shallow, light sandy soil.[16]

"Hud wus jist the single ploo, an harrows. Wae hud horse, aye, or a horse an ox on hud. Maist o' them hud a pair o' horse. They wur fixed in trees, three trees, the main tree an two single wans. An hud wus fixed on tae the ploo."

Johnny L

~

By the end of the century they had plough irons made by a smith which improved their performance.[17]

"Wae hud wan, a single furrow ploo, a smithy made ploo. Wae hud a ploo, an harrows an a roller."

Sarah D

~

By the mid 19th century the two stilted plough was common on mainland Orkney. However in North Ronaldsay it came much later.[18]

"The double ploo hud cam in more in the twenties an thirties, bit thur wur niver a double ploo here, except if hud been at Holland mibbe, a bigger ferm. Hud wus jist the single fur (furrow) ploo until the tractors cam."

Jimmy

Ploughing in the early 20th century was labour intensive. One man held the plough with another to urge the team on.

"An than ye see, somebudy hud tae go behint the ploo an pit more ware in the furrow. Aye the weeman did a lot o' that. That wus thur job."

Sarah

~

Ploughs were pulled by both horse and oxen, but for small crofts, a horse was an expensive luxury.

"A great lot o' the peedie crofts, they wud'na hae a horse at aa, they wud huv a big ox an a young ane comman ap, sometimes a coo an ox wus work'an together."

Sydney

THE OX

Long before horses were common on farms, the ox, a castrated bull, was used. Island farmers worked

Ploughing with two oxen at Scottigar.

with ox until the early years of the 20th century, sometimes on their own, but often teamed with a horse or cow.

"Weel ye see, some hooses dud'na hiv a horse, they might jist hiv an ox, or ye'd hiv an ox an a young *coo* sometimes, or twa oxen. Sometimes they even hud an ox fae wan hoose an a horse fae anither. I can mind me mither harrowing wae an ox and a horse. Weel in that time thur wus no machinery an me faither wud been doing the sowing. Weel when he wus sowing, me mither wud be comman ahint harrowing so that hud wud aal be feenished aboot the sam time so they could git home together."

Annie

~

Some small places didn't have an ox or a cow, so they depended on help from their neighbours.

"The most o' places hud an ox trained, an they also hud a *coo* trained, an that wus thur pair. Bit some o' them dud'na hae a *coo* so sometimes two hooses joined together."

Jimmy

~

Oxen had become unusual in Orkney by the 1930s, however North Ronaldsay had more in common with Shetland in their continued use.[19]

"I mind fine auld Willie Senness, he hud an oxie, a big ane, he did everything wae hud, an he geed tae the shop wae an ox and cart if he needed feed fur the hens or onything like that. He jist hud the wan ox, I don't think he hud ony horse. The folk at Dennishill wud'na hae a horse ither, an Scottigar dud'na hae horse."

Beatrice

~

Willie Tulloch lived at Senness a small croft in the North End.

"At Senness, they hud a big ox, he wus ower a ton, he wus the biggest ox that ever wus here. A great width, a strong beast. An fur the yoke fur the ploo'ing they hud a *coo* an a ox, the *coo* wus along the side. Fur they could'na afford

two oxen fur hud wus only smaal crofts ye see. So they took wan o' the milk'an *kye* an hud halved the strain o' the poor auld ox than fur ploo'ing."

John S

~

And Willie had his own special technique to make his ox behave.

"Wan day auld Willie Senness, he wus ploo'an an the ox got tired an he lay doon fur a rest. An thur wus some young boys comman home fae the school an they tried an couldn'a git him tae rise ap. An auld Willie says, 'Alright a'll sort that oot', an he geed an peed in the lug o' him. He wus up in an instant. Aal the young boys hud a good laugh at hud. He did hud purposely an he certainly raised the ox! Aye auld Willie hud a good sense o' humour."

John S

~

There were many stories of Willie and his ox.

"Thur wus an auld man at Senness in the Nort End there, he hud a big ox that fell in the well an drownd'ed himsel, an the man hud tae go an git neebors tae help tak him oot. An the ox wus ly'an there dead, an the auld man turned tae him an said, 'My *God*', he said, 'Ye learnt yer lesson no tae try that again!'"

Sydney

~

Ploughing with oxen required skill and experience, particularly if they were teamed with another animal.

"They hud a yoke, bit hud wus a cow wae wan o' the oxen. An hud took a bit o' training tae git that aal rigged taegither, bit hud fairly pulled the ploo an harrows along."

Tammy

~

Working an ox and a horse together was common but required a special technique.

"Weel thur wus'na much difference between a horse an the ox fur the work they did wus much the same. Bit the only thing wus, the

Annie Cutt harrowing with a horse and ox.

oxen hud more pointed feet, an on softer soil the further doon they wud git, an if ye wur ploo'an wae a horse and an ox, hud wus a bit o' a nuisance. Hud wus sometimes a while afore the auld ox got his feet oot o' the ground. He wus bogged doon an the horse wus ploo'an ahead!**"**

Peter

~

But some land was impossible to plough with ox or horse.

"Thur wur a brae there, some wey sootherd, a peedie bit o' brae, an they wur gan tae plough hud. An they wur got a bit ploughed, bit they struck rock an the ploo broke, an than the chains on the horse broke, an they niver got at ends wae hud at aal. An thur wus an auld wife, fae wan o' the auld Holland hooses, an shu cam there an said, ' Huds no wonder, nae boy can ploo yin, yins a fairy knowe, wud you want yer hoose ploo'ed ap?' Bit they went ahead onywey, an hud wus aal ploo'ed ap. An boy, hud

grew the most wonderful crop o' thistles i' the world! An efter that, they left hud alone.**"**

Willie

~

Oxen were used until the mid 20th century in North Ronaldsay. A locum doctor on the island in the fifties was surprised to see Willie Tulloch 'scuffling neeps' with a nine year old ox and speculates that he had seen the 'last working ox in the country'. When he returned the following year, Willie had sold the ox for £90.[20]

Sybella Thomson remembers training their oxie at Bewan.

"I can remember when Dad would be training an ox to go with the horse to plough, they got together beautifully the horse and the ox. To train it he used to put it in the harness and then get it to pull a big piece of wood behind. it was the big piece off a ship called the hatches, a ship's hatch. An then sometimes Dad would say, 'Do ye know lass, can you just sit on it because it will make it heavier still,' And he trailed me about all over the place. We went up to Nether Linnay one time and I had to be very careful though, for if the ox's tail moved at all, I jumped off! **》**

Sybella

~

Their other use was to pull a cart or a sledge.

《Thur wus'na many waggons, except wan or two. Wae hud sledges that wud jist been a lot o' wid nailed together in a square, hud wus more a sledge. The sledges hud no wheels, they wur jist fur drag'an. A'll tell ye whit they used them a lot in those days, fur shift'an hen hooses. An if wan hud een that wus quite sufficient, hud wud help the others oot. **》**

Sarah D

~

Sledges had runners instead of wheels and were low loading and more suited for an ox than a shafted cart.[21] Oxen were common on small crofts, but bigger farms in the South End didn't think they were efficient.

At Kirbist there were four horses and seven or eight cows. It was always the horse. Oh we never used oxen, oxen were alright but they were terribly slow. It was always the horse.**》**

Maimie

THE HORSE

The old name for Orkney, Hrossey or Horse Isle reflects the importance of the horse to the farming community.

《They were very careful with the horses for they cost a fortune. They were put out for an hour or two and taken in again and then out for another few hours until they got used to being outside. They were terribly careful with the horses because if anything happened it would cost such a lot to replace them. My grand uncle and my father worked the horses and they did all the work on the farm.**》**

Maimie

Transport by ox cart.

Horses took in the harvest, pulled the plough, the harrows, the rollers, and were also used to drive the threshing mills. Early in the 19th century they were small Galloways or an island breed known as the Orkney Garron.[22]

"Oh some o' them wus bred here. Thur wus wan hoose at the Nort End, at Sholtisquoy, me faither bowt twa horses fae that man. Bit a lot o' them wus bowt in fae Kirkwall. They wur a cross o' the garrons, thirteen an a half tae fourteen hands high. Until ye cam tae the big hooses, Holland an Howar, they wud been up tae sixteen an seventeen hands high, big horses, oh aye. The smaller wans that wae hud wur a cross, part garron.**"**

Sydney

~

Larger breeds were introduced later.

"Weel wae the peedie horses, hud worked fine, bit when the bigger horses cam, thur wur an awful wark wae them. Most fowk hud peedie horses, bit then ye could'na git them. An than they got bigger an bigger, Clydesdales an cross breeds.**"**

John S

~

But they were expensive and mainly used on bigger farms.

"On a big ferm the horsemen kept tae thur own pair o' horse. Bit hud wus no the case on the peedier crofts. Wae hud jist wan pair o' horse, aye, until wae got anither peedie ferm, an than we hud three horses efter hud. Ye wur mostly ap tae the thirty acre range afore ye could afford tae hae three. An Purtabreck, they hud three horses, an Cruesbreck hud three horses, an mibbe a foal comman ap as weel.**"**

Sydney

Robbie Tulloch with daughters Jenny and Mary and Diamond their horse.

Medium sized farms could support more than one, but horse, like oxen, needed to be trained.

> ❝Wae a weel trained horse ye niver hud tae touch the reins, ye did hud aal by speak'an, ye hud the rein there if ye required hud. Thur wus a difference in the horses ye see, bit a well trained horse ye could turn him on the road withoot touch'an him.❞
>
> **Sydney**

~

And some were easier to train than others.

> ❝Sometimes ye got a kicking horse, an they wur jist no very safe tae work wae. Ye hud tae watch yersel aal the time. Of coorse wance ye hud them yoked thur wur no great fear, if ye got them in hud ye wur mostly safe onywey. Except some that used the front feet, I dud'na like them, they wur dangerous really.❞
>
> **Sydney**

~

Working with the horse was a physical job.

> ❝An than when they ploo'ed wae the horse, hud wus a great lot o' walking tae ploo an acre. I mind me uncle saying hud wus aboot thirteen mile o' walking in a day o' ploo'an, aye.❞
>
> **John S**

~

It was clear to see the affection felt toward them.

> ❝Hud wus fine work'an wae horse. A'll tell ye a day wae a horse an a ploo, ye wud ploo the whole day, tramp'an efter them, a far healthier job than the tractor. When ye wur feenished at night an got yer horse fed, an washed yer face an changed yer boots, ye felt that ye could jump aff the top o' the hoose. Ye niver feel like that efter ye come aff the tractor, niver, bit huds more tiring than hud wus tae follow the horse. I don't know why hud is exactly, bit huds the case, they wur lightsome tae work wae.❞
>
> **Sydney**

~

And there was nostalgia for the pace of life they imposed on the working day.

> ❝Hud wus aal done then in a far more leisurely way, horses an oxen only hud wan gear, they dud'na go easily intae top!❞
>
> **Sydney**

~

Becoming a horseman was only achieved after years of training. The Horseman's Word, a secret society was formed for those with sufficient skill and experience. However not everyone in the farming community approved of it.

> ❝They wur a society o' thur own, an hud wus awful oaths they hud tae swear tae, an they hud tae shak hands wae the devil. They wur teen intae a dark hoose an they hud the leg o' a dead calf an they hud tae shak hands wae hud. Thats aboot the most that I ken aboot hud. They wur'no very weel thowt o' that type o' men. They wur'no liked as horse men, hud wus only a few that joined. I knew some by name bit hud wus a thing ye dud'na mention. Ye dud'na ask questions or ye wud be liable tae be in trouble. They wud dae something tae you. They worked queer wark on the fowks horses, an made them awkward. You can spoil ony horse if ye set yer mind tae hud.❞
>
> **Sydney**

~

After the tractor came to the island, there was still a role for the horse.

> ❝Ye needed yer horse fur tak'an ap yur turnips i' the winter, the horse could work whar the tractor could'na go, they could come oot o' land whar a tractor wud stick completely.❞
>
> **Sydney**

~

But eventually new machinery took over all the jobs on the farm.

> ❝Than the tractors came, an the horses aal went. We dud'na need them anymore, we kept wan mostly fur making the furrows fur the tatties. An before that we hud three horses an me grandfaither hud three ponies, which we dud'na really need. Bit wae hud a horse

threshing mill at the back o' the hoose at Upper Linnay, an it hud three horses in hud. **”**

John Ninian

CATTLE

Orkney cattle at the beginning of the 19th century were described as being of 'diminutive size' and 'half starved.' In North Ronaldsay, before improvements were made in the 1850s, they were 'exceedingly small and trifling'.[23]

“ They wur aal horned kye in the first o' me day. They wur'no so big an they wur generally aal red an white. Thur wus no fencing than. They wur tethered an hud tae be flit an watered. An thur wus'na such a thing as leav'an a coo oot at night, no, no, they wur teen care o'. **”**

Johnny L

~

Old breeds were small and short with wide horns. Later these were improved using quality bulls from Caithness.[24] Steam ships made it easier to introduce new breeds.

“ Aye weel the Aberdeen Angus cam in, an the first cross wae the Aberdeen Angus an the Shorthorn, my they wur a grand beast. Hud happened i'the latter 1920s, hud made an improvement, oh aye, ye got a far better price fur them. **”**

Sydney

~

Effective crop rotation and better quality winter feed significantly improved both cattle and oxen.

“ I mind thur wur an auld man wae a work ox fur shipp'an, an the ox wus taller than the man. He wus'na ap tae the shoolders o' the ox. Aye, he wud been o' the Shorthorn breed I think, thur wur big growth wae them. **”**

Sydney

~

Keeping cattle requires land and this was impossible on small crofts.

“ Me faither jist hud seven an a half acres, an he hud the two breeding cows. Sometimes they

wud huv the two calves, hud jist depended on if the cow wus a good milker fur ye see she hud tae supply the fowk at the hoose wae milk as well. **”**

Peter

~

More land was available to grow grain once a dyke had been built around the island to keep the native sheep on the shore. This allowed larger farms to increase their cattle.

“ Westness wus aboot thirty acres, hud wus a reasonably sized ferm in them days. Wae hud five or six cows an ye see they wur aal hand milked tae begin wae. I remember that quite well, an bucket fed calves. That seemed a very stupid thing in later years when they could tak the milk tae themselves! Bit then ye wanted milk fur drink'an , an ye wanted milk fur butter an cheese so that wus how they wur hand fed I suppose. Hud wus part o' yer living. **”**

Helen

~

Cattle were a precious resource.

“ Oh aye, they wur kept in byres an they wur pit in in October an they wur niver oot again until May. **”**

Johnny L

~

Cattle and horse were both important.

“ The cows, wae hud tae sell them, that wus aal wae hud. We hud three cows and thur young, an two horses. We hud the horses fur sake o' labouring the land ye see. An of coorse the weemen folk always grudged whit the horses got, weel the weemen wus depend'an on the milk, an the men wus depend'an on the horses, an the men worked wae the horses an the weemen worked wae the kye. You wud niver heard tell o' a man milk'an a coo! **”**

Sarah K

~

The cow provided milk for the family.

“ Weel they wur handled every day, an they wur

very tame. An wae the auld byres ye wur gan up between them feed'an them, so they wur used tae ye and they were really tame. **"**

Tommy

~

They were so tame even children could work with them.

"Oh we were still milking Peggy when the bairns were peedie. I remember we were a bit short one day and I looked out of the window and there was Caroline at age eight milking the cow to get milk for the cat!**"**

Christine

~

The shortage of grazing for animals was an issue and every bit of land was used. A lack of fencing meant they had to be tethered.

"We hud wans on the tether intae the 1980s. Weel wae hud such small areas o' ground there wus no fence aroond it. Oh aye, all the peedie crofts used tethers. **"**

Tommy

~

A wooden stake attached to a rope and a swivel allowed the tethered animal to graze on small areas of grass.[25]

"We had one called Big Fatty and she knew exactly what to do, she had a double stake on her tether because off she would go with it trailing behind her. She was such a nice beast and so clever. They were very tame the cows usually, because they were handled and spoken to so much. It wasn't often we had a bad one. **"**

Christine

~

But there were challenges rearing cattle on poor quality soil.

"They hud beasts that died - a lot o' sandy ground an a lack o' cobalt. Hud wus Harry Tulloch fae Twinyness that wus thur salvation as far as that geed. He hud cobalt in bottles that ye mixed wae water, an he cam doon tae

wur hoose wan night wae this bottle o' pink stuff. Hud wus in a screw top lemonade bottle, an he said tae me faither this is supposed tae be good an he should try hud, an hud could mak seven bottles. Hud wus tae be pitten in the water pails fur the kye, an I don't think they lost any efter that. Afore that hud wus tough on me faither. The sandy soil wus bad fur thur wur'na enough nutrients in hud. **"**

Beatrice

~

On bigger farms cattle continued to improve.

"Wae changed ower tae bigger bulls than, Hereford an some o' them hud Charolais. Oh thur great big beasts, they wur too big fur a smaal hoose altogether. An I think yer wiser tae hae more o' a number o' smaaler beasts in a sense. Bit thur fur bigger beasts noo. I made stalls fur beasts oh a lot o' years ago that wus ony amount o' size fur year auld beasts. Bit fae wae got the Hereford bull, they don't hae room tae lie hardly, thur that much bigger. Aye, aye, the stalls are too peedie fur them. **"**

Sydney

~

Before the pier was built, shipping animals was difficult.

"Oh they wur swum oot an lifted ap intae the ship. Hud wus gey tricky!**"**

Sydney

~

The situation had improved by the early 20th century.

"Thur wus a steamer service wance a fortnight. Bit that aal depended on the weather conditions. Before hud, Johnny o' Ness ran the service an he took animals across wae the mailbot, that wur sold on the island o' Sanday. An hud wus'na a big bot. **"**

Tammy

~

Cattle farmers today continue to have problems.

"Wan thing I notice, its a heck o' a price tae buy an animal now, aboot fifteen hunder or up tae

Cutting with a two horse reaper.

£2000 fur a good stot. An if anything goes wrong, huds hard tae git a vet oot here. There used tae be a vet in Sanday an he cam ower wae the plane. Bit they don't want tae come fae Kirkwall nooadays and work'an wae cattle noo, wae the temperament o' the continental breeds, huds no an easy job. And they're get'an bigger an bigger. Tae do a Caesarian noo cost aboot three or fower hunder pounds, an the extra cost o' comman oot here, hud wud'na be worth it. **"**

Bertie

SHEEP

The sheep kept on North Ronaldsay are direct descendants of a prehistoric breed.

"The North Ronaldsay sheep, thur little damn things fur they'll no stay on the beach! Bit ye can'na blame them either, tae come in fur a bite o' grass. Bit thur supposed tae stay on the beach, they live on the beach. And they take in the ones that have the lambs in the summer time until they feed up the lambs. An than when thur ready tae go oot, oot they go an thats the last o' them. An than they kill some in the winter time for they never had any meat here unless they had this sheep in the winter time. **"**

Sarah K

~

Inside the dyke they were kept on tethers.

"Wae used tae tether yows along the headrigs, an aal odd pieces. Ye niver hud this crop o' dandelions ye see now. You could move them tae whar ye wanted them tae be, you could control them on a tether, aye. I used tae go aroond wae me grandfaither, an he wus an auld man. An he could'na bend doon tae pick up the tether, bit I wus very helpful fur I wus aye check'an tae do that fur him. This day I wus extremely brave fur I pulled up the stake as weel, and the yow took off, an god I got some telling off fur he could'na git a howld o' her, an she danced through the breer (new barley shoots.) I can mind that incident fine. **"**

Helen

~

Native sheep are lively and intelligent, but sometimes they needed more than a tether.

"An wae shackled them too, wan foreleg an wan back leg. Hud wus the two legs on each side, an if they wur very naughty ye crossed them an shackled diagonal legs, he wus'no very synchronised than! But they got up tae hud though ye see, they got intae that habit, an they wud be going the same when they dud'no hiv the shackle on. Hud wus a whiley efter afore they realised they dud'na hae the shackle on! Ye hud a bit o' cloth on the shackle so hud could'na cut intae the leg an wae wud keep changing hud.**"**

John S

THE HARVEST

Harvesting the crop was labour intensive and involved the whole island.

"Hervest wud generally start aboot the middle or the end o' Scptembor. Thur wur a lot o' young anes, an hud wus fine an cheery. Thur used tae be three pair efter a reaper, generally three weeman an three men. Hud wus very lightsome work'an in the hervest. **"**

Johnny L

THE HEUK

Once the crop had grown, it had to be cut. Originally this was done with an implement called a 'heuk' or sickle. Most were made locally and had wooden shafts with a short broad metal hook on the end.

"Weel the hervesting has changed fae me faither's time. He minded some o' the smaal crofts cut'an wae the heuk, aye. An he said they could dae hud pretty queek, they got a hold wae wan hand an than they hud a sheaf in a very short time, they cut across the wey.**"**

Sydney

~

The use of the heuk lasted longer in North Ronaldsay as it was suitable for cutting small areas of crop and was often used by women.

"I mind a heuk, I niver cut wae hud bit I mind some o' the weeman cut'an here wae the heuk right enough, especially if the men wur at fishing. **"**

Sarah D

THE SCYTHE

Cutting crop with the scythe

The next major improvement was the scythe which had a long tradition on Orkney farms. The most commonly used design had a Y shaped handle and a long curving blade, and was imported and sold through local shops.

"Than the scythe cam, an a good scythe man he could dae a great lot in a day. Thur wus wan man here, he cam fae Waterhoose, a grandfaither o' Willie o' Waterhoose, he wus a scythe man at Housebay in Stronsay, hud wus a great big ferm at that time. And thur wus a Stronsay man and an Eday man an hud wus a day o' ruggy weather, no a day tae pit sheaves together. An the three men wus pit oot in a nine acre field an they cut nine acres in the day, three men. They could use the scythe, they wur big strong men. An they could sharpen thur scythes properly, an hud maks a big difference, aye.

Sydney

~

The scythe was more effective than the heuk.

Me faiher never hud onything bit the scythe. His croft wus seven and a half acres an he niver hud onything tae cut wae bit the scythe. I mind the heuk in North Ronaldsay an I saw hud used, bit none o' them wus jist depend'an on work'an the heuk in me time.

Peter

~

The scythe was suitable for small rigs and was effective.

Hud wus a great improvement when the scythe cam in, they said wan scythe wus equivalent tae three heuks. An than the reaper cam in aboot the late twenties an early thirties, whit we called the wan horse an the two horse reaper. Ye could git oxen tae draw the reaper too, some o' them wur very good. An the reaper wus jist as much improvement as the scythe when hud cam oot, a reaper wus the equivalent o' three scythes, aye I mind that.

Jimmy

~

But some were better at cutting than others.

If ye got a good man who could cut wae the scythe, hud wus a first class job. If ye got a man who could'no work the scythe properly, hud wus a disaster!

Sydney

It was mostly a man's job, but if the men were at the fishing, women did the work.

I remember women cutting wae the scythe, some o' them wud cut aal their crop wae the scythe.

Tommy

THE REAPER

In 1910 reaping machines came to the island.

The first reaper cam tae Holland an the auld fowk here thowt hud wus jist destruction, they dud'na think hud wud work at aal. Huds no so far back, than I mind a lot o' reapers comman tae hooses aal at the sam time.

Sydney

~

The first machines were manual or side delivery reapers and could cut the crop in half the time.

Wan man sat on a seat, an he hud a big rake, a thing under his foot that he could let go when hud suited him, I did that mesel. Ye jist heaved ower a sheaf, an than ye pushed yer foot doon until ye got anither sheaf, an awey ye went. That wus push'an yer sheaves doon wan by wan, an than yer lifters cam behind you.

Sydney

~

Not everyone owned a reaper.

An wan or two joined tae gither ye see tae share, an ye wud maybe hire a reaper if ye hud nothing else. An you might git somebody tae give you a day's cutting.

Jimmy

~

Sometimes conditions didn't favour the new machinery.

Weel I mind a reaper an twa horse. Bit aften the bulk o' hud wus cutted wae scythes, fur if hud wus weet, a horse couldn'a go in.

Johnny L

With the reaper, the gathering and binding of

sheaves still had to be done by hand. This was often a woman's job.

> **"** Oh aye thur wur weeman that did hud, aye. When hud wus the reaper ye see, they jist took a cut an than thur wus so many sheaves, an them that wus work'an at this binding, they divided the cut among them. Ye hud a portion tae bind on afore the reaper cam roond again. **"**
>
> **Mary**

MAKING THE BANDS

Sheaves were bound together by bands made from the crop and it was a skilled job. The first stage was to make a band long enough to tie the sheaf. This involved two handfuls of crop tied together to make a length.[26]

> **"** Ye took ap so much streks (of crop) as ye could tak, an catch hud in yer left hand. An ye tak half o' that an ye turn hud roond, an there's the start o' yer band. Than ye lay yer sheaf on that, an ye twist hud, an than ye gae hud a second twist, an that's the sheaf feenished ye see. **"**
>
> **Sydney**

~

The two lengths were joined together with a knot.

> **"** Thur wur two weys o' do'an that, the Soo's Tail an the Crook. Weel ye see, I wur teached tae dae the Soo's Tail, bit me mither again, shu wus teached tae the Crook an they pat hud in a different twist completely, an I could niver mak a job o' that wan in me life, no. The Crook wus a bit faster, bit no so dependable as the Soo's Tail. Wae the Soo's Tail ye jist twisted three times an ye wur feenished. The Crook wus more complicated. **"**
>
> **Sydney**

~

Once the band was made, it was tied with different knots. This was essential when rig aboot was still in use.

> **"** They meed wan wae a little bit o' a twist, they ca'ad hud the Scythe band. An anither

wan wus ca'ad a Knot band, bit hud took fully longer. A'm seen them mak'an the Scythe band, they wur'na a minute twirl'an them roond, bit I could'na do hud so queek. **"**
>
> **Mary**

~

Each knot had its own name and was recognised by everyone.

> **"** A'll tell ye why they hud tae, hud wus fur sheaves blow'an in stormy weather. The sheaves got mixed ap, bit wae everybudy hae'an a different style o' band, they wud recognise thur sheaves ye see. **"**
>
> **Sarah D**

~

The same knots could be used across the island, but on narrow rigs neighbouring crofts had to use a different knot. This system was simple but effective. It was in your own interest to ensure your band was clearly identifiable.

> **"** Hud wus the understood thing that ye hud yer band an that wus whit ye wur entitled tae. If ye dud'na mak a band tae suit, hud wus yer hard luck if ye lost sheaves ye see. **"**
>
> **Jimmy**

~

This practice survived while rigs were in use.

> **"** When I wus at the school hud wus still used, aye. I mind the time hud wus a complete westerly storm blow'an fur three days an thur wus a whole stretch doon there, at Sander, an the whole lot went afore that storm. An the men stood there fur days clear'an hud oot. Bit hud wus know'an their own bands, thats how they cleared hud oot. **"**
>
> **Sydney**

THE BINDER

Next came the binder, a great labour saving machine as it could cut and bind the sheaf.

> **"** The binder cam in aboot the thirties an hud ootdid the reaper. Bit hud wus only two o'

the bigger places that hud the binder, the first binder wus at Holland. An the people aal went up tae see, an hud wus jist a great step forward than, fur a binder wus jist something, weel they could'na believe it would be possible that a binder could mak a sheaf ye see. Hud wus a case o' seeing tae believe hud. **"**

Jimmy

~

The early binders were pulled by horse.

"When ye hud three good work'an horse, hud wus a great sight tae see them work'an wae the binder.**"**

Sydney

~

The binder revolutionised harvesting and was welcomed, as emigration had reduced the island's population. Although not everyone owned a binder they were shared within the farming community.

"In the hervest everybody wus oot help'an when the weather cam. Well ye wud do yer own first an than, if somebody needed help, they wud git help. But ye chiefly did yer own first, until the binder came, an than ye wud jist cut whatever crop wus ready, ye wud go an help oot at anither croft if they did no hiv a binder. **"**

Tommy

THE FIRST TRACTOR

In 1928 the first tractor arrived in North Ronaldsay.[27]

"Rendall o' Holland ferm wus the first tae hiv a tractor. Weel hud cam aboot when they wur do'an some repair work on the Kirkwall pier. When hud wus finished, the tractor wus for sale. An that tractor hud pneumatic tyres an thur wur double wheels on the back, but hud dud'na sell. Hud dud'na appeal tae fermers, they wud'na buy hud wae this double wheels fur they thowt hud wus gan tae pack doon the fur (furrow). But Rendall bought it fur aroond forty pounds an he hud it at Holland, an he ploo'ed wae hud alright. Bit he left in 1929 an went tae the Glebe in Birsay an he took the

tractor wae him an thur wus no ither tractor in Ronaldsay at that time. **"**

Peter

~

It wasn't until the early 1940s that tractors came to the smaller farms; these were compact and less expensive models.

"Wan o' the first wans wus a small wan at Twinyness, bit efter that hud wus mainly the Ferguson, an nearly every small croft on the island hud a Fergie. Some o' them hud them during the war, an efter the war they increased. The auld Fergie wus'na jist that very expensive an quite a lot o' them bowt second hand, fur the bigger ferms on the mainland wur buying bigger tractors an selling aff the peedie wans. So the peedie crofts sold aff thur horses than, an they could keep an extra coo, or mibbe two.**"**

Peter

~

Gradually the tractor replaced the horse across the island.

"Oh hivens hud made a big difference, ye see hud used tae be aal plooing wae the horse than. Jeemy Deyell, he hud a grey Ferguson, an Harry fae Twinyness, he did a lot o' ploo'ing aal ower the isle, an than John Tulloch, he hud a Ford Ferguson, so I think the horse ploo'ing wore oot efter that. **"**

John S

STOOKS

Once the crop had been cut the sheaves were built into 'stooks' by standing a few together to dry in the wind.

"Hud wus stooked, the weeman generally gathered an hud wus a man that bound an stooked. Stooks wur six or eight sheaves generally. **"**

Johnny L

~

The sheaves were then built into stacks, which were know as 'screws'. A 'steeth' was build of stone which provided a base on which the stack could be built.

> Hud wus aal kerted tae the yerd an built intae stacks. Thur wus generally a steeve pitten under them. Hud wus stone built tae keep them fae the earth. Noo I think thurs nothing pitten under them. Thur wur a net o' simmans pitten ower hud, hud wus simmans when I first mind, bit thurs no such thing as simmans noo.

Johnny L

~

Straw rope called 'simmans' was woven into a net which covered the top of the stack to keep out wind and rain. Every bit of grain and straw was kept and used, nothing was wasted.

> An they wud rake every field wance ye wur finished taking the crop off, jist fur the last windlings o' straw. Every last bit wus used. An at the back o' that, they wud move a hen hoose on tae the field tae git the last o' the grain that wus still on the ground fur the hens tae pluck. Oh hud wus aal saved I can tell ye.

Tommy

HARVEST CUSTOMS

Harvest was a laborious process and there was a great sense of achievement when the work was finished. Some of the old traditions practiced at the end of the harvest were still remembered in the island.

> When I wus work'an on the bigger ferms in Sanday, I wud been thirteen or fourteen, an hud wus everybody trying tae avoid being the wan tae tak in the last load o' sheaves ye see. An of coorse hud did unfortunately fall on some poor soul.

Jimmy

~

After all their hard work, farm servants at large farms took the chance to have a bit of well deserved fun.

> At Holland there, whar thur wur eight men, an the man that cam in wae the last load o' sheaves, they aal went after him wae the byre broom. They hud that custom at the big ferms there.

Sydney

~

Even the small crofts took some time off to celebrate.

> A'm seen them hiv'an a bit better tea the night we feenished aaf, as they ca'ad hud, we'd hiv a peedie bit better tea that night. They wud hae some smaal thing fortiver.

Meeno

THRESHING

The next step was to separate the ears of corn from the stalks. Threshing was traditionally done with a home made tool called a flail.

> Oh I mind hud fine, I mind the flail. Hud wus two pieces o wid (wood) a long ane fur a handle, an a shorter piece, joined together wae rope, an that wus the wey they used them here. Hud rout (worked) fine. Thur wur two men, wan at each side, an the sheaf i' the middle. Me faither did hud in the first o' me minding.

Johnny L

~

It was an effective process but timing was crucial to avoid accidents. Women would use the flail.

> Oh yes the weeman did the flailing, hud wus heavy work right enough. Hud wus'na so bad if thur wur two flailing, bit if thur wus only wan, hud wus a gey slow job. Bit wae two ye hud tae keep time, doon wae yer flail while the ither wus up. An the floor o' the barn hud tae be clay, stone wus no use.

Sarah D

~

After threshing, the corn was piled into a heap or 'bing' and the straw tied up and fed to the cattle and horse as winter food. Hand operated threshing mills were affordable by the late 19th century.

> They followed on fae the flail ye see. Hud wus usually two turn'an the mill, wae wan feed'an. 'Tiny' metal mills hud wus.

Sarah D

The cast iron Tiny Threshing Machine was popular as it was compact and inexpensive. It could be adapted to wind and water power, and sometimes the engine of an old car.[28] Gradually these hand threshing mills replaced the flail and even children could be recruited to use the hand mill

"Thur wus a handmill hame at Greenspot, jist the smaal Tiny metal mill wae a handle on the side that ye turned. I mind me day'an that afore I wur ten year auld, turn'an the handle o' the wap mill as they ca'ad hud."

Peter

THRESHING MILLS

Some were driven by horse and others by windmills which were attached to the barn.

"They hud good mills at most o' the hooses, wan or two hud horse mills as weel. Thur wur two or three o' them in the North End, bit they wur driven wae oxen. I mind at Sholtisquoy, ap there, they always thrashed wae the wan mare. An Viggy hud a horse mill, an Rue hud a horse mill."

Sarah D

~

The 'tramp mills' were driven by horses walking round on a circular mill course built of stones.

"Ye hud yer wheel ootside, he wus horizontal of coorse an hud wus aboot three feet diameter. An yer levers that ye yoked yer horse tae wus fixed in slots on the top side o' that. Yer levers wus been aboot fourteen feet long. That wus sunk under the surface an yer horse wus comman roond on the top. They wur good solid stuff."

Sydney

~

But with exposed machinery accidents could happen. In 1876, Sarah Tulloch, a young girl from Cruesbreck was tragically caught up in the open gear system of the mill.

"An thur wus a horse mill, thur wur a great lot o' horse mills here fur threshing. The mill

inside, wae yer drum wud stand aboot fower feet high. The drum axle cam oot through the side o the mill an hud wus'na been covered , which wus a mistake. Weel ye hud whit ye ca'ad yer mating board that cam oot fae the side o' yer mill, an thats what ye fed the mill. Weel, this lass, aboot eight or nine, cam there an shu ran under the mating board an her hair wus catched in the drum axle, an shu wus killed instantly. An they covered hud ower efter hud, bit the hurt wus done."

Sydney

~

Windmills were also used to power the threshing mill.

"Scottigar hud a wind mill. Hud wus alright bit ye needed a gust o' wind though, hud depended on wind an thur wur calm periods too. That mill hud wee sails on her meed o' canvas o' some form I think, they wur made big or little, hud jist depended on the wind, like a sail boat idea."

Sarah D

WINNOWING

Once the grain had been threshed the husks had to be separated from the seeds. This process was called winnowing.

"Oh wae jist used the barn doors, 'atween the doors' as we ca'ad hud. Thats two barn doors, wan on wan side o' the building, an wan on the ither, wae the wind jist blow'an through. An the draught atween took the chaff awey, aff the oats. The grain wus lifted ap wae a big riddle usually, swinging fae a cupple. Ye filled hud wae a fork. An than the riddle wus lowered ye see, if hud wus too high ap, thur wus a bigger draught on the oats. Ye could partly open the lea door or shut hud a bit depend'an on the strength o the wind. If hud wus too strong a wind an ye opened too wide ye wud find yer oats wur among the chaff ye see. Hud wus jist a case o' watch'an whit wus happen'an."

Jimmy

But it was hard work.

> "If ye hud a stack tae do, hud wus a hard days work tae dae aal the riddling. An I hud tae stand wae a fork pit'an in tae me fither, hud wus a pitiful job that. An he wus that particular, the grain hud tae be spotlessly done or he wud'na pass hud. Wae got a mill tae end up wae, fae Kirkwall an wae hud tae tak a door oot o' the barn tae git the mill in."
>
> John S

STRAW

The straw that was left had a number of uses.

> "I mind thur wus a strae broom fur sweep'an wae, a straw meed effort, a besom fur sweep'an the floors, an hud wus meed oot o' straw or gloy, that wus a sheaf teen an the oats wur stripped aff o' hud. That wus so no tae brak ap the straw ye see, tae keep hud stiff. Oats wus best fur that though, ley oats."
>
> Sarah D

~

It could also be woven into rope called ' simmans', oat straw being preferred as it was more durable than barley straw.

> "Simmans wus jist strae, an hud wus wound, hud used tae be that aal the stacks i' the yerd wus aal thatched wae simmans. Ye wud start, an ye got hud ower yer shoulder, am wand mony a mile o' hud I think. Thur wur a great lot o' simmans when ye wur at a hervest, at a big hoose, hud wus weel strong, aye."
>
> Johnny L

~

The straw was woven into baskets called cubbies and caisies.

> "They also meed thur caisies an cubbies oot o' straw, I meed cubbies in me time, fur sowan oot o'. A caisie is the sam kind a thing as a cubbie bit hud a string so ye can put hud on yer back. They wur a similar size an they used the caisie fur tak'an home thur fish. The wan difference atween cubbies an caisies is the cubbie wus made oot o' straw an the caisie wus made oot o' bent. The caisies wus the stronger because the bent wus stiffer. They wur both fairly good, fur they lasted a long while if ye kept them dry."
>
> Jimmy

~

Nothing was wasted, residue from bere was used for bedding in the byre, and the chaff or 'din' was used to fill mattresses and pillows.

> "An 'din,' that wus the light stuff that cam aff. Ye pat the din in the pillows, hud wus very soft. I mind a bed seck (sack) made o' that. Hud wus refilled every so often. An yer pillowcase wus made oot o' the flour bags, oh they were good quality cotton so thur wus nothing wasted. They hud duck feathers tae fill them, they ca'ad them codes, aye a head code, aye."
>
> Tommy

THE GRINDING MILL

Small amounts of grain were ground on hand querns but larger quantities were taken to the grinding mill.

> "Wae hud two mills, the water mill and a windmill. The watermill wus fur oatmeal an the windmill wus fur beremeal. Hud wus aal dried home at the hoose ye see, the miller jist did the grinding then, grinding an sift'an."
>
> Sydney

~

The mills stood side by side and the millers would visit each other.[29]

> "A'll tell ye a grand story aboot the millers. The auld miller, Johnny fae the watermill an auld Tammy o' Hooking fae the windmill, they wur relations. This day Johnny wus comman fae Peckhole an he hud something underneath his big coat an auld Tammy wus suspicious. Weel Johnny geed tae the mill thu sees, an filled ap the hopper wae oats an than he hud to go oot tae lift the lever fur the wheel tae turn. Weel, auld Tammy nipped doon an he looks inside the mill an he sees a gallon pig o' beer. So he took

hud under his coat an awey he geed home tae Hooking. Tammy than goes doon tae the mill an says 'Oh min', he says,'Come an see whit ale the guid wife his.' So Johnny cam in an sat doon, an Tammy comes wae the ale. The auld miller wus delighted an he said he niver kent they hud it. 'No, thurs nae body chens, the auld wife cheaped (kept) hud quiet, gosh min,' he says, 'or the hoose wud be full o' fowk!' So they sat in the hoose an they dried the pig o' ale. So noo the auld miller wus rubb'an his whiskers an he says, 'A'm much obliged min.' Than Tammy says, 'Oh god, jist tak yer big keg hame wae ye noo Johnny, fur hud wus yer own ale wae wur drink'an!' Oh boy, hud wus a change o' tune than they said. **"**

Willie

~

When grinding at the windmill wasn't possible, it had to be done at home.

"I mind me faither tell'an me that wan time they hud no bere meal in the hoose at North Manse. Weel he went aff first thing on a winters morning tae the mill. Bit everybody hud tae tak thur turn, the miller worked oot, he wud give each hoose a stone or maybe two so that they aal got some meal that day, instead o' do'an aal fae wan man. Weel, me faither stood there aal day until ten o' clock at night wait'an fur his turn. Bit the wind fell aff an the whole mill stopped. He went hame an he wus'na hud a bite tae eat aal day. Weel, they hud big pots than, an he pat some corn in the big pot, an dried hud on the hearth fire. They hud a hand quern an he ground hud on the quern an than he baked hud. An hud wus the first he wus hud tae eat fae eight o' clock that day. An he said hud wus the best tasting bannock he ever hud in his life. **"**

Sydney

~

But mills could be dangerous places and accidents did happen.

"Thur wus a miller there, he belonged tae Phisligar. An ye see yer wind blades wur gan roond like this, an they drove a cog wheel an than hud meshed intae anither wheel that drove yer stones fur grinding. Weel this day, the school wus oot an this school boy cam tae see his faither work'an an he wus so attracted wae this cog wheel that he went too close tae hud an hud catched his clothes an he went through the cogs. They said his mither took hame whit wus left o' him in her apron. Aye, hud wus a coorse death. Hud wus at the windmill that wus ap at the school there a while back. Hud wus fairly commonly spoken aboot that accident by the auld fowk in me time, the sam as hud been a recent thing. **"**

Sydney

~

Most houses had a kiln to dry their grain before it went to the mill. At certain times of the year there was pressure on the miller to get the grain ground.

"I mind wan time, hud wus a year hud cam snow. An ower Christmas, I wur'na been work'an full time, an shu wus as full o' grain as shu could howld, upstair an doonstair. An hud cam snow, so the fowk could'na git tae the mill wae the kerts. An boy did I work that time, I hud the whole lot o' grain in meal afore the first kerts cam. I mind an auld fella comman in there, an he could'na move fur meal an he stood flabbergasted. He said he wus niver seen so much meal in the mill at wan time. Thur wur a string o' kerts right oot tae the main road aal wait'an fur thur turn. Hud took me aal day tae clear them. I wur pleased tae see the last o' hud that day. **"**

Sydney

~

North Ronaldsay struggled as a farming community but did take pride in its animals and produce. The island only once had an Agricultural Show. It was fondly remembered by Mamie Corse from Kirbist.

"One of the first things I can remember going right back was the agricultural show in North Ronaldsay. The boat went round the isles and collected people and brought them to the island. We had a lot of people who came to the house and they had something to eat before we went away to the show park. It was held in the front park at Holland farm and I'm sure it was Gunn that was the tenant at that time. He was a South Ronaldsay man I think and he would be very instrumental in getting the show going. But I was just a wee thing at the time and I remember the front gate was decorated and I remember this grand gate. And they served teas from the farm house and it was such a lovely day, they were sitting outside, it was perfect sunshine all day and no wind. It really was a perfect day for the show.

Then when the show was over we went to the pier with the visitors to see them off on the boat. And I think the island were very proud that they sent the Fawn, which was their biggest boat, to collect them all round the isle at night. And I can still picture the Fawn leaving the North Ronaldsay pier. An of course there was the usual shouting of 'Limpets' "Gruellies' or what ever, that I had never heard before and I didn't know what was going on with all this noise! It was really a very interesting day but I don't think there was ever another agricultural show out there. ❞[30]

Maimie

S.S. Earl Thorfinn at the North Ronaldsay Pier.

The Sea

At no time in the history of North Ronaldsay could the land support its population so islanders relied on the sea.

"Bit ye see they dud'na depend much in that times on the land, hud wus more the fishing. Me faither, he geed tae the herring fishing, hud wus afore me time though, bit I mind the bot fine, the Foam hud wus called and six o' them owned it together. Hud wus aal men fae this direction. Aye, they geed tae Stronsay mostly, an they geed tae Shetland and the Fair Isle and they fished a lot aroond Foula."

Sarah D

~

Fishing was a necessity, to provide food and income to support families.

"Aye, me father, he loved the sea. He really wus a fisherman, he wus'na a farmer. But he did hud because he hud tae do hud. I mean he knew hud weel enough bit his mind wus wae the sea. He hud a creel bot, hud was called the Xmas Morn an than he hud a little praam, an he called hud Xmas Eve."

Helen

~

But there were challenges: a strong tidal stream combined with rocky outcrops and shallow bays made fishing around the island difficult.

"Me grandfaither hud a bot, an me faither hud a bot also. Him an his cousin shared a bot an hud wus whit wus called a yole, a very strong bot wae two masts. They went up in the West Firth there fishing in October, an they got thur fish in the worst o' that tide. The North Ronaldsay bots wur hardly fit tae stand that tide. Thur wur Eday bots there at that time, bigger an better, an wan o' the Eday men warned the Ronaldsay bots tae git oot

o' that tide faa, for hud wus like a boiling pot. The Ronaldsay bots jist sailed past them an they fished on fur a while still. The point wus this, they could not come home withoot fish or they faced starvation."

Sydney

~

Despite its twelve miles of coast line, there was no safe harbour.

"Oh aye, aye, ye see they lived in the sea an they lived on the sea, they hud tae live on the sea. They could'na afford big bots. Not only that, they dud'na hae a harbour, so that they hud tae hae small bots that they could handle."

Sydney

~

Despite the dangers, everyone fished.

"I think near about every house would have a bot. Hud wus beginning to dwindle oot a wee bit when I wus gan tae the school bit thur wur still a good mony bots on the island fur aal that. An the lobsters wus'na fished ap then, that wus the difference. Weel everybody that could git went. An they wur tae sell. Some o' the fishing wus fur eating, an a day like today, they wud been oot tae sea, cuithes an lythe (coalfish and pollack) an aal different kinds. Bit they wur tae sell too."

Tommy

~

And fish caught was shared within the community.

"Hud wus jist divided oot among folk. Thur wud be two or three at the fishing, an they wud give thur neighbours ye see, aye hud wus very comman. Aal little heaps there, so many little piles, an some auld body wud git a few or a half a dozen."

Helen

BOATS

Most houses owned a boat, or had a share in one.[1]

"Oh ony size o' hoose hud a bot, even a smaal wan, they aal hud bots, they wur aal seamen, the whole lot wus seamen at that time. An noo thurs only two bots that go oot tae the creels!"

Sydney

~

North Ronaldsay boats were multi purpose: they carried peats, provisions, and people.

"Oh, thur wur skiffs an yoles as they ca'ad them. They said that the yole wus a better sea bot than the skiffs, bit the skiff wis a better sailer I think, aye."

Sydney

~

Yoles were wider and had good carrying capacity.[2]

"I hud a yole an me brother hud a skiff bot, shu wus twenty six feet long. The first wan I mind in this family wus a yole bot, shu's doon there yit. Huds a broader bot wae a roond stern an a slope in the fore end. Wan wae a lug sail could fairly hop along, in fact as queek as an engine if you got the right chance."

Tammy

~

Before engines, boats were sailed or rowed.

"When they took the peats fae Eday, sometimes they hud no wind so they hud tae row the bot. They dud'na hae time pieces (watches), therefore they hud tae hae a wey tae tak equal spells at the oars, an they counted whit they ca'ad the long hundred. 'There goes wan, the wan that is gone, ninety-nine more tae come, tae mak up the sum o' the hundred so long'. An they hud tae count hud right back fur wan spell at the oars. An than they'd hud a spell than, the long hundred."

Sydney

~

This is a technique that dates back centuries.[3]

"Each verse wus five strokes o' the oars, so the long hundred wis actually 500 strokes o' the oars, thats whit hud wus."

Willie

~

The skiff had a narrow hull and was faster than the yole.

"They wur designed fur sail originally, bit they hud oars too, an than the Seagull engines cam out. Whit an improvement that made, I think they wur thrilled when they cam oot. Bit wan man said, 'Don't go further wae the engines than ye can row wae the oars.'"

Helen

~

The North Ronaldsay praam, with its broad stern and curved keel was an improvement on the yole and skiff and was designed by local man Hughie Muir.[4]

"He wus me grand uncle an he copied hud fae a Norwegian bot, hud wud been the early 20s an 30s. Hud wus efter the herring bots finished onywey. Wur joiners here in the island, John Cutt o' Stenabreck an Willie Cutt at Milldam, worked hud oot. They built thur own bots, of coorse, they did everything in that days, ye did yer own."

Helen

~

Robert Rendall, the Orkney poet and naturalist was impressed by the praam's manoeuvrability when he visited in 1953.

"We watched the crew moor offshore, tumble the cargo and mails into a North Ronaldsay praam and row to the rocks. It was an exceptionally low ebb, so the boat had to be threaded through narrow channels between thick beds of tangle weed that floated limp on the shallows. Eventually the boat was grounded against a shelf of rock, for these boats have blunt raised bows that form a sort of ramp to the beach. In North Ronaldsay itself, where most beaches rise up at a steep angle, and good landing rocks are few, this type of boat is admirably suited for lobster

fishing and inshore work, as it can be run ashore almost anywhere, and the crew can then scramble over the bow. Also, as I was to find out later, these boats are practically unsinkable at anchor." 5

Island beaches were steep and the praam's hull meant it could be dragged up by two men instead of four.

SEAMANSHIP

Skilled seamanship was essential and knowledge of strong tides was essential.

" Hud wus aal smaal bots yes, aal smaal bots. Bit wae kent aal the tides, you hud tae ken that. Bit wance ye kent hud, hud wus jist the sam as gan oot an walk'an aroond the hoose an comman back. **"**

Tammy

~

And some had skills that were legendary.

" This Wullie wus a great fisherman an steersman in smaal bots, aye so wus his faither. Thur wus a ship ashore here a wreck, so the captain he hired a bot tae tak him tae the isle o' Sanday, so he could mak communication there. Well he sent wurd, got the job done an they wur comman home an hud blew ap fae the south east, pretty stiff, the only place they could land wus the west side o' the island at a place they ca'ed the Doo. So the captain wus sit'an in the smaal bot and comman past Twinyness Point thu sees, an thurs the strong tide there, nothing but broken water an 'My god' he thowt, 'Wur gone, we'll be sunk!' An he pulled aff his sea boots an jacket. So auld Wullie, the steersman, he says, 'Whits wrong captain?' 'We'll have to swim,' he says, 'The bot will be swamped on this'. 'Ah, sit doon, thurs nae fear min, whit are ye worrying aboot.' An right enough shu cam through it alright. When they cam ashore than the captain says tae Wullie ' When I get a new ship an if you come wae me, I'll make you my Quarter-master,' he says 'For such a

steersman I niver saw!' So auld Wullie looks tae him an he says, 'Ah min hud wud'na work an a'll tell you whar the differ comes in. You're on a big ship an you're look'an doon on the sea and a'm in a smaal bot an a'm look'an up at him, an I ken aal his moods,' he says. **"**

Willie

LOST AT SEA

Sea fog was a persistent problem.

" Well, thu sees hud wus on a Saturday, an Jeemy Cutt wus at the cuithes at Bridesness, an he got lost in the mist fur he wus short sighted. An they geed oot on the Sunday tae luk fur him bit they could'na find him. Well noo an east coast bot wus comman tae Stronsay tae the herring fishing, an they saw this Jeemy Cutt sit'an in the bot, an he dud'no ken whar he wus, in gods name ava, so they took him aboard wae his little bot. Well noo, huds Monday an the Ronaldsay bots wur cam tae Stronsay. An Peter, aye he wus merrid tae a dowter o Jemmy Cutt, an he wus in a herring bot an he saw this east coast bot comman in wae a good shot o' herring. An than, god Peter saw auld Jeemy sit'an there on deck. An says, 'Boys, boys, god bless me boys, there he is as large as life,' he says, 'Me own guid faither, an his bot!' **"**

Willie

~

The islanders knew the coastline and were experienced navigators.

" I remember quite well me grandfaither at Neven. I remember gan ower tae Sanday in a sail bot wae him an me grandmother tae visit a sister o' her that wus married tae a servant man there. An a dense fog cam doon efter wae left Sanday an thur wus anither man wae us, Willie Tulloch o' Senness. An he got a peedie bit excited an the auld man said thur wus nothing tae git excited aboot. The only thing that wus worrying him wus that they dud'no hiv a light, so they hud tae shine a match tae look at the compass, an anither wan an than anither wan until he had no matches left. Huds very deceiving fog, every thing appears tae be a great number o' times huds own size. Bit they managed on an the first thing that wae heard wus a dog barking, bit the auld man knew tae within an inch whar he wus an wae landed exactly whar we left, yas.**"**

Tammy

HERRING FISHING

In the 1840s there were seven hundred Orkney boats involved in the herring fishing industry.[6]

"Me grandfaither, he rout (worked) wae bots and his main job wus fishing. He hud a ferm ye see, an hud wus only twelve acres. Och weel, as regards his seamanship, he jist picked that ap himsel an he went tae the herring an he went doon the east coast o' Scotland when the Stronsay herring wus finished. At that time they hud bigger yoles, they dud'na fish the whole season long bit they wur oot i' the dead o' winter if hud wus good weather. An they fished right across tae Westray an they wud been in Shetland waters as well as the east coast, bit hud dud'na always pay them.**"**

Tammy

~

The North Ronaldsay herring fleet was smaller and less well equipped as low profits prevented the upgrading of boats and equipment.[7]

"An wan time they wur thirty tae forty men at the herring fishing in Stronsay, aye aye. They hud six bots that went tae the herring fishing that I mind. Me faither wus wan o' them. They cam ap fae the east coast o' Scotland, the bots, mainly. Weel the crew owned them, hud took aal the money that the six o' them could scrape together tae buy a bot ye see. An they wur hauled ap i' the winter time wae human strength, some at the pier o' Bewan in the Nort End, an some at the Sooth End at Brideskirk. Hud wus the Stronsay fisheen they went tae. They wur agreed till the sixth

o' September wae the curer an than they cam home fur hervest wark.**"** [8]

Sydney

~

A man who owned a share in a local boat could earn £15 to £20 for a three month season.

"At that time, some o' them wud been on the bigger herring bots, the big wans, they wud been sixty tae eighty feet long, they wur east coast bots. Bit the season wus'na that very long. Bit wan time they went aff, an they made a bit o' money right enough, bit the weather cam on them when they cam back an they got weather stayed. By the time they cam fae Sanday tae North Ronaldsay, they hud only coppers in thur pockets. That wus the feenish o' hud, no more.**"**

Tammy

~

Those employed on one of bigger boats could earn more.[9]

"Thur wus a Muir fae Burray here an he went wae them wan time and he made a good bit. An thur wus anither auld man, awey in the middle o' the isle, he went awey as a hired hand on wan o' the east coast bots. An my god he made a peedie little fortune oot o' hud. An whan he cam back that money did the fellow a lot o' years efter, so he wus finished than wae the islanders an thur bots an thur fishing. Oh yas, they made money right enough, bit ye see ye hud the bots tae buy an the nets, so thur wus a lot o' spending. Hud wus aal right if you happened lucky.**"**

Tammy

~

The industry led to the development of fishing villages; Whitehall in Stronsay became the main base in Orkney.

"We always got fresh herring there, we dud'na hae anything tae pay fur them. Bit if a herring fell aff the lorry at the time o' taking them oot o' a bot, an a bobby cam by an ye picked him ap, you wur hauled ap, 'That fish is not yours, leave hud alone'. Bit we aalways got fish fae anither bot, hud wus a Shetland bot that cam there, a great big ane, shu wus wan o' the biggest herring bots in the harbour, solely navigated by sail, she wus very nearly ninety feet. Thur wus seven men on that bot instead o' six though, an everyone grew a beard, not jist the auld wans. They niver went in a pub, an on Sundays they always fund a kirk. Shu wus steered wae a wheel, bit shu hud no engine. An whit wey hud wus I niver could tell ye, bit that bot, under aal conditions, shu wud come in tae harbour easier an more cannily than them that hud the engines. His mainsail wus always doon an his aft sail wud be ap a wee bit an than doon, an he wud give the orders. At the pier the bots wurna broadside on like a steamer, fur thur wur that many o' a number. If the bows cam in, they could git far more in. **"**

Tammy

~

Getting the fish to market needed careful timing.

"The herring wus aal hoist, jist wan basket at a time, an the herring wus aal filled intae the baskets wae wooden shovels so as no tae harm the fish. Than they went straight ap tae the sale room, you wud hear a bell ring'an, an aal the men wud fly ap tae see the price. The price varied a little atween the bots, bit mostly atween the quality o' the fish. Weel, if ye cam in too late, fish no use, out, dump. The nets wur aal set in the darkening o' the night before, hud needed tae be dark afore the herring went intae the net. The nets wud be hauled than, at the very first o' daylight, an probably afore hud. Bit an expert skipper wud know by the pull. The net hud a long back rope an they wur aal hanging perpendicular, an he wud put his hand on hud, he wud know by the feel whether the net wus full or empty, an he wud give the orders. When he gave this order tae tak in this net, he might be in afore his neighbours than. If this neighbour than wus too late, the price wus less an if he wus later still, nothing. At that time the herring wus more plentiful, they hud no time tae work wae

bad anes, you hud plenty o' good anes, in the season o' them, yas. **"**

Tammy

~

In 1912, a peak year, Whitehall attracted over 300 drifters and produced more than 150,000 barrels of herring from the thirty curing stations that were established in the village.[10]

"The herring bots they geed tae Foula Bank an aroond Shetland. Weel thur home port wus Stronsay. The herring bots went tae Foula bit aal thur catch wus landed in Stronsay. They went fur so mony months o' the summertime. Am heard me faither say they wur ap tae forty feet some o' them. An the auld fella at Waterhoose, he used tae fish aroond Foula Bank an that wus a good bit tae go, forty six nautical miles fae here. An huds twenty three nautical miles fae here tae Fair Isle. **"**

John S

~

Some islanders travelled to Stronsay to work in the industry.

"Me grandmother used tae be a fish gutter in Stronsay. May Tulloch. Shu cam fae Sholtisquoy, me grandfither married her, bit shu worked in Edinburgh in her younger days an than shu got a job at the fish gutting in Stronsay. Thur wus a great lot o' women did fish gutting in Stronsay. **"**

John S

~

Fishermen would bring back a barrel of herring to provide food for their families over the winter months.

"An thur wus anither wey o' get'an herring. Thur wus an apprentice boy on a herring bot an when the crew wur haul'an thur catch, thur wus always some herring falling oot o' the net. An than they hud whit they ca'ad a 'save-all', a long wooden rod thu kens, wae an iron hook an a net. You'd dip hud doon an god you'd catch the herring. Well, a certain time o' year cam an hud wus time for the hired hands tae git thur barrels an tae work the save-alls.

So the boss says, 'Whit ever you catch noo hud'll be yer barrel', instead o' gan intae the hold wae the rest o' the fish. So auld Willie o' Hooking, he wus a hired hand that year on a bot fae Stronsay, bit he dud'na hae a barrel, bit he wus'na gan tae be beat so he goes tae a curer there, an he geed hunt'an aboot among the barrels. Bit the foreman says 'Noo, noo man, whit are you look'an fur?' 'Oh sure enough', says Willie 'I pat a barrel here when I cam tae the fishing an noo hud's the season wae can start gathering wae the save-all an I can't find me barrel". 'Man, man' he says, 'Jist tak a barrel an clear aff.' So auld Willie got a brand new barrel an back doon he cam. An the Ronaldsay eens aal speired (asked) him what wey he hud a new barrel, they kent he dud'na hae a barrel when he cam. 'Sure jist providence, providence, providence', says Willie. **"**

Willie

~

By the early 20th century the industry was dominated by the steam drifter. Low profits prevented the North Ronaldsay fleet from continuing and eventually the boats were broken up.

" I mind the auld herring bots be'an hauled ap an broken ap. That auld weather glass (barometer) wus on a herring bot, an hud wud been doon in the salt water bit hud works yit. Huds a lot o' years auld. I think hud wus me great uncle Hughie that hud that wan. An I mind them brak'an ap the herring bots, an they hud bits set ap at the dyke fur a ladder, I mind that. Hud wus heavy wood on that herring bots. **"**

Mary

LOBSTER FISHING

Lobster fishing was another way to supplement income and by the end of the 19th century Orkney was the largest exporter of shellfish in Scotland.[11]

" Whit a lot o folk went tae the creels in that

days, lobster fishing. Aal the summertime they wur at the creels. **"**

John T

~

The skiff was the preferred boat for lobster fishing as it could carry up to twenty creels. Experienced lobster fishermen were skilled at creel making.

" The like o' Willie Thomson o' Neven noo, he wud made hunders o' them, he hud a lifetime o' hud ye see. An the creel hud corks on the buoy rope, an they wur painted different colours, an that identified each person's creels when they wur set aff shore. An wan might been white an blue an anither person might hae red or something else so ye knew whose was whose onywey. I mind in the Coronation year hud wus red, white an blue! **"**

John S

~

Due to the strength of the tides, North Ronaldsay creels were smaller and stronger than average.[12]

" The creels wur aal teen ashore tae dry. You see hud wus aal manilla coir ropes, most o the creels wur made o' hud. In me faither's time they tarred the ropes, aye, the buoy ropes an the creel an the whole thing. Well a great lot o' folk said hud wud niver work an that ye wud niver git a lobster in a tarred creel, bit huds a piece o' complete nonsense. Mind you the thing that helped her wus tae pit them oot fur the first twa three days whar thur wus a strong tide an that carried awey the smell, aye yas yas. **"**

Tammy

~

The edible crab, called a partan was caught and eaten locally as there was no market for them.

" I mean nooadays ye git lobsters all year roond, weel they wur only seasonal when wae wur young, an partans, I used tae love partans. We niver hud lobsters really, except the peedie wans that wur too peedie fur sell'an. Bit the partans wur'na selt at aal, so they could be eaten. **"**

Beatrice

Once caught, rubber bands were put on the claws of the lobster to stop them damaging each other.

"I mind Tommy o Westliebank, he wud niver tell onybody hoo many lobster he hud got. Bit he hud a tin wae this rubber bands in hud in the bot. So his nephew, he counted the rubber bands an than he could tell jist hoo many lobsters he hud gotten, an Tommy could'no understand what wey he could tell hoo many."

John T

~

Lobsters were stored in floating chests to keep them alive.

"Oh they wur sold the most o' the lobsters, bit if they wur under a certain size ye canna take them. They wur aal put in a big lobster box an hud wus put in a pool near the shore. Hud niver got dry, hud wus aalways in sea water. They wud keep fur weeks in that. Wae wud feed them sometimes. Ye wud pack them intae smaaler boxes than fur shipping tae the lobster merchants, hud used tae be Danny Meil in Kirkwall."

John S

~

From Kirkwall they were shipped to fish markets in the south.

"Oh the lobster fishing, hud wus eight pence or ten pence wus the most wae got fur a lobster, hud dud'na matter how big he wus if he wus ower nine inches, aal wan money. Bit if thur wus wan o' the toes aff o' her, hud wus half price. Whar noo ye git paid per pund. Bit thurs only two bots gan noo, in my time thur wud been ten or eleven onywey."

Tammy

~

The sale of lobsters provided a valuable addition to the income of a small croft. By 1964 there were only six lobster boats left in the island.

"Huds been dwindling an dwindling aal the time.

An the lobsters got scarcer an scarcer aal the time too, hud wus'na worth while."

Helen

~

Dwindling stocks and hard conditions take their toll.

"I fished fur aboot forty year, I've hurt me knee noo an I canna git tae the creels at aal. Huds no easy gan ower the rocks. Bit three year ago I hud thirty four lobsters aff o' the rocks. An last year wus doon tae eleven. An this years nothing I think, I might git doon bit I might no git back ap! I hud a struggle get'an ap the last time."

John S

~

Although this market continues today, it is a job suited to the young and fit. For an ageing population, lobster fishing is a dangerous job and by 2008, only one creel boat remained on the island.

"Ye hiv tae go ower the slippery rock wae this great big creel, huds no an easy job. An any rain on the rocks makes hud slippy. Ye need tae be wint (used) wae fishing wark tae dae hud. Ye do need tae know the sea, huds unpredictable an so tidal here. Hud taks years tae learn an ye hiv tae listen tae the auld men, an thurs none tae listen tae noo. Wae hiv very strong tides ye see, huds nine knots at the back o' the Seal Skerry. Nowadays they work wae twenty and twenty five horse power engines, the Seagull wus only fower an a half, bit wae the right tides hud wus plenty o' power. The experience maks a difference, ye ken the different directions o' wind an ye ken whar tae go. Huds suicidal if ye go wae the wrong tide, ye must know yer tides."

John S

WHITE FISHING

Many of the island's fishing boats boat were open decked and too small to reach the big fishing grounds.

"I mind wan time wae the haddock fishing, my

hud wus grand fishing here at the West Beach. Wae hud no engines, hud wus jist sails an oars wae a twelve foot yole. We went three days in succession right roond the island an niver hud a sail hoisted. If you went aff wae the right tide you got wan roond and the ither back. Bit ye could'na stay so long at the fishing nor yit go so far awey. Oh wae wud mibbe been fower tae six miles aff the shore, the farther oot ye went in the Westray direction, the bigger wur the fish, yas, yas. You could git plenty nearer in, bit we aal wanted the bigger wans fur they wur easier tae work an they wur a very good fish. 〞

Tammy

~

As well as haddock, fishermen were after coalfish or saithe, called sillocks, piltock and cuithe at their different stages of development.[13]

〝The fish wur aal salted in them days an noo huds aal frozen. Wae did that wursels, wae got coorse crystal kindo salt fur salt'an fish. Ye jist leave them in a barrel or a tub, ye pit so mony in an sprinkle salt on them. An ye hud tae criss cross them in the barrel, pit them wan wey an then the ither wey, the opposite every time. The heads wur bigger so they wur tae the ootside o' the barrel an the tails in the centre. An wae used tae split the fish an dry them on the flat, that wus good too. Bit they hud tae be properly cleaned tae dae a decent job. If no, they dud'na keep very well, ye hud tae be particular wae hud. Wae wud dry them on the flagstone roof an sometimes on the clothes line. Ye tied two together wae twine an jist hang them ower the line. 〞

Helen

~

Big fish were caught where tide was strongest and knowledge of the fishing grounds was essential - the West Firth was good for cuithe, the Reef Dyke for lythe and Dennis Roosts for cod, ling and turbot.[14]

〝Thur wur two shoals than, the nor 'wast shoal an the sooth east shoal, that wus a few miles oot an they wur good fishing grounds. The nor'wast wan wus three miles an the sooth east wan a bit more, three or fower mile awey. They got haddock an cod an some flat fish an ling, an I mind Willie Muir, me cousin, he hud up tae eight barrels o' mackerel some days. Hud saved a good bit o' money besides buy'an the bait than. Bit hud wus a good bit o' work tae gut them an tae sort them, hud took a good wee while o' time. They wur devilish things on the lines tae, they tangled ap the lines, thurs quick movements wae the mackerel, thur no like cuithes, mackerel keep swim'an an tangle ap the lines. Cuithes got scarcer in later years wance trawlers cam aboot ye see. 〞

John S

WEATHER SIGNS

Islanders were working outside in all weathers and had exceptional observational skills.

〝Oh weel thurs anither thing, an hud cam fae far back. When the wind's been nor'wast an thurs been a lot o' days o' hud, an the wind's gan tae shift, an hud'll moderate fairly doon tae a calm. Weel, you'll see the burds, the gulls, they'll start very low doon, wan or two or maybe twenty or more, weel they'll go roond wae the sun in a circle an they go ap higher an higher till they'll only be the size o' a lark or a sparra tae look at. An in some cases thur awey up oot o' sight. When this happens, tomorrow before nightfall, the wind's sooth east an blow'an ap an rain. 〞

Tammy

~

Even sounds could help predict the weather.

〝Me faither hud some idea aboot seals an a change in the weather. Thurs a rock oot there wae a lot o' seals an they mak a sorta groaning soond, huds no lightsome onywey, huds a lonesome soond, I dun'no like hud. Well the islanders say that if you hear this soond, huds gan tae be nort wind, aye huds fur nort wind they say. 〞

Mary

For fishermen, keeping an eye on the weather was essential.

"When the shore's reflected in the loch, aye ye might stand by (stay home) then. An when ye see the auld lighthoose reflected in the water, by god ye might stand by, hud'll be sooth east wind an blow'an ap the next day. An if Fair Isle there, if huds awful blue, huds anither sign tae watch fur. That auld Sarah Breckquoy, boy she wus good fur weather telling."

Sydney

~

Certain people in the community were respected for their accuracy in predicting the weather.

"Thur wus anither man, spaekan aboot the creels. He cam fae the Nort End here too, fae Longar. He went in a smaal bot by himsel, an he hud two brithers that went in anither bot. Weel thur wur fower or five bots gan oot fae that side, fae Westness direction, an hud cam a coorse night so the men got ap aboot two o' clock in the morning an went tae land whit creels they could. An they aal cam ashore jist in the lighting o' the morning. So they wur commiserating wae wan anither aboot this auld fella that went by himsel, fur they wur sure he wud be lost his creels. Bit when they cam tae see, god aal his creels hud been ranked along the dyke, they wur fairly safe afore the storm started. Me faither said he wus the best forecaster o' weather ever he kent in North Ronaldsay that man."

Sydney

~

The man was Johnny Tulloch from Longar.

"I mind him fine. Wae wur singl'an neeps wan day, the most beautiful day that ever ye saa in yer life. An that auld man cam past fae the shop an me faither went tae spake tae him an said, 'Huds a beautiful day Johnny.' Bit he replied, 'Aye, in the meantime'. Me faither says, 'Whit does thu see wrong wae the day Johnny?' 'Weel hud'll be a very different night efter twelve o' clock', he says. An hud wus

right, hud wus a wild night o' wind an rain, jist as the man said. An ye niver saa a finer day in yer life!"

Sydney

~

Johnny was well known on the island for his skills.

"Johnny o' Longar wus good tae, me faither thowt he wus the best in North Ronaldsay. He wus his Uncle Johnny, an me grand uncle. I mind him saying he wud tell the ither fisherman when hud wus time tae shift fae the north side o' the island. In the month o' August, he said thur wus a different blue in the sea, that wus his wey, he reckoned the water looked darker efter the month o' July, he said hud wus time tae shift tae the north side wance August wus in."

John S

~

This ability was passed on through the generations.

"Thur wus a hoose, Westness there, they wur very good at hud. They made a mark wae the seals an they made a certain mark wae a seaburd if he went in land. They wur liv'an at the sea thu sees an they marked things like that. Hud wus handed doon fae generation tae generation, hud wus jist born in them, aye. They could'na help hud."

Sydney

SUPERSTITIONS

Fishermen are also superstitious.

"Oh they wur superstitious, oh yes of coorse they wur superstitious. You hud tae turn wae the sun, every time ye turned against the sun wus bad, an meet'an certain people if you wur gan tae the fishing. Some wur lucky tae meet an, oh yes, ye'd git fish today, an some, ye'd might as weel stay hame they'd tell you. Thur wus a lot o' that. They niver liked tae hiv ministers as passengers, they always said they made bad weather, oh aye."

Willie

Weather signs were seen in all aspects of daily life.

"If a soo carries three tae a sty, an turns roond twa three times an lies doon, hud wud be a sign o' worse weather instead o' better. The wind wud change fae the nort tae soothard."

Tammy

~

The number thirteen was always considered to be a bad omen.

"Weel a'll tell you, huds a very funny thing fur they'll no land a ship on the thirteenth, hud can be done, certainly, hud could be done, bit they don't do hud. Thur wur three trawlers that cam ashore on the Seal Skerry in North Ronaldsay an thur wur nine o' a crew on each wan. Bit wan o' them, the first that went ashore, was launched half atween the thirteenth an the fourteenth. They reckoned that she wus aalways been in jeopardy until she went ashore ower there."

Tammy

~

And potential bad luck came in many forms.

"They believed hud here, aye aye, wae hud plenty o' that far back, bit huds dy'an oot. Thur wus an auld fisherman, he's dead a while noo, he wus full o' hud. If he wus gan tae the shop ony day or anywhere ap the road an a moose crossed his track, he led straight aboot an med straight back fur the hoose. If hud wus gan wae him or ahint him he paid no attention, bit, if it crossed his way, oh no. Oh aye, Muirs, the surname Muir. Thu hud tae avoid that person whether hud wus a man or a wife or whatever, at aal costs, or than you wud git no fish that day. You hud tae bide past them an keep oot o' the road. An Muirs' wur rife here, oh hivens yas, bit they hud that idea. If ye met wan, you hud tae pass on, bit they wud been consider'an aal the time that they might as weel go hame an go tae bed!."

Tammy

~

Ministers were not welcome on board a boat.

"Ministers wur a bad omen. A'm heard hud said that they wud niver git a good passage if thur wus a minister on board the bot. An yit wae crossed wan time tae Sanday, me brither Hughie an me, wae six ministers on board, an I niver saa a better trip! Although wae hud a very bad wan wae the Sanday minister, bit wae should hardly huv left that night, hud wus jist touch an go, yes."

Tammy

~

Even the presence of one on shore was considered unlucky.

"Thur wur wan time the North Ronaldsay minister, he wus there at Peterheed an he wus stand'an on the pier an wan o' the fishing bots cam oot o' the harbour an went awey oot by. Bit than shu turned roond wae the sun three times, jist right aff the end o' the pier, An gave three blasts o' the siren every time that shu turned. So thur wur a lot o' folk stand'an there an the minister could'na understand this, an he says, 'Whit is wrang wae that bot fur shu's no behaving right?' 'Thur's nothing wrang wae the bot, huds aal because o' you stand'an there', somebudy replied. An hud wus right, if the minister hud no been there, they wud niver hae done hud, yes an thats only a few years ago."

Tammy

~

And ministers were often a source of fun.

"Thur wus a tinker an the minister on the bot. An hud wus an awful coorse trip so the minister thowt hud wus time they wur pit'an up a prayer. So he says tae this tinker, 'Can you help me make a prayer?' No, came the reply, 'Can you mak a tin pail!'"

Beatrice

~

But being at sea in small boats was dangerous and accidents did happen.

"Thur wur some o the auld men, they wud'na go oot on Sundays. Me and George used tae go every day o' the week, hud dud'na matter aboot Sundays. They said too hud wus bad luck if a black cat crossed the road on the wey tae the fishing. John Cutt, he wus a bit superstitious right enough, bit than ye see, I think his grandfather, he wus lost next tae Howar, an John wus always superstitious aboot hud efter I think, owing tae the loss o' life.**"**

Tammy

~

This accident happened in 1873 when six men were thrown overboard as they were returning from the neighbouring island of Sanday.[15]

"They wur been at Sanday an hud wus a rough sea, a broadside sea an the bot capsized an I think thur wus three saved on the wan side an the three men that wus on the opposite side wus aal drowned. Bertie Thomson's grandfather wus saved, he got an oar an he held on tae hud, an they said he wus almost on the point o' Stromness aye, an somebudy went doon an got a howld o' him, he was near on the Point wae the strength o' the tide, bit the man, he ran when they saw whit wus happen'an, an they got him, aye.**"**

John S

~

John Tulloch from North Ness was pulled out of the water and rescued. Two others survived but three men lost their lives. Another serious accident had an equally tragic outcome.

"Weel hud wus in me faither's time, an hud wus Christmas Eve and I think they wur been in Sanday wae geese or poultry o' some kind fur selling fur Christmas. They cam fae the Nort End there an they got tae Sanday. An hud wus a beautiful day on the land bit the sea wus ap. An they borrowed a bot tae come back wae, an they dud'na hae the experience fur the job. An weel they got sea they could hardly cope wae. They dud'na land at the Sooth End o' the island whar hud wus safe, they sailed roond tae thur hooses in the Nort End. Some o' them landed in the Sanday Bay, there an

they saved themselves. The postmen led the wey fur they knew thur job better, hud wus the younger men that wur in the bot an they made fur a noust whar they should niver hae been an thur bot ower turned an thur wur three men lost, aye three men drowned. Oh thats no far back. Hud wus a grandfaither o' the fellow that's at Gerbo noo, that wus wan o' the men.**"**

Sydney

~

Those who have a knowledge of the sea were well aware of the dangers these men had faced.

"The auld man fae Trebb, he went doon tae the high rock here, an he waved them in fur he kent thur wus too much sea tae go roond Save Geo an the Altars o' Linnay, bit they ignored him. They wur gan tae be nearer tae home wae a landing piece at the back o' Senness, near Westhoose. An they ignored him. Bit they wur'na fishermen, they hud no sense o' the sea an they kerried on an the three o' them wus lost. At Save Geo thur wus always a hell o' a tide there. A very strong tide an a coorse tide as well. Huds deadly there if ye go though hud wae flood.**"**

John S

SHIPWRECKS

There were many ships wrecked off the coast of the island. Its location close to busy shipping routes and its low lying coastline made it dangerous for passing vessels.

In 1791 Rev. William Clouston, referring to North Ronaldsay and Sanday states, *'in no place in this country have so many shipwrecks happened as on the coasts of these two islands.'*[16]

~

The ' Svecia' went ashore on the Reefdyke in 1740 and sank with the loss of sixty lives and a valuable cargo. Owned by the Swedish East India Company she was returning from Bengal with a cargo of silks, cottons and large quantities of Red Wood or Dye Wood, which was used to dye fabric.[17] John Swanney has a collection of bits he found on the shore.

"Thats the dyewood, ye'll hiv heard aboot that? Huds from the Svecia. I found a few bits the wan winter. I jist fund wan bit this last winter so I think huds get'an more rare. Thur wus two ships that hud dyewood, the Svecia on the Reef Dyke an wan that went on the Altars o' Linnay, the Crown Prince, an shu hud dyewood as well. I made a big search a few year ago an I went doon as far as I could at low water an I fund wan bit aff o' the Crown Prince. I cut a bit aff hud than an hud wus purple, bit some o' them's quite red. They used tae dye wool wae hud."

John S

~

On 11th March 1826, a convoy of three German ships sailing to Liverpool all ran aground on the island on the same day.[18]

"Thur wur three sailing ships that cam ashore here on a Sunday morning, aal in wan morning. Hud wus a bad bit fur Ronaldsay's aal low ly'an. You see wae hud the Auld Beacon at that time bit thur wur no foghorn, an thur wur no wireless, thur wus nothing. Weel, the Captain o' the first wan steered on, an the second wan followed, an than the third een, an the whole three went ashore. They aal hud valuable cargoes tae, bit aal the men wur saved fur the weather wus fine. I don't mind the names o the ships bit the names o' the Captains wus To'er, Sho'er an Captain Broadnal. Hud wus on a Sunday an the auld man o'Garso went awey at great speed fur aal the fowk wus at the Kirk, an he appened the door an he shouted, 'Three ships ashore, come quick', an he niver got the door closed. They cam pour'an oot like sheep oot o' a pund, an they wur there on the spot, aye, aye."

Tammy

~

The first lighthouse or 'Auld Beacon', had been built and lit in 1789, but was considered too low to be seen by passing ships, so the light was transferred to Start Point lighthouse in Sanday in 1806.

In the winter of 1847, the Lena, went aground near Senness in the North End of the island. There was no light to warn them and many lives were lost.[19]

"The Lena, shu cam ashore aboot half a mile fae here. Noo if they'd aal stayed on board the ship, I think, they wud aal been saved bit hud wus a rough night an they got a bot an tried tae mak land, bit the bot capsized. Weel, by noo thur wur local folk on the beach an wan o' them saw a man in the water an he wus hold'an on tae a bit o' timber an they got him dragged oot o' the water, bit he wus unconscious. He wus pretty hefty bit a man jist hoisted him on the shoulders an carried him up tae his hoose. Weel him and his wife they got him laid doon an got his wet clothing aff him an they rubbed him doon an put him in bed. Bit oh my he wus in a poor wey, he wus dy'an o' cauld, an thur wus no electric blankets in them days. So the wife, shu went intae the bed wae him, plenty o' blankets on the top, an they hud warm stones they heated up tae. Well he recovered and shu hud saved the man's life withoot a doot in the world. An hud turned oot that this man wus the captain o' the ship, an the next day, he still wus'na very strong bit the factor fae Howar, the Receiver o' Wrecks cam there, an no the captain o' such a big ship could'na stay in a poor crofters house, he must come up to the big hoose at Howar. Well, when he cam back tae his home port he wus tellan his wife aboot his life being saved thu sees, an how hud happened. So shu than went an bought a beautiful silk dress tae give tae this wife that hud saved her man's life. So the dress wus aal parcelled up, he knew the name o' the hoose, but of coorse in that days aal the letters an parcels wus gan tae the factor, tae the hoose at Howar. So the fowk at Howar wondered whit could be in this parcel fur the crofter's wife, a parcel from awey, awey, Liverpool I think hud wus. 'Oh well we'll open it,' so they opened it and thur wus a letter inside wae thanks fae the man's wife and then this beautiful silk dress. They spread hud oot and hud a good look. Well they hud a daughter, a young daughter, an hud wud jist fit her. So they went awey tae wan o' the shops an they bowt some cotton material, printed cotton, an made a cotton dress fur the wife, hand sewn ye ken, an they wrapped hud up an gave this tae her. An the poor woman niver knew hud wus fur her. An they say, the daughter o' the factor walked intae kirk the next Sunday wearing the most beautiful silk dress. **"**

Willie

~

After the loss of the Lena, a case was made for a new lighthouse on the island. Around this time an emigrant ship bound for America was damaged at sea with more than 300 passengers aboard, many of them women. The islanders were preparing to help the passengers off the ship when the minister stopped them.

"Thur wus wan that cam ashore at Hooking, an emigrant ship. Thur wur 360 passengers aboard, men an women, bound fur America. Well shu hud hin a knock an the captain knew perfectly well that his ship wus a wee bit o' age an he wanted tae unload the passengers, an the crew wud stay aboard. Bit thur wus a minister here at that time they ca'ad Keillor, he wus an auld kirk minister, an he got wind o' this and he fled tae the beach an pat a stop tae ony landings. He said they wur'na witty, the islanders, if they took this fowk aff the ship they wud eat the whole place ap an they wud niver git them aaf. So they dud'na git ashore. Bit that ship went doon an shu wus niver heard o' again. Hoo far they wur fae here an America we niver knew. The natives spoke tae them right enough, bit they niver got liberty tae come ashore. The captain wanted tae do hud, bit no, no! **"**

Tammy

~

The ship was from Germany and the minister, Rev John Keillor was concerned the the islanders would struggle to feed the extra mouths. The ship never reached her destination and was presumed lost at sea.[20]

The sailing ship, Isle of Erin was lost with all crew in 1908 after trying to avoid Start Point in Sanday.

Damaged in the process, she sailed past the island, but as there was no link by telegraph to mainland Orkney, no alarm could be given.

"Shu wus sighted aff the east side o' Sanday an shu got unmanageable there, bit they still passed the strait an made doon fur here. Well you see thur wus no wireless an thur wus no light bit thur wus a life bot in Stronsay, bit ye could'na git contact made, so shu anchored there aff the Auld Beacon fur a whole day an burnt flares. The Captain hud his wife on board, an the dowter o' that Captain's still alive yit. An so shu passed here an wae niver saa wan thing more or heard more aboot her. **"**

Tammy

~

A Board of Trade enquiry into the loss recommended a wireless station be positioned on the island and this was established a year later.

Occasionally the cargo from shipwrecks made a contribution to island life. The Royal Oak, went aground in August 1882 and her cargo of timber was bought by a merchant in Kirkwall. Islanders were employed to salvage the wood.[21]

"We hud a wooden floor in the new hoose. Hud wus aboot 1912, an the wid (wood) fur hud cam ashore aff shipwrecks. The first wid cam fae the Royal Oak, a ship that went ashore there at Brideskirk, an hud floored an did the ceilings o' a lot o the hooses in North Ronaldsay. She cam fae Norway an wus headed fur Australia. Me faither worked at her, an Tia's faither worked at her. They took wid ashore an than Baikie cam here an bowt the whole business, bit he paid them in wid, so that wus whar the wid cam fae. **"**

Sydney

~

In 1925 the Gezina, a Norwegian steamer heading for Manchester ran ashore at Dennis Head in thick fog.

"The Gezina cam ashore loaded wae wid, at the Kirk Taing awey doon at the auld lighthouse there. An the crew discharged a great lot o' the deck cargo an hud cam ashore. The fowk helped hud come ashore fur they went oot in bots an made rafts an towed the wid ashore. North Ronaldsay wus aalways short o' wid ye see, an this wus cheap wid comparatively. A great lot o' hud went intae mak'an hen hooses, bit a great lot o' hud went tae improv'an hooses as weel. Thur's a lot o' hud in use yit, oh aye.' **"**

Sydney

~

Another boost to island life was made in 1915 when the Norwegian vessel, the Skotfos went ashore on Seal Skerry.[22]

"Oh yes I mind the Skotfos in the First World War. Shu cam ashore there at Seal Skerry at the nort east, fae Oslo in Norway. That ship wus loaded wae carbide an pulp an wood.

The carbide wus stuff fur pit'an on the nose o' shells fur big guns. Bit a'll tell you whit happened, the captain, afore he left the island, efter hud wus been here fur aboot a week, he set fire tae her, wilfully. Fur the cargo wus gan tae turn intae a lighthoose fur the enemy. An that ship burnt fur three or fower months, fur you see if thur cam a high tide in the sea, this set the carbide going, fur water wus the life o' carbide wance hud wus on fire, oh yas. Bit the folk hud a lot o' the drums that cam aff the ship, a man ca'ad Jimmy Moyes bowt hud, an every hoose near aboot wus lighted up wae carbide. **"**

Tammy

~

In 1939 the Hansi, a steamship was driven ashore in Linklet Bay with a crew of eighteen who were all housed and fed when their ship broke up and sank.

Cargo of timber drifting ashore from the wreck of the Gezina.

"I remember the Hansi when shu cam ashore, shu wus a Norwegian steamer o' war. Shu went first ashore on the Reef Dyke. Shu wus eighteen o' a crew an in quite good order, bit shu started tae leak an shu took a great big list an they abandoned her, took tae the life bots an awey. The islanders went oot an got the bots an crew ashore. When they wur here thur wur three at the Lighthoose, three at the ither hoose, an anither three at the third hoose, that made nine. Thur wur three at Bewan, whar I cam fae, mak'an twelve. Than three at Vincoin, anither hoose in the Nort End made fifteen an than the hoose right above at Rue hud three tae, eighteen in total."

Tammy

~

Some shipwrecks left their mark on the island in the form of place names. The Crown Prince went aground in 1745, there was no loss of life however it took nine months before the crew returned to Copenhagen.[23]

"Hud wus the Crown Prince that cam a shore at Save Geo, bit thur wus a land sea on. The crew got orders tae jump ower board, that wus hoo the story went, bit thur wus no wans lost. They landed an got aal the cargo aff her, aal the guns oot o' her as weel, an hud wus winter tae. You can see the store doon there yit. The crew stayed here aal winter an thur wus talk o' a mutiny bit the captain gave orders fur them tae gather at a cortain piece o the beach, tae set sail, an thats the wey Crew Gather got huds name. Hud happened long afore me time, hivens yas. Thur wus a great lot o' siller on her, kists an kists o' silver, an hud wus aal saved an taken tae the big hoose, the mansion hoose there at Holland. An than hud wus taken fae there tae Neven, an than tae Ship Geo, an thats the wey hud got the name o' Ship Geo because that wus the place the siller wus shipped fae. Weel wae always ca'ad hud Bot Geo."

Tammy

LIGHTHOUSES

The Auld Beacon, built in 1789, the second in Scotland.

The Auld Beacon on Dennis Head, erected in 1789, is the oldest lighthouse in the Northern Isles and one of the first four to be built in Scotland. A new lighthouse was built and lit in 1854, to give more protection to east coast shipping, as during the unlit period twenty two ships had been wrecked on the island.[24] This lighthouse became automatic in 1998, bringing to an end the relationship between the islanders and the lighthouse families.

"I mind me uncle wus a principal lighthoose keeper there an he used tae git us tae wind the light up when he was on duty tae save him gan up, an hud wus wund up every hour. An he wondered whit wey wae wur so quick. Weel, ye mind the lighthoose, thurs a banister gan aal the wey doon an wae used tae slide doon on this banister. He caught us wan night an that wus the end o' that. Whit a devilish speed ye could go doon that. If ye'd fallen at the ither end, ye wud broken yer neck I think!"

John T

Built on a stone base with an elevation of 130ft, it is the highest land based lighthouse in the United Kingdom.

❝Dae ye ken hoo many steps is in the Ronaldsay lighthoose? Huds the sam number as the number o' verses in the 119th psalm, huds a hundred an seventy six or something. When me uncle wus there when wae wur peedie wae wur up that steps a great lot. An the first lighthoose keeper hud tae carry up his five gallon o' oil fur the light when he geed up the first time tae light the light at night.❞

John T

SONG AND STORY

In earlier times young islanders were victims of the Press Gangs who visited looking for navy recruits. This practice only stopped when the Napoleonic War ended in 1815.[25] There are many stories told in the island of how men hid in caves to avoid being captured.

❝Thurs a cave awey doon there, that you can see ony time in daylight, that they went intae tae hide fae the Press Gang. An they went tae hooses. Well you see thur wur'no great chance here at the beach o' hiding, fur thur wur'no many caves. Thur wur no high pieces o' land, except the wan. Bit they went tae the Green Skerry at wan time, oh thur wur a lot o' them there. An the Press Gang cam an they looked aal roond the beach an in hooses an they wur jist ready tae go awey, an wan o' the natives poked ap his head tae see hoo far they wur, an oh boy, he wus spotted, an every last wan wus catched and awey, oh hivens yes. I'll tell ye wan real thing, they catched them oot at sea, wae the big ships, taken on board an awey! They jist bowt an selled you like cattle in a merket, or fish on a quay, oh hivens yes!❞

Tammy

~

Songs were often sung in the evenings by the fireside, mostly ballads learned from Scottish broadsheets. Many featured the sea and one tells of Andrew Ross an Orkney sailer who died at sea

in horrific circumstances. Press ganged into the Napoleonic Wars, he suffered antagonism from the Catholic captain due to his refusal to convert from his Protestant faith. Sydney Scott who sang the song for a recording in 1987 believed that Andrew Ross came originally from the island of Stronsay and that the song was written by a minister from Mainland Orkney.

Andrew Ross, An Orkney Sailor

Come all you seamen and give attention
And listen for a while to me
While I relate a dreadful murder
Which happened on the briny sea.

Does Andrew Ross an Orkney sailor
Whose sufferings now I will explain
While on board a voyage from Barbados
On board the vessel Martha Jane

Oh think of what a cruel treatment
Without a friend to interpose
They whipped and mangled, gagged and strangled
That Orkney sailor Andrew Ross.

The mates and Captain daily flogged him
With whips and ropes I tell you true
Then on his mangled body
Water mixed with salt they threw.

For twenty days they thus ill used him
Oh think what sorrow grief and shame
Was suffered by that gallant sailor
On board the vessel Martha Jane.

The Captain trained his dogs to bite him
While Ross for mercy he did pray
And on the deck his flesh in mouthfuls
Torn by the dogs it lay.

Then in a water cask they put him
For twelve long hours they kept him there
While Ross for mercy he was pleading
The Captain swore none should go there.

When nearly dead they did release him
And on the deck they did him fling
In the midst of his pain and suffering
Let us be joyful Ross did sing.

The Captain swore he'd make him sorry
And Gagged him with an iron bar
Was that not a cruel treatment
For any honoured British tar.

A timber hitch the Captain ordered
All on a rope to be prepared
And Andrew Ross's bleeding body
Was suspended in the air.

Justice soon did overtake them.
In to Liverpool they came
They were found guilty of the murder
Committed on the briny main.

Oh think what was the Captain's feelings
When both his mates they were released
To think that he alone must suffer
He couldn't for a while believe.

Oh God he cried "Is there no mercy"
Must my poor wife and children dear
Be hounded out by public scorn
It drives me nearly to despair.

Soon the fateful hour drew nigh
That Captain Rodgers had to die
To satisfy offended justice
And hang from yonder gallows high.

I hope this tale will be a warning
To all such tyrants you may suppose
Who would torture a British sailor
As was done to Andrew Ross.

The song was popular and his father sung it often. He himself came across it at the age of ten when it was printed in *The Orcadian* newspaper - this revived the song and it was sung again for a few years.

The stories told often involved fishermen and their encounters with seals.

"Thur wus a fisherman an he wus down at the beach pick'an limpets. An this seal hud come a shore on the rocks to give birth to a young seal. An thu see the grey seals when they are young thur white, thur fur's white, beautiful. So he saa that little seal an 'Ach' he says 'A'll have that an mak a waistcoat oot o' hud'. An he grabbed the seal an the mother went plump intae the sea an he wus howld'an this pup an shu turned ap you see an shu wus look'an at him wae tears in her eyes you know, an shu wus mak'an a sort o' moan an he thowt, ach no, I canna dae that, I canna dae hud so he let the little seal doon an shoved hud tae her. An shu got a howld o' the little seal under her flipper an shu looked back an looked back as long as he could see her. Well time passed an years an years efterwards he wus doon at the beach at a great place fur cuithe fishing you see. An thur wus a rock there ye hud tae git oot tae deep water an wae the ebb tide you could git oot there an back, provided you didn't stay too long. Well he hud a big heather caisie an he wus git'an fish beautifully an niver watch'an the water flow'an ap atween him an the land. So when he cam tae look, the water wus more than waist high wae a tide run'an atween too. Well he left his caisie an his rod an he went across bit he got aboot half road an he lost his footing. Bit than something caught him by the scruff o' the neck an the next thing he knew he wus shoved tae the land whar he got a howld o' a rock. When he cam ap, he looked aroond an there wus a great big seal that hud saved him. The seal dived doon an cam ap again wae his basket o' fish an his rod. An he said hud wus the sam selkie he had met years afore. He knew her fur shu hud a great scar run'an fae the eye right doon tae her mooth. An the name o' that story wus The Selkie that Dud'no Forgit." [26]

Willie

~

The North Ronaldsay islanders were dependant on

the sea and experienced in coping with all weathers. Tammy Thomson, a seaman for many years sums up this interdependence.

“Weel ah'll tell ye whit, hud wus like this, if ye got a real rough trip at sea than hud dud'no frighten you. Ye hud tae try tae persevere an no think that onything wus gan tae go wrong, an go ahead. Hud wus either that or turn back, aye, yas, yas.”

Tammy

The Home

Jeannie Tulloch o' Senness with Johnny, Mary and baby Ruth.

Housing conditions in North Ronaldsay up until the early 20th century were fairly primitive.

"Oh the hoose wus'na very great hud wus jist aal beds, fur thur wus that many fowk ye see. Hud wus thatched roofed, wae simmans an bedding underneath, an jist a stone floor and they sweeped the floor an pat sand on hud, the sand seemed tae keep them clean, ye swept up the sand everyday and got new. An on the walls wus whitening and they came tae distemper later. An thur wus a grate, jist an open grate, an aal the bread wus baked on the girdle on an open fire, bere bannocks, an oat bannocks an floory bannocks. Some girdles hud a handle an some ye jist laid on the top."

Sarah D

THE HOUSE

The laird did not provide homes for his tenants and did not allow islanders to quarry stones or flagstones, so material for building had to come from the beach.[1]

"The hooses wur damp, fur the stone ye see wus quarried fae doon at the beach, whar the salt water wus comman ower the stone twice a day, an ye built the hoose wae that stone. When thur cam rain, thur wus jist a salty wey wae the stone."

Peter

After the Crofters Act of 1886 gave tenant farmers and crofters security, they could begin to improve their homes.

❝Thur wus niver ony chance o buy'an a hoose, no. Some o' them built hooses though. That hoose at Netherbreck, weel the men o' North Ronaldsay turned oot and built that hoose in wan day. They hud the stones ready afore, bit the building wus done in wan day, aye. An they did a good job fur huds still there.❞

Sydney

~

Old dwellings were improved and new stone houses were built with islanders working together to help family and neighbours.

❝Oh aye, thur wur hooses built. Ritchie's hoose, an Claypows, an Cavan, an this hoose wus turned ower ye see. North Manse wus newly built. An Upper Linnay wus aal built in me uncle's time. Brigg wus fairly recent tae. I mind the last o' hud gan up mesell when I wur gan tae the school. An since than thur's been a great lot o extensions an turn owers done.❞

Sydney

~

A shipwreck in 1882 provided salvaged timber, ideal for home improvement.[2]

❝Thur wur very few hooses at that time that hud thur roofs lined. Ye hud yer couples, an yer crossbeam, an the couples jist cam up in a slope till hud met yer crossbeam. Cruesbreck wus like that, the crossbeam wus awey aboot thirteen feet high, an hud wus gey draughty. Ye hud yer ham hing'an up in the roof tae ye see.❞

Sydney

May Cutt and her grandson John.

Three generations of the Thomson family at South Ness.

Older clay and earth floors were gradually replaced with stone.

> Wae hud a stone floor, an they wur very bonny when they wur washed too. A lot o' fowk put white sand on the floors, an hud kept hud fairly clean. An they pat sand on the wooden floor too, hud wus a wooden floor in the hoose that me faither built. He built that hoose aboot the time I wus born, aroond 1912. He got the wood that cam ashore off shipwrecks, a lot o' hud.

Tia

~

And as more wood became available, larger farms like Cruesbreck could afford new wooden floors

> We hud a wooden floor in the new hoose. The first wood cam fae a ship that went ashore

there at Bride's Kirk. An hud floored an did the ceilings o' a lot o the hooses in North Ronaldsay.

Sydney

LIVING CONDITIONS

Overcrowding was a problem. In 1901 the island population was over 400 giving a density of 100 people per square mile.[3]

> Thur wur far more hooses occupied than whit is at the present day. An thur wur far more fowk, I mind me grandmother an me faither an mither an than thur wur nine bairns, so thur wud been twelve o' us liv'an in the hoose at wan time.

Meeno

Families were large, with up to fourteen people living in a two roomed house.[4]

"Thur wus wan time thur wus three cradles on the floor at Upper Linnay. Weel ye see hud wus comman, when a lass merried she stayed wae her mither till thur wur twa bairns born at her original hoose. That's the wey thur cam tae be three cradles on the floor at wan time."

Sydney

~

Most of the houses in North Ronaldsay were small by modern standards but improvements in the early 1900s gave families more space.[5] Cruesbreck was built around 1910, on a thirty six acre croft. It was much bigger than the average island home but it still had to accommodate eleven family members: six children, their parents, an uncle, an aunt and a grandfather.

"We dud'na hae much room afore me faither built the new hoose at Cruesbreck . Hud wus quite a big hoose then though. We hud a kitchen an wae hud twa rooms, an three smaal bedrooms, an upstairs hud wus a bedroom too. Aye, hud wus quite a big hoose."

Tia

~

Most houses were single storey and had two rooms - a but, with an outside door, and a ben. The but end was the kitchen and living area combined and the ben end, an inner room where guests could be entertained and where the family slept.

"Weel ye see thur wus a closet in the but hoose, an a closet in the ben hoose. Weel that wus a bedroom, a sort o' ootlet at the back, lower than the rest o' the hoose, bit a good bedroom still. Hud wus pretty common here tae hae that ootlet at the back o' the hoose. Hud wud been an efter thowt up tae a point. Hud wus jist an ootlet , an nothing in hud bit a bed."

Sydney

Thomas and Annie Tulloch outside their home at Breckan.

Houses had no inside toilets and no running water.

" I remember me grandmither liv'an wae us, thur wur twelve o us liv'an in the hoose at that time. Wae hud twa rooms, a but an a ben, an thur wus a wee bit, whit wae ca'ed the closet, between, wae a bed in hud too, an that wus aal the room wae hud. An hud wus two or three o' the bairns in the bed ye ken. Hud wus fine an warm. Wae hud two box beds, wan but an wan ben. An thur wus no complaints . Me mither an faither slept but, mostly. I'll tell ye whar I mind me sleep'an wan time, are you're seen a wooden bed? Weel, they always hud a shelf at the foot o' the wooden bed that they kept claes on, I slept there wance an I tumbled oot on the floor an marked me chin! "

Meeno

~

With no interior walls, space was created in rooms by large wooden box beds, which had a roof and solid sides. Placed back to back they divided the room providing sleeping accommodation for the whole family.

" Wae dud'na hae a bed in the closet first I mind on, bit wae hud two box beds at the back wall, an wan at the ither wall. An than when hud got tae be some more bairns, wae hud the iron bed. The first thing that went in the box bed wus a good lot o' straw, dry straw, an wae got the straw renewed every summer. An than generally, ly'an on top o' the straw, wus a big sway (bag) o' chaff. An a'll tell ye they wur real warm beds. An than the fronts o' the box beds hud slide'an doors that ye could pull back an fore. An if hud wus a very cold night, the door wus pulled a bit shut. They wur'no so bad fur blankets, an they made quilts ye see, so the box beds wur very warm. An ye wur'na at a miss if ye dud'na hiv a feather pillow fur ye pat some chaff in a bag, an sewed hud up, an pat yer pillow slips on hud. Hud wus ca'ad a code, a head code. So if ye dud'na hae the feathers, ye hud the chaff. "

Meeno

Large families were the norm and in a two room house sleeping arrangements could be complicated. Luckily the standard box bed seems to have been flexible enough to provide accommodation for an adult couple and children. There was little room for furniture in the home and every piece had a practical use and was often second hand.

" An wae hud a nice chest o' drawers through in wur ben end. Me grandmither hud worked fur a light keeper an he wus condem'an hud an shu got hud, the chest o' drawers. An hud wur at the hoose as long as I wur at the hoose. An that wus jist that, thur wur no jist an awful lot o' furniture ye ken. "

Meeno

~

Crockery was available locally and brown earthenware 'lame' or 'leem' dishes and jugs were strong and relatively inexpensive.

" Weel, ye always hud a kitchen dresser, an they generally hud the three drawers in them, an ye hud shelves fur the dishes an that. They hud a fair amount o' dishes when I mind on, fur ye saved up aal yer auld rags an things that wus condemned. An auld Johnny Fox always cam roond in the springtime o' the year wae this 'lame' an he bowt some o' yer rags up, till ye got some o' yer lame fur the auld rags. He cam every year, an the fowk looked fur him comman fur dishes got broken. "

Meeno

THE HEARTH

The central fire with its stone back, standing between the hearth and the door, had largely died out by the start of the 20th century, replaced by a chimney in both gable ends. In older houses, where a central hearth remained, a wooden chimney structure was built over the fire to keep the smoke out of the interior.

" Lots o' the chimneys wur made o' wood, the wall ahint wus built up, an the chimney went up fae there, an wus made o' wood. An then the smoke wus gan up there, bit efter a while, the most o' the chimneys wur built in the wall.

I mind the wooden chimney, hud worked quite weel. In that days thur wus a lot o' driftwood comman, an a lot o' hud wus burnt, we niver worked wae peats here. Wae burnt coal and tangles, I'll tell ye whit a grand idea wus, tae set a pot o' tatties or anything, on the fire an back him up wae tangles aroond aboot him an that wud keep the heat doon. An than when the pot cam aff, the tangle wus dry tae tummel in. Ye see in that days they wur boil'an a lot o' tatties fur the hens tae eat, fur hens wur on the go. **"**

Sarah D

~

The island had no peat and this lack of fuel caused hardship. This was noted by John Shirreff when he visited in 1814.

"In North Ronaldsay almost every particle of horse and cow dung is made into cakes. There are dried by being stuck against the walls of buildings, or laid on the grass, and preserved for fuel. Drifted tangles are also dried, in great quantities, and stacked for fuel in this island. It has been said that mothers have here been under the necessity of lying abed the whole day with their infant children, to keep them from perishing from cold." [6]

This type of fuel was still used in the early 20th century.

"A'm seen them light'an the fire wae coo dung, jist in the first o' me minding, coo scones they ca'ad hud here. They wur gathered aff o' the gress, an turned, an they wud soon dried on a sunny day. I jist remember hud, an they wur'na very great than. An the coal wus burning long afore me minding, an afore that thur wus peats fae Eday, an huds long fae the coal started tae come here. **"**

Johnny L

~

Islanders bought peats from the neighbouring island of Eday but transporting them in small open boats was difficult.[7]

"An thurs the Calf o' Eday there, hud belonged tae this Laird at wan time. The islanders went

there every year fur peats fur the fire. An wan time they wur comman home fae Eday, an the bot wus lost aff o' Twinyness, thur wur six o' them, aal lost, an that wus the end o hud. Too much o' a load in bad weather, yas. **"**

Tammy

~

By the 1870 the laird offered coal for sale.

"They burnt peats mainly, an driftwood. Hud wus weel ap intae the 1880s afore they hud coal. They could'no afford tae buy hud fur wan thing. **"**

Sydney

COOKING

Cooking was done on the open fire in black cast iron pots hung from a chain suspended above the fire.

"We jist hud the peedie open fire, an than wae got an Enchantress Number 7. An we thought hud wus the most marvellous thing that ever wus. An me mither used tae bake in the oven wae hud. An hud wus completely different. Peter's mither could cook the most beautiful cocky chickens. Efter we got married we geed up on a Sunday an shu cooked them in wan o' the iron pots, shu hud a big iron stewing pot wae a long handle. Shu hud a peedie Enchantress stove an shu made oven scones, jist in the peedie auld stove, an they wur beautiful, god they wur good. I wud say, 'Whits in that?' an shu would say, 'Oh jist a bit o' this an a bit o' that. ' An shu pat syrup in them. **"**

Beatrice

~

When cast iron stoves became available they went into the gable end of houses, replacing the open fire. Popular models were the Enchantress and the Victoress made by Smith and Wellstood.[8]

"An the Enchantress stove worked quite weel, hud hid a wee oven too, an thur wus a bit at the side that ye could pit a water tank on, but we niver hud the water tank. An ye got a bigger wan, hud wus more of a range, a long wan an some folk hud that. An ye jist controlled hud wae a damper, bit hud wus quite a good oven. "

Annie

~

The stoves came in different sizes and bigger farms could afford larger and more sophisticated models.

"Wae hud a stove, a Victoress, hud wus a number six. An I mind Hooking hiv'an a number seven, an whit a great big ane hud wus. I used tae think hud wus a great size fur the size bigger made a great difference. Hud made the hoose very warm, aye. An me mither baked an cooked on hud, hud hid a good oven, aye. Shu baked oven bannocks, an shu baked floory scones on the top, an the bere bannocks. An when wae wur grow'an up a bit they wur start'an tae bake cakes in the oven. I mind me Auntie Mary used tae mak a little gingerbread sometimes, when the bairns wur comman doon fae the school fur thur dinner. "

Tia

LIGHT

The first lights in the island, as elsewhere in Orkney, were 'cruisie' or oil lamps.

"The cruisie lamps used the cuithe oil an seal oil. When the auld lighthoose wus lighted, they wur git'an barrels o' oil oot fur keep'an the light so thur wur oil aboot at that time. An if ye dud'na keep the wick properly trimmed, you wud git this yellow flame, an than hud wus black aal ower the gless, an god so mad it pat me grandmither if it wus'na properly done. "

Beatrice

~

Oil lamps continued to provide light right up until the early 20th century.

"Hud wus jist the peedie oil lamps when I mind, an we bowt the oil fae the shops, fae auld Willie Scott who hud a shop at Seaside. An wae hud oil lanterns fur ootside, an they wud

stand a fair breeze o' wind, bit sometimes ye wud get a gust a wind that wud blow hud oot. The sooner ye got a match back tae hud the better. "

Peter

~

From the 1920s onwards paraffin or Tilley lamps became available and this greatly improved lighting in the home.

"Oh they hud a far better brighter light, an thur wus a good heat cam off them. Wae dud'na hae Tilley lamps when wae wur very peedie, hud wud been when I wur five or six. Whit a difference the Tilley lamp made fur handwork an that, especially. "

Beatrice

~

Another type of light was used when carbide became available in 1915.[9]

"Fur light they hud the Tilley Lamps, wae the mantles on them, thats whit thur wus afore wae hud electricity. An I remember carbide lamps, that wus carbide that first cam aff o' the Skotfos, shu went ashore on the Skerry and thur wus great big tins o' carbide. An ye hud tae hae two tins, a big wan tae hold the carbide an another wan that ye put on the top fur ye hud tae put water in hud an a little screw to put the water on and aff fur getting the light. Hud wus a pretty good light. Bit when ye turned the water off, hud dud'na go oot right awey like the Hydro, hud still burnt at a low rate till near morning. "

Mary

~

Traditionally used in miner's head lanterns, carbide, once mixed with water, produced an inflammable gas which burnt with an intense bright white light.

However not everyone enjoyed the newly illuminated landscape.

"Oh hud wus very awkward when ye wur gan tae the lasses, god fur hud wus niver dark! "

Tammy

CALOR GAS

From the 1960s Calor Gas bottles were available on the island and this improved conditions in the home.

"Efter the Tilley lamp wae hud a calor gas light wae piping that went right up tae the ceiling. Wae hud twa three calor gas rings set up on a dresser, jist like whit ye get fur camping. An wae hud the calor gas boiler, which was the most wonderful thing. Hud heated the water an than ye could boil up claes. An I think that boiler made the claes whiter than ony washing machines does yit."

Beatrice

~

With no mains electricity on the island, wind generators were a useful way to generate power. They became a common sight on North Ronaldsay but they were weather dependant and not very reliable.

"Hud wus a little windmill thing that jist gave a bit o' light fur reading. An hud wud charge ap the batteries fur the wireless, bit hud wus only aboot wan a week! Henry an Robbie Thomson at Peckhole spent mony days ap on top o' the chimney, work'an tae fix the generator, especially if hud been a sooth east wind. Wae got a lot o' sooth east wind here, than ye'd see fowk aal ower the island, ap cleaning thur wind generators, fur the salt caused erosion ye see, an they stopped work'an. The trouble wae them wus dampness, the rain wud go intae the blade, an they dud'na work fur very long."

Peter

~

The first diesel generators on the island were installed on the bigger farms.

"Holland hud a big generator, an than most folk hud a generator afore the Hydro came, an that wus the first electricity they hud. The peediest wus aboot wan an a half kilowatts, an the bigger wans wur up tae fifteen some o' them. Bit some o' the auld folk dud'na hiv

them, unless thur wus sombody there at the hoose that could work them."

Beatrice

~

Eventually grants became available to instal wiring for generators and the most common size on smaller crofts were two to four kilowatts.

"Yes wae hud a generator, wur ane wus two kilowatts an hud could jist do a few things. Bit most o' us, even wae the peedie generators, could hae a freezer. Bit ye could'na keep the generator on the whole time, you only pat hud on when ye needed it. We hud a peedie freezer, bit hud wus only on fur two hours in the morning, an than three or fower at night. Bit wae always kept hud gey full o' stuff, you pat buckets o' water in hud, an they froze an that wud keep hud cold fur longer. An anither thing wus, ye mind the big mail order catalogues we used tae git? Weel ye packed them in, an they took up space and thur wus'na so much air in it than, an that kept it cold. Bit thur wur bigger generators, Tammy o' Quoybanks hud wan, hud wus three or fower kilowatts an hud went tae Foula eventually."

Beatrice

~

Then, in 1983, thanks to a grant from the European Economic Community, North Ronaldsay became the last island in Orkney to receive mains electricity.[10]

Now all types of electrical appliances could be used on the island.

"An we could hiv an electric blanket, that wus the best thing that ever wus in North Ronaldsay. We dud'na hiv an electric blanket until we hud electricity. Even wae the fires on, the rooms wur still damp, you see we wur so near the banks (the beach) An if you opened a window, losh you got the salt. Bit wae this blanket, the bed wus jist lovely an warm. I thowt the electric blanket wus the most magic thing ever. Anither thing wus you could git your washing done when you wanted. An you could git aal the extra appliances tae work."

Beatrice

WATER SUPPLY

Piped water only came to the island in the 1960s and until then people had to find their own supply.

"We got wur water fae a well, awey doon there, no too far an we hud tae kerry hud in two pails. We niver had a frame to carry the pails, bit some o' them did, an ye did hud tae git a lot fur ye hud aal the beasts tae water as weel. An ye wud catch a good lot o' rain water fur yer washing, soft water, bit aal the drinking water cam fae the well, an hud wus quite good water tae ye know. No toilets, no, we jist hud a bath tae wash in, or a tub mibbe, hud jist depended hoo lucky ye wur."

Meeno

~

Sometimes the well was close to the sea,

"The well at Neven was actually outside the Banks dyke, it was a good fresh water well until an exceptionally high tide would come in and then the water would be salty. Dad would have to 'owse' out the water, scrub the well out and empty the water a couple of times before it was clean. Some folk had a fresh water eel in the water and as long as it lived, we lived."

Beatrice

~

There were a few bigger houses on the island for the minister, the doctor and the school teacher. Jenny Tulloch worked in service for the minister and his wife and they had a more sophisticated system.

"Thur wus a pump in the hoose tae pump the water oot o' the well. Hud took so long every day tae pump the water up tae the tank. They hud an inside bathroom, the manse wus built in 1912, an hud wus a fairly good manse, an they said hud cost aboot £800 at that time. Hud wus jist a usual type o' manse really, a big sitting room, an a dining room, an study, kitchen an a scullery doon stairs. An upstairs thur wus four bedrooms, an the bathroom, an a box room, an than whit they called the maid's room, bit I dud'na sleep there, I slept in wan o' the big rooms. There wus jist the two o them, they hud no family. The hoose next to them wus occupied at that time, the Bungalow, an the doctor lived there. I wus kinda friendly wae the doctor's maid an wae used tae spend some time together in the evenings."

Jenny

~

Washing clothes was very different without a washing machine.

"Ye've seen a scrubbing board, weel that wus the best wae hud. An wae hud a boiler that wae heated the water in. Bit sometimes wae jist heated the water in a pot on the fire, jist as hud suited. An everybody wus in the same box, an ye dud'na bother very much aboot hud. As long as ye got the clothes washed."

Meeno

~

Washing blankets and quilts was an annual, day long activity.

"Aal the blankets wur washed in summer, an they wur washed ootside wae a fire made ootside. Ye built up a sort o' frame wae the fire underneath, an than a three toed pot on top tae heat the water. Hud wus a great big pot, hud held eighteen gallon. An a'll tell ye whit they did, they took them tae the wells an they rinsed them ap there wae spring water, an than they left them on the bare earth, hud wus good clean earth, an they dried up wonderfully. Hud wus called bloaching, an they would turn them in the moonlight an aal, some o' them wus hung on the dyke too. An very often they pat them oot tae bleach efter that. Ye see that auld quilts that they made in that days wur very, very bad tae dry, awful thick, an they wud lay sometimes a good while afore they wur dry."

Sarah D

~

And everyone was involved.

"An than when the young wans cam intae play, they used tae git thur bare feet an tramp the

Blanket washing day at South Ness.

blankets, an git thur feet clean aal in the wan go. An they wrung blankets using a stick, wae wan hold'an the end an turn'an wae a stick, an keep twist'an on, an hud wus very efficient. **"**

Jimmy

FOOD

During the 19th and early 20th century North Ronaldsay, like most islands and parishes in Orkney, was almost totally self sufficient. With few shops on the island and limited transport to and from mainland Orkney, they had to depend on local produce.

"They used tae say, if they hud tea and sugar, they wur self supporting in North Ronaldsay. Because they hud thur own mutton, thur own milk, an turnips, an tatties, an fish, an everything. Wae grew oats an corn an turnips an tatties. Every hoose grew tatties. As long

as they hud tea and sugar they wur alright. **"**

John T

~

They ate a healthy diet with very few processed foods.

"The mode of living was very different from now. The island was very self supporting, they had the mill here that did the bere meal and the oat meal. Then they had their native sheep and they went fishing. Do you know I must have been quite an age before I saw a sausage, and it was one of the Newlands that were staying on the island and going round with their packs, one of the 'tinklars' as we called them. And he couldn't get in any where to sleep so father gave him one of the outhouses here, and he came in with a pan of sausages for mother to fry up for him. And do you know, her eyes nearly popped out of her head. We had never seen sausages, well we never had stuff like that ye know, everything seemed to be home produced which I think was very good for us. There was no additives and no preservatives! **”**

Bella

~

There was a seasonal cycle of food available to the islanders.

“Hud worked in a circle ye see. In the winter wae started wae the sheep, aboot November till the middle o' February. Than the pigs cam efter that. The pig carried ye on till ye hud the chickens, an by than the men wus gan tae the sea, an ye hud the cuithes. An in the hervest than, a hoose might hae half a barrel o' salt herring until they started tae butch the pig.**”**

Tia

~

But food could be hard to find if you only had a few acres of land and a large family. Bella's father, James Swanney was born in 1873 and grew up on the small croft of North Gravity, which in 1891 housed eleven of a family.

“Wur croft wus only small, we only had five acres and one cow and thur wus ten o' us to feed. But we seemed tae manage alright. Dad had a harder upbringing though, they were lucky if the bairns got half an egg sometimes. We never had things as bad as that. He lived at North Gravity which had sandy soil, and on sand things don't grow so well. He did have it pretty hard where he was brought up. Mother was at a bigger place, at Greenwall, and I don't think she knew the same hardship.**”**

Bella

Meeno grew up in a large family on the 12 acre croft of Howatoft. Her mother died when she was 14 and she had to help cook for the family.

“Wae jist lived aff the growth o' the groond, as far as hud wud go, ye ken. Thats jist whit wae lived on. Ye got the bere meal an ye got oat meal, so wae wur'na fairly bad aff. If hud wus a guid season fur the crops, than wae hud plenty o' fodder. I got the bread tae bake

when I cam home fae the school. An me granny learnt me hoo tae bake, thur wur a few o' us an a dozen bannocks dud'no go very far. Ye wud need tae bake every second day. An I jist hud tae bake, when the bannocks got feenished, ye jist start tae bake again. An wae baked a lot o' bannocks because hud wus mostly bannocks wae lived on. **”**

Meeno

~

At certain times of the year, food was particularly scarce

“A'm seen us, in the summer time, when wae dud'na hae much, they wud made a grain o' rice fur the dinner, hud wus very good. Bit ye ken hud dud'na keep the hunger aff, ye wur hungry half an hour efter. They jist boiled hud wae some water, an when the water wus boiled aff hud, they poured in as much milk as they could spare, an that wus rice fur dinner. An wae jist hud that, ye felt hungry efter a rice dinner in a very short time!**”**

Meeno

~

Jenny grew up on the fifteen acre croft of Sandback, with two sisters. Smaller families found it easier to provide enough food to eat.

“Wae wur lucky here as regards food fur wae hud the mutton in the winter time. An than in the Spring time they usually killed a pig, as long as they kept pigs, fur thur no keep'an any noo, huds aal bowt oot o' Kirkwall. Wae kept a pig an he wus fed on buttermilk an tatties and some sids an grop fae the mill, hud made good firm pork. Hud wus alright fried on the big metal frying pan, wae eggs. Wae usually hud that fur wur breakfast. An wae made potted head and puddings made wae oatmeal and onions and dripping. An than ye used tae keep them in the girnal among the meal. **”**

Jenny

~

Ground meal from oats and the barley or 'bere' was carefully stored in a wooden storage chest or 'girnal', as it had to last throughout the year.

"Every hoose hud a girnal an they kept longer and better in there, thur wus no freezers than. An wan end o' the girnal wus beremeal and the ither wus oatmeal. An when the girnal wus empty they wud fire hud wae a tin and light some paper in hud tae git rid o' mites. An wae used tae pack the meal intae the girnal wae wur bare feet, when wae wur bairns. An wae wud store wur pudding in the girnal wae the meal."

Jenny

~

And with large families to feed, baking was an essential part of the household routine.

"Yes, me mither baked two or three times every week. Thur wus six bairns, fower girls an two boys, an thur wus an auntie and an uncle besides that, an me grandfaither an me faither and mither, so thur wus quite a few, hud took quite a lot o' baking. Shu baked oat cakes an bere bannocks an floory scones."

Tia

~

Often households included the extended family so grandmothers, aunties and unmarried sisters helped with the baking.

"Oh I mind me mither baking, and me grandmither, Sarah Muir, shu lived wae us, an shu wus nearly ninety two when shu died. Aye, an shu baked the bere bannocks, an floory wans, an oatcakes. Thur wur a lot o' men here than, me grandfaither, an his brither wus here. I can mind her saying on a Saturday shu baked eight bere bannocks, an fower floory wans, an fower big oatcakes, an that wus whit she baked tae do until the Monday. Thur wus'na many biscuits in the first o' me minding, or fancy cakes, thur wus none o' that. An no fruit or things like that, thur wus'na much o' hud onywey. Bit they hud milk, an butter, an eggs, an some cheese. Ye see they milked three or fower cows in that time, aye, oh hud wus handier than this packets o' milk fae the shop."

Mary

But baking was a job always done by women, and recipes were passed down the generations, Annie Tulloch from Milldam was still baking her mother's bannock recipes in 1987.

"Shu did the most o' the baking, shu mibbe hud some bread fae the shop, bit no very often, an hud wus been pancakes an floor bannocks an bere bannocks. We tried tae help, bit I don't think we wur very successful. Floory bannocks wur jist flour an baking soda, cream o' tartar an a bit o' marg an a spoon o' syrup. An yer bere wans wur half a pound o' beremeal an half a pound o' flour, an baking soda an cream o' tartar, an if ye hud buttermilk tae mix hud wae, that made the best wans. Bit a neighbour told me, if ye took a spoon o' treacle an melted hud an mixed hud wae a spoon o' cold water and add that tae yer bere bannocks. An I'm tried that an I think huds quite true. An they wur jist baked on the girdle, roll them flat on the girdle."

Annie

~

Using a flat cast iron griddle or 'yetlin', bannocks could be baked on the open fire.

"Me mither used tae do a lot o' baking o' bread, hud wus jist bannocks, an hud wus done on the yetlin on tap o' the fire an shu hud a peedie roond thing that ye could pull back an fore fur pit'an the teapot on tae the heat an tae tak hud off o' the open fire."

Peter

~

Once the open fire had been replaced by a stove with an oven, baking was easier.

"On a Saturday thur wud be drop scones, an sometimes oven scones, an odd time wae hud a dumpling. Hud wus clootie dumplings I mind first an hud wus floor an suet, an some folk used sheep fat fur thur dumplings, bit they wur very rich, I dud'na use hud, noo a days, the younger anes wud'na think hud wus fit tae eat."

Jenny

But this was seen as a treat rather than a regular part of the diet.

"Oh thur wus'na much fancy baking. Efter wae got the oven, am seen me mither mak'an whit wae ca'ad a gingerbread, bit hud wus jist floor, treacle an a grain o sugar stirred ap an put in the oven. This wus a gingerbread, an hud wus as much thowt o' as the grand cakes ye git noo. No, thur wus no much o the fancy baking. Bit no, thur wus'na much o' the baking. I dunno believe, if ye tried tae tell the bairns noo whit wae hud, they'd jist think wae wur mak'an a fool o' them. Huds true that wae dudna hae much."

Meeno

~

Treats were kept for special occasions

"Me mither made dumplings fur wur birthdays and at Christmas. An thur wus'na much else, I don't suppose in that days thur wus very much tae buy things wae, if ye hud a big family, hud wus kinda hard times. An a'm sure we enjoyed the dumplings as much as they enjoy aal the spreads they hae noo a days at Christmas."

Annie

~

Shop bought bread wasn't a replacement for home made bread, it was considered a treat.

"Weel thur wus a great lot o' us at wur hoose, an half a loaf wus jist kept fur the tea on a Sunday night. An wur tea that night wus generally a thin slice o' this loaf. That wus the only time wae saa hud. An oh hud wus a great rarity tae git a piece o' loaf."

Meeno

~

Another staple of the diet was milk which could be made into butter and cheese. The method used to make it had changed very little; a tall wooden tub with a plunger, called a 'plout kirn' was still being used in the 1960s.[11]

"Most hooses made thur own butter, weel, them that had enough milk tae spare. Bit

hud wus'na aal year roond, jist when thur wus enough milk."

Jenny

~

Milk was left to stand in the churn for two or three days until it thickened naturally. When it was sour, churning would be done.

"Thurs a funny story aboot kirn'an, aye, huds a true story. Weel they hud a big earthenware jar there they ca'ad the gathering jar. An thur wus a cloot (cloth) ower hud, an they wur gather'an the cream fur the kirning. An the auld wife poured hud intae the kirn fae the gathering jar and shu went fur the kirning staff. Bit the cat wus watch'an, an when shu hud gone, he jumped ap onto the kirn efter some cream, bit when he saa the auld wife comman back, he panicked an geed plump right in the kirn! Bit the auld wife jist picked him oot and went on wae the kirning. An shu got lovely butter. An the rest o' the family ate hud an said hud wus good. An the auld wife said, "Sowl, if you had chenned (known) the cat wus in hud, you wud hae eaten less o' hud!'"

Tammy

~

Certain superstitions evolved around the kirning of the butter. In the 18th century it was considered unlucky in North Ronaldsay to wash out butter churns and milk pails as it washed away the 'profit of the milk'.[12]

"An thur wus anither thing they hud wae this kirning, they hud tae hae a shilling pitten in the churn. Weel, they hud tae tak hud oot an wash hud, when the next contents wus pitten in. Bit if that shilling dud'no go back, thu got no butter, oh hivens aye, they believed that."

Tammy

~

If there was enough milk left over from making butter they made cheese.

"Aye wae made cheese, ye jist pat the milk in a pot an heated hud until hud wus blood heat, an added some rennet an that made hud aal curdle, an that wus how ye made yer cheese.

Ye jist added some salt tae hud an got aal the water oot o' hud an pressed hud. Some dried the cheese ootside on shelves covered in muslin tae keep the flies aff. An they could be kept fur a while wance they wur dried, but I niver liked the dried cheese very weel. I liked them when they wur freshly made best. And the mair cream that wus in the milk, the better the cheese wus, bit hud wus usually skimmed milk that wus used fur the cheese fur the cream wus kept fur mak'an butter in the kirn. Of coorse hud wus'na aal the year roond, hud wus jist when thur wus enough milk. **"**

Jenny

~

On smaller crofts however, cheese was almost a luxury.

"They used tae do hud if they hud milk bit they only hud two or three cows so if the bairns wur drink'an up aal the milk, shu dud'na git much tae pit in the cheese or tae mak butter wae. An of course we hud no dinners at the school in that days so ye hud half a bottle o' milk fur yer dinner. **"**

Annie

~

Nothing was wasted. Once the butter was made, the remaining liquid, 'kirn milk' could be used.

"Than thur wus kirn milk left efter the butter ye see, an that wus used fur baking. An hud wus good fur baking, hud made far better bannocks, hud made a far better taste wae the bere bannocks an floory bannocks if they wur baked wae kirn milk. Wae used tae drink hud, an hud wus called 'soor dook'. I mind a cattle dealer fae Kirkwall along here an wae asked him if he wud like a cup o' tea, an he said he wud tak a drink o' soor dook! An wae wur'na very familar wae that name than. **"**

Jenny

FISH

Fish formed a large part of the diet and most able bodied islanders had their own boat, or a share in one. Cuithes, year old coalfish, were plentiful and eaten often, and the younger fish called sillocks, were a great delicacy.

"If hud wus bigger fish, they wur usually boiled, an if hud wus smaller wans, they wur fried. An sometimes they dried the bigs wans, they used tae be split an than salted an than they wur spread oot tae dry. An than when night time cam, ye built them aal up intae a square an ye pat something ower them tae keep the rain aff o them. An then ye spread them oot the following day an turned them, if ye got good dry windy days, hud dud'na tak long tae dry them. **"**

Annie

~

These fish dried hard and were sometimes chewed as a snack. When eaten as a family meal, they were soaked overnight, boiled and skinned an eaten with tatties and butter or mutton fat.

Fresh herring was also a welcome change when it was available during the harvest time.

"They used tae buy barrels o' salt herring, an the fowk wud divide a barrel intae half, or even a quarter o' a barrel. As families got smaaler, hud wus divided intae firkins, a firkin wus a half o' a half barrel, aboot a quarter barrel I think. **"**

Jenny

~

The salt herring was soaked before being boiled.

"Weel they wur fairly salt, wae generally soaked them a bit, than boiled them. An if ye got the salt middling oot o' them, ye could fry them. Salt herring an tatties wus reckoned tae be a very good dinner. Hud wus mostly boiled wae tatties in the sam pot. Ye pat the tatties in first, an than the herring in on the top, an ye boiled hud an hud made very good tasted tatties. **"**

Meeno

THE NATIVE SHEEP

"Hud wus the meat o' the sheep, aye, hud wus the only thing that we knew. Me mither boiled hud, made soup oot o' hud, an stewed hud, an wae the insides she made oatmeal puddings, hud wus very good too. Aye hud wus very good, and huds good still."

Sarah K

~

The main meat in the diet of the islanders was mutton from their native sheep, a small hardy breed, that live mainly on seaweed.

"Wae niver ate any meat at aal except wur own sheep. Ye see they always hud tatties, an thur own mutton, they wur self depend'an on thur own mutton."

Sarah D

~

The sheep were only killed in the wintertime, when they were in prime condition from the large quantities of seaweed that came ashore in stormy weather.

"They wud start wae the best o' the sheep in September, an they wud be stopped hud again in April. They wur'no in a condition fur eating in the summertime, fur thur wus'na the seaweed comman ashore tae feed them."

Peter

~

Each croft or farm had a certain number to kill, and this provided them with meat through the winter.

"Weel, wae wur lucky, very lucky, wae always hud plenty tae eat fur ye see in the winter time wae always hud the mutton. Wae used the mutton the whole winter, wae jist killed them when wae needed them."

Jenny

~

Some of the meat was eaten when fresh.

"Bit wae roasted the mutton often, aye. Wae always hud some roasted an sometimes stewed. Fur stew ye cut hud ap in smaal bits an brooned hud, an added some onions an neeps sometimes an carrots too. Hud wus quite good. Wae niver cured the leg o' the mutton, the back leg wus always roasted."

Tia

Most of the meat was cut up and cured.

"Weel, ye salted hud doon, wae jist packed hud in a keg, a wooden keg, an sprinkled salt ower hud till ye wur sure the meat wud'na go bad. The mutton wus cut ap intae bits. Ye mibbe got a day or two o' fresh, bit most o' hud wus salted doon. Bit ye ken some o' the auld fowk niver thowt they got the taste o' the meat unless hud wus salt!"

Meeno

~

Once salted, the meat could be cooked when it was needed.

"A'll tell ye, the native sheep makes the best tasted soup you'll git anywhere, whit a lovely stock ye git aff that sheep. Huds jist a different flavour besides the cheviot sheep. And they used tae keep the fat an rind hud doon an that wus whit ye made yer puddings wae. An ye hud the fat fur frying yer eggs or frying anything, thurs a great difference in the flavour o' hud than the Cheviots."

Annie

~

The fat was kept and used instead of butter in baking.

"Oatcakes, wae made them wae that fat. Hud wus oatmeal an salt and warm water which made the oatmeal kinda soft, an I think mither melted the fat doon so that ye could git hud aal rolled out right. Some made jist the big roond bannocks bit mither made them in quarters an they wur much easier tae turn. An than, when they hud this Enchantress stove, hud wus fine tae bake oat bannocks on, fur hud used tae hae a brick that cam oot at the front an ye sat yer bannocks on that an ye could turn them along in front o' the ribs o' the fire an that made lovely crisp edges on them."

Annie

~

And the fat from the native sheep was savoured.

"Weel wae used hud fur everything. Thur wur'na muckle meat till the later end o' the spring, an ye dudna huv ony when ye wur'na kill'an the sheep, bit ye saved every bit o' fet. An than ye got a bit o' fet on a plate, an a tattie tae dip in hud, that wud been whit wae got some days fur wur dinner when wae cam home fae the school. Or fur a change, they wud mash the tatties an than pit the fet in hud, an stirred hud an that wud been a 'dinner in a hurry.' **"**

Meeno

~

Savoury puddings were made from the intestines of the sheep.

"The puddings made fae the sheep wur boiled in the soup, the normal practice wus tae mak hud wae oatmeal an some beremeal in hud, an boiled in the soup. An you supped hud along wae yer soup. That wus the sheep's puddings.**"**

Sydney

~

And every part of the sheep that could be eaten was relished.

"The liver wus a great delicacy, oh my hud wus good. Wae fried hud, an sometimes wae fried the kidney as weel, the fat wus good aroond the kidney ye see, an hud wus hud that gave hud the flavour. That wus awful good wae a bit o' salt an pepper, an some bere bannocks. An noo they'll no fry wae sheep's fat, they fry liver in oil. I canna imagine eating sheep's liver fried in yin oil, hud wud spoil the taste o' the liver. **"**

Jenny

THE PIG

The pig needs very little space to rear, so, until the 1930s, most of the small farms kept at least one for their own use.

"An we hud a pig, ye bowt two, an than the wan wus kept, an than the ither wan wus sold, an that took in as much money as paid fur thur food. An a lot o' fowk at that time hud pigs, nearly every household hud them. An than they aal shared oot pieces o' pork when they killed hud so that ye hud pieces o' fresh pork more often. **"**

Beatrice

They were kept over the winter and then killed at fifteen to eighteen months. The killing of the pig was a specialised job.

"Thur wus certain men in the different toonships that wur good at hud. Johnny Claypows wus a good hand, an the man at Twinyness, he wus extra good at hud, an the men o' the hoose wus there tae help him. Hud wus a very horrible wey o' killing pigs that, I always thowt. Such a noise that poor things o' pigs made. I niver saa a pig killed mesell bit I heard them screaming, an such a soond they used tae make. When wae wur bairns, wae aal went through tae the big room oot o' sight an the doors closed fur the noise. **"**

Tia

~

The men assigned to the job were experienced and knew how to do it as quickly as possible.

"Thur wus no special knife fur them, jist a knife aboot three inch long, a gully knife. An certain men hud the job. They stuck the knife straight in through the throat, next tae the thrapple (breathing pipe) so the pig could still breathe. An they stuck that knife doon, an cut the jugular vein down below, an the pig bled than through the throat. An wance he wus bled, than they cut the throat. Bit they niver cut the throat until he wus bled. Hud looked cruel tae a stranger, bit that man niver meant tae be cruel, they hud tae be properly bled fur the meat tae keep. **"**

Sydney

~

The blood from the pig was valuable as it could be used to make black puddings.

"The pig wus killed ootside, an he got leave tae run aboot, bit he wus bleed'an aal the time, a sorry damn sight hud wus tae. Someone wud run after him wae a basin tae catch the blood, I niver liked tae see hud, bit it hud tae be done. **"**

Sydney

~

Once dead, the carcass was placed in boiling water and the bristles scraped off.

"The pig used tae hang in the shed ootside fur two or three days till hud stiffened an than hud wus cut ap. An when they cut hud up they went roond aboot the fowk, tae gae them bits o' hud. Than, when these fowk killed thur pigs, they got some back fae them, that wus fresh pork ye see, that kept hud fresh fur a while."

Tia

~

The meat was shared out and was an essential food source within the community.

"Weel every neighbour got ye see, an than, when anither neighbour killed a pig, they wud come back wae a piece so ye wur hiv'an a fresh piece every so often ye know. An than of coorse hud wus aal salted doon an ye hud hid cured. An hud wus done in aal the houses, I can mind me faither curing them. They wur soaked in brine first for three or fower days. Ye kept the fore quarters, hud wus the best pieces an than ye hud the legs tae tie hud up wae ye see. An than hud wus turned twice a day in the brine, an thur wus cinnamon put in hud and cloves an aal, an hud made hud awful good. Hud wus really good, I remember us coman home fae the school and ye wud always know when mother wus frying bacon because o' the cinnamon smell. An noo a days thurs no taste wae bacon at all. They used tae hang hud up then, they dripped hud first ower a pail an they pat a cloth ower hud an than hud wud dry up in the roof. An than hud dried off up in the ceiling. An than ye could slice hud up an fry hud an ye could soak hud a bit an roast hud or boil hud. Hud wus a great thing wae cabbage, they used tae hiv cabbage wae thur pork."

Annie

~

The intestines of pigs, like those of the native sheep, were used for making sausage like puddings, stuffed with oatmeal, and fat.

"The intestines wur jist aal washed an cleaned as much as ye could an than ye soaked them in a basin wae a lot o' salt and warm water. An than ye changed hud and rubbed them, aal the inside came aff clean. An than ye made up yer mixture, hud wus oatmeal, an flour an salt an onions, an thats aal ever we used, an sewed up the bag an boiled them."

Annie

~

Every bit of the pig was used, nothing was wasted.

"Hud wud be a day or two afore ye made the puddings, an they wud be boiled. Tae heat them up than, they could be fried and the pig's liver, hud wus boiled an than hud wus fried. Hud wus'na as good as the sheep's liver though, bit hud tasted quite good, wae wur hungry in that days. Wae made potted head jist by boil'an the head and the trotters an hud goes intae a jelly ye see, an ye pick all the flesh aff the bones an huds reboiled, than ye add onions an salt an pepper an pat hud in dishes. An hud's good, huds better than the stuff ye buy oot o' the butcher's noo."

Jenny

~

The stomach of the pig could be used for haggis or sometimes for a sweet pudding.

"Sometimes they made a sweet dumpling in the skin o the haggis, I mind me mither do'an that many a time. Hud wud been floor an margarine an raisins an currants an plenty o' sugar in hud, an put in the pig's stomach, an jist boiled an hud wus very good. An when they wur cold shu used tae fry it up in the pan, I liked them best that wey. An shu cooked the mealy puddings in the soup an than when that wus cold, they wud eat that wae cold meat."

Tia

~

Everyone seemed to remember the taste of home cured pork.

"That pork that ye git tae buy noo, huds no like the smell o that old pork wae used tae git when wae killed the pigs. They wud put a bit in soup, bit they took hud tae a boil first, an poured aff that first water an than put hud in more water fur soup so that hud wud'na be too salt. They dud'na fry the salt pork bit they fried the cured pork. An that cured pork wus very good wae chicken, hud made a special taste wae the chickens. Wae used tae slice some o' that ham an pit hud in the pot tae start wae when wae stewed the chicken, an hud made hud very nice. An hud wus fried, ham an egg, an a right smell it hud too, besides the bits o' bacon that ye git tae fry noo! Completely different. Hud wus very good that cured pork. An after the pork, the chickens cam in aboot the start o' the summer time, May or June. An than wae hud the rabbits in the hervest time, hud wus grand. **"**

Tia

CHICKEN

During the egg producing boom in Orkney hens were plentiful and a 'cocky' chicken was a good dinner.

"We ate chicken when wae wur peedie aye, stewed mainly. They wur killed, an the skins wud be pulled off, than when they wur aulder they would be plucked and jist the feathers taken awey. Hud wus usually when they wur tak'an oot thur own birds, you see if ye set a cluck'an hen on twelve or thirteen eggs, ye mibbe hae six hen chickens an six cockerel chickens, weel they grew until they wur a month auld an ye pulled the neck o' them an pulled the skins off them, but if they wur a bit bigger, mibbe six months, ye wud tak the feathers off them, an jist pluck them. **"**

Peter

~

And eggs were also plentiful.

"An wae ate an awful lot o' eggs in that days an noo a days huds supposed tae be sae bad fur you, ye must no eat too mony eggs. Bit wae lived on eggs, wae hud scrambled egg, an fried eggs an poached eggs an boiled eggs, wae hud eggs every day, sometimes twice a day. **"**

Jenny

Rabbits were plentiful in North Ronaldsay and were a useful addition to the diet when meat was scarce.

"An thur wur rabbits too in the hervest time, they wur very good. An most fowk ate them when they could git them. They wur boiled first an than stewed wae turnips and onions, they wur very good an hud wus good wae pork too. **"**

Tia

VEGETABLES

Many crofters grew vegetables for their own use.

"We hud cabbages an carrots an tatties an neeps. Hud wus sandy soil where we wur and hud gave beautiful carrots an tatties, Kerr's Peenk (Pink) tatties. **"**

Annie

~

Turnips were important as boiled with potatoes they made clapshot, a very Orcadian vegetable dish.

"An than, wae hud plenty o' swedes in the field, fur they pat doon a whole lot tae turnips fur the sake o' the cattle an wae used swedes. Thur wus the yellow neeps an thur wus the swede neeps. Swedes wus very good mashed up wae tatties. **"**

Meeno

WILD FOWL

Shooting wasn't allowed on the island as the laird hosted game shoots once a year for his family and friends.

"Oh yes, thur wur a lot o' shotguns in the island in my young days, on the quiet of course. Hud wus eider duck wae got, they wud stay on the Seal Skerry aal night. An wae an inshore wind, they wur within gun range o' the rocks, an many, many a morning wae wur down there. They wur good eating too you know, the fat wus aal next to the skin an that wus pretty strong, so they flayed them, skin aff, an the flesh wus far meeker than a hen or a domestic duck. An before that, ye got stock (mallard) ducks, teal ducks, if ye got a chance at that, ye see the Laird wus'na here very long, only aboot six weeks, an he'd be gan roond then shoot'an every day, plover an snipe, aal game burds. He wud'na shoot dunters (eider) ah no. Bit if he saa a woodcock he'd run half o' the day efter hud. Snipe, green plovers an curlews, jist the game burds. An of coorse they hud tae be shot on the wing. That wus sport!

Willie

~

But only some islanders had a taste for wild bird's eggs.

I mind me eat'an them wan time, hud sickened me an I niver tried hud again. Bit I mind, thur wur Beggs here at Holland, the boys o' them, my they grubbed at them fur aal that. An thur wus a man, he wus fae Howatoft, an he gathered a lot o' burds eggs, jist when they wur newly laid, an he keeped them tae eat ower the summer time.

John S

~

There were small shops in the island selling flour and sugar, and with the introduction of the steam driven ferry to the island it became easier to transport other foodstuffs.

At that time, an fur a long time wae could git six pund tins o' Australian mutton which wus terribly good, wae got hud here in the shop. An thur wur tins o' whit wae ca'ad bully beef. Hud wus because hud wus salted, an as long as the tin's airtight hud can keep fur a very long time.

Tammy

HOME BREWED ALE

Beer, a very important drink, was made at home. In North Ronaldsay malt used for home brewed ale was made from bere corn after it had been threshed. Sydney Scott, a miller, was skilled in making malt and home brew. This was a very skilled job as the result had a direct impact on the quality and strength of the beer.

Ye pat yer malt an water in a big vat, an ye hud tae boil hud, hud wus yer wort that made the ale. Yer first round wus boiled fur two hours.

An than ye pat more water in yer malt, an yer second taking oot wus boiled fur two hours. An than ye pat on a third time, an ye boiled that fur an hour an a half. Hud wus no very strong ale, yer third stuff, bit hud wus aal used. Some o' the auld weeman, they could use ap thur 'third' as they ca'ad hud, when thur wur a crowd o' men in that hud a bit too much tae drink. An some o' the auld fowk, they used that 'third' tae tak thur porridge instead o' milk, when they hud no milk. I niver did like hud though. Bit the ale made wae the best malt though, hud wus lethal stuff I can assure ye. Hud wus strong, bit ye could drink hud like sweet milk, hud wus that fine tasted. Bit thur wus no fear o' that. Wan bottle wus a fair drink, jist a fine comfortable drink. An if ye took a second ane, ye dud'na need only more that night.

Sydney Scott

CLOTHING

Like food, clothing was almost exclusively home made.

Thur wur some o' the auld fowk, they wud pit the claith (cloth) on the table, an they wur no long at cutting oot a pattern, they wur good at hud too, they wur fairly weel handed. Thur wus'na so much o' the buying o' ready made clothes, they made them aal themsels. They aal could handle that, an a great lot o' the hooses hud sewing machines. I mind me mither got a treadle sewing machine, no a long while afore she died. An I could sew the clothes on hud efter shu died ye ken. So they wur'na as badly off as ye'd think. An the grocery shop here stocked a whole lot o' material, they hud the print fur the dresses, an flannelette fur petticoats.

Meeno

~

Clothing was practical and warm.

They hud long skirts, fairly long skirts made o' a kinda heavy material, they dud'na jist scrape in the mud though. An of coorse they hud a long knitted petticoat, nearly as long as the skirt. Ye see a great lot o' them spun. An some weeman, they hud a cotton petticoat o' striped material, an than thur knitted petticoat on top, than they hud thur skirt. An than they hud an apron made oot o' printed cotton. Bit yer apron when ye wur work'an during the day an work'an ootside, fur hud ye got a good bit o' sacking, an ye made yer sacking apron. An hud wus put on, an teen off when yer dirty work wus done. An ye generally hud jist wan good frock that ye kept, that ye went tae the kirk wae, an hud wud do fur the kirk and a dance. An if yer mither wus good at hud, shu wud mak hud fur ye. **"**

Meeno

~

Head wear was informal and practical.

"Me mither wore a square on her head, doubled up an tied under the chin, or sometimes at the back. An me grandmither always wore a white cotton mutch in the bed at night. An than, during the day, the auld women hud thur mutches knitted wae wool. Ye ken the little hoods that ye see on the bairns heads yit , like a pixie hood, hud wus jist like that an tied under the chin. An the auld weeman that hud the cotton mutches that they went tae the bed wae, they hud a bit o' lace roond hud, aye they dressed fairly weel. **"**

Meeno

~

Underwear was also made at home, often using wool from the native sheep.

"Weel wae always hud stockings, an knickers, home made, an than wae hud a petticoat. An a'll tell ye what, the petticoats wus generally knitted. An than that wus fine an warm. An wae hud a vest o' either flannelette or cotton, an than ye hud a pair o' corsets, generally homemade corsets, an than ye hud a woollen petticoat. Hud wus'na wool fae top tae bottom, hud wus wool at the bottom an

than ye hud a vest on hud. An ye hud a cotton petticoat on the top o' hud, an than wae hud wur frocks on the top o' that. So we wur fairly weel clad ye ken, more heavily clad than whit they are nooadays. **"**

Meeno

~

Working clothes and waterproofs were also made at home.

"Me mither, shu used tae mak a lot o' wur claes when wae wur gan tae the school. Shu wud buy the dungaree material an mak a dungaree jacket, shu took a pattern aff o' an auld coat. They used tae mak thur own oilskins tae, me mither used tae mak them. The coats wur jist made oot o' the cotton an sewed on the sewing machine, an than painted ower wae raw linseed oil, an hud took a long while tae dry, bit they kept saft. An if they wur in a hurry they wud paint them ower wae whit they ca'ed paint oil, hud wus the boiled linseed oil, an hud certainly dried quicker, bit the linseed got very hard, an hud wus no time till hud cut oot when ye wur work'an. They made oilskin breeks as weel. **"**

Peter

~

Recycling was part of the process, a piece of good quality material was never wasted.

"I mind me buy'an a bonny skirt, hud wus me best wan, an hud wus the only good wan I hud. An than I got anither wan an I thowt, poor little Beatrice, I think I'll pit it hame an me grandmother can mak a skirt for her, fur hud wus good material that wus in hud. An me grandmother made a skirt tae Beatrice wae hud. Shu wore hud a long while too. An than shu likely grew oot o' hud, bit Granny dud'na throw hud oot, shu made a cushion oot o the material. An that wus the cushion that wus in her chair at the side o the fire, an shu sat on that cushion fur a lot, a lot o' years. So hud wus really good material. **"**

Annie

By the 1930s and 40s mail order catalogues were available.

❝In me mither's time, some wus comman home fae catalogues, Oxendales hud started by then. They wud git odds an ends, bit no a lot o' things wur bought, fur fowk wurna weel off.❞

Beatrice

~

But they were expensive and local shops stocked practical, reasonably priced working clothes.

❝Thur wus'na that much money tae buy things wae. An wae bowt things fae the shops here, fur they kept more clothing in that time. A lot o' the men's clothes wur bought at the shop, working shirts and dungaree coats, an they sold a lot o' stuff. They sold a lot o' underwear too. Most o' the clothes cam fae the shop when first I mind.❞

Jenny

WOOL

Most of the fleece was sent away to the woollen mills in the south, and ready spun wool sent back in exchange. This was knitted into different items of clothing.

❝We would knit socks and I remember my mother, she would knit drawers for my father, which was quite a knit, for he was a big man. She'd learnt to knit when she was in Shetland and she was a very good knitter. She had a knitting belt and she just clattered on.❞

Maimie

~

All girls were taught to knit at an early age.

❝My mother and my grand aunt milked, and when the milking was finished at night, they were in knitting and sewing, and doing all kinds in the winter time. The first I learnt to knit was on the quill feathers of a hen, because there was only steel knitting needles then, and they thought, we can't give them steel knitting needles, we were so young, an we learned on that. And my father got what we

called creel rod, for making the creels, and he made knitting needles out of that, and put a turn on the end and a point and polished them and we knitted on that for a long time.❞

Maimie

~

Knitting was a necessity, not a fashion statement.

❝Bit they hud the wool, so they knitted jumpers an things o' that kind. Bit hud wus aal very ordinary, an jist worn an worn fur long an long.❞

Beatrice

FOOTWEAR

❝Ye hardly ever saw shoes, unless somebody hud them fur Sundays, hud wus always boots. An wae generally got wan pair o' boots that did us fur the year. An they wur'na very great things ither, bit they wur good strong boots wae a lot o iron in the soles. They wu'rna any use unless thur wur iron in the soles, no rubber soles like ye have noo. Hud wus jist the leather soles, wae the iron ye got fae the shop, tae (toe) pieces an iron heels an that. An I suppose if they could pass on, they wur passed on than, tae somebody else. Bit when ye hud a pair o' boots an run'an aboot wae them every day, day efter day, they wur'na great things at the end o' the year. If they wur any use at all they wur jist handed doon tae the next wans.❞

Meeno

~

'Rivlins' were a type of shoe originally made from seal hide, but in later years the skin of the native sheep was used.[13]

❝Ye made yer rivlins oot o' a square o' skin, sewn at both ends wae thin bits o' leather cut fae the skin. An ye run a bit o' a hole in hud an hud wus drawn in across the top. An that wus jist a great kind o' foot gear in the summer time, till the fowk got a bit better off, as they thowt, an they stopped wearing the rivlins. An they wur jist grand tae go wae

William Swanney o' North Gravity wearing rivlins on his feet, pictured with his grandson Peter.

because ye could jist fly wae them. Bit huds a thing ye niver see nooadays, ye niver see a pair o' rivlins. I mind a next door neighbour o' us, an auld wife, shu niver hud a thing on her feet summer or winter bit rivlins."

Meeno

~

And straw was a substitute for socks.

"Wae wore them in the summer time, an wae put straw in them too, tae keep them warm. An wae used tae tak the straw oot at night tae dry hud, an pit hud back in, in the morning."

Tia

~

With experience, they were quick to make.

"Rivlins aye, the auld weeman wud mak a pair o' rivlins in the time ye wur sit'an watch'an them, no trouble. Hud wus mostly the weeman that made the rivlins. Aye, rivlins wus jist common, common, aye. An they wud last up tae six months in the hoose no trouble, or a whole summer worn ootside. Mostly in me time hud wus weeman that wore them, an bairns, wae wore them ootside in summer, bit when the school closed fur the summer holidays, wae threw them aal off an went wae bare feet the whole time. Bit back in the 1840s, when they butched thur own cattle, they made rivlins oot o' the cattle skin, an that wus a strong business. An Wullie Viggy, he went tae the beach, an the ware an the tangles, in rivlins, bit hud wus cow hide. Bit he wus damn near cow hide himsel, no winter storms affected him!"

Sydney

~

The next generation remembered wearing them as children, but in adulthood they chose a more modern type of summer and winter footwear.

"Thur wur some o' the auld ladies that wore them here fur a while. Bit wae wur'na dependant on rivlins, an wae dud'na wear them in the winter time fur wae hud black sandshoes in the summer, an rubber boots in the winter time, Snowdonias fae J & D Williams."

Jenny

Men at Peckhole with May peeping through the window.

The Community

TOONSHIPS

North Ronaldsay is divided into six toonships, a structure dating back to a time when arable and grazing land was shared within each district.

"Well thur wus Bustatoon an Nesstoon, an Hollandstoon, an Linkletstoon and Abby an Easting. Aye, ye kept within the toonship."

Sarah K

~

They were close knit communities that depended on each other.

"Wur place Trebb was in Hollandstown, an hud wus wan o' the smaller toonships, in fact I think hud wud been the smallest one in the island. Well the laird's home farm wus situated in Hollandstoon, an thur wus Nouster, Twinyness and the Lurand, I think that wus the lot o' them. Thur wus a very good neighbourly attitude within the whole island you could say as far as helping out, an a more neighbourly approach tae everyday work really."

Hugh

~

Neighbours within each toonship would support each other.

"Yes, very much more so then, than hud is noo actually, fur wan neighbour wud have an implement that anither dud'na have, an they shared an repaid wae kind rather than cash."

Hugh

~

Resources were shared when required.

"Hud wus aal done wae the help o' neighbours again, that wus very much the system then, especially wae smaal places. They wud lend a horse or they wud come an do hud fur you, whatever arrangement you cared tae mak wae them. Ye see my aulder brither John wus work'an at a ferm that hud horse so, he wud come an help. An me Faither's brither fae Gravity, he helped oot, an a different neighbour fae roond aboot wud given a hand."

Hugh

~

This would provide emotional and physical support.

"Weel wae helped wan anither, a lot better than today. Any person who wus dying, they wur very good at sit'an up wae them, that sort o' thing. Ye don't see that now, fur wan thing thurs no fowk tae do hud."

Sarah D

~

And children helped too.

"That auld fella Tammy o' Garso, he wus a widower, an he hud a son an a daughter bit they hud both died o' whooping cough when they wur at school. An than his wife died, so hud wus jist him an his mother. Hud wus me job tae tak a bottle o' milk ower tae him when I cam home fae the school. An I kent thur wur anither auld man there too, but I don't think I hud ever seen him. Weel, thur wus a box bed, an I wur sit'an in front o' the box bed, an the curtains were part drawn an me an Tammy wur speak'an, an thur wus something tug'an at me back annoying me an I thowt whit the devil is this, an I looked roond an thur wus this auld man wae a walking stick sit'an in the box bed, an lord I think I nearly went through the roof. By god whit a fleg (fright) I got. He thowt hud wus very funny thu sees."

Annie

Tea break: the Swanney family re-roofing the bakehouse at Trebb.

The islanders knew that working together was essential if their community was to thrive and prosper.

"An ony building that went on, thur wur always helpers there. They wud go, two or three men wan day, an than two or three men anither day, an they niver took ony money fur hud. They niver went fur pay, oh no, pay wus niver mentioned."

Sydney

~

Despite being such a small island, there was a divide between the north and the south. The North End was further away from the school and ferry transport, so was more isolated.

"Weel thur wur fewer people at the Nort End.

Thur wur more o' them jist aroond here in Linkletstoon, more hooses an more people. Fowk mostly stayed in thur own toonships. Neven wus in Easting, the furthest north o' the toonships."

Annie

~

Islanders were loyal to their own toonship.

"Tommy's mother thought this was a very 'oot o the wey' part of the island, here at the North End. She thought they spoke in a different way. Before they had cars, it would have been a long walk. When we moved here we didn't see anything like the number of people we saw before, it wasn't the same, it was further away. Tommy's sister lived at Gerbo in Bustatoon, and she used to say that this was the back o' beyond here at Garso, in the North End, it was a foreign country. Linkletstoon was the best place to be she thought, because there were the most people living there at that time. When a boy was born the postman would go about saying, 'Thur a man stronger in Linkstoon the day!' **"**

Christine

~

The toonship divisions helped ensure the fair division of limited resources.

"Aye, thurs always been toonships, fur the tangle work an the seaweed. Fur the tangles thur wus a certain part o' the shore for a certain toonship. An the sam wae the building

o' the dykes, hud wud be in the toonships as weel. **"**

Tommy

~

The sheep dyke, built to keep the native sheep off arable land, needed regular maintenance when damaged by winter storms.[1]

"The dyke wus divided intae toonships, good and bad ye see. You'd git a good piece o' dyke, an a bad piece o' dyke. Bit hud wus also divided intae each hoose. Oh god in that days hud wus measured oot in paces fur each hoose, oh aye. At that time ye kept yer own bit aal the time. Every hoose wud hae some piece o' dyke right aroond the island. Ye dud'na git whit wus in front o' yer own ground. Thurs certain parts o' the dyke thats more affected by the sea

Rebuilding the sheep dyke after storm damage.

than others, so hud wus tae git everybody good an bad alike. An hud wus the same fur the tangles, the seaweed, hud wus aal put intae hoose shares. **"**

Tommy

~

Each toonship had an area of the coast line and boundary stones, or 'marches', were used to mark out each area.

"The island wud been divided, hud wus Linkletstoon, an than Hooking across there, an than Bridesness an than Bustatoon an Howar. An than roond this wey hud wus Linkletstoon again, an than the North End, an than Abby. Oh hud wus extremely well divided up. **"**

Tommy

~

Seaweed was a valuable resource and equal division of the foreshore was essential.

"Yer tangle right, an yer ware right wus on your toonship. If ye wur liv'an in Linkletstoon, your maet (share) hud tae be in that toonship. Ye wur'na allowed to go to other toonships. Hud wus pretty fair. You could'no think you hud much better seaweed than the next. An if somebody had a worse bit there, they might hae a good bit further doon because you hud lots o' bits on the stretch o' the shore. You maybe hud ten different places you could go tae. **"**

Tommy

~

Ware had multiple uses: as manure for the land, to burn into kelp and to sell as dried tangles, all crucial to the income of each croft.

"On the shore, hud wus different each winter because o' the sea, an depand'an on the tides an the kind o' winter. So if you hud a share here wan winter, you might hae a share up there next winter. An that wus tae give everybody a fair share an tae treat everybody alike. They could only gather in thur own in toonships. We wur on Linketstoon an we could'na go doon

here at the North End tae work the seaweed fur tangles. Linkletstoon jist stayed doon at Linklet Banks. Hud wus called a maet, the bit that belonged tae them. **"**

Tommy

~

This ancient system dates back to a time before measuring tapes were available. Each islander's share was called a 'maet' and although the system was complicated, it was a democratic process with meetings held each year to discuss the division.[2]

"The meeting wus doon at the shore. They wud jist say, huds the time o' year fur start'an doon at the banks so we'll aal meet doon there at such an such a time. An than they wud put the stones ap fur thur marker, they wud pace it aal off, an than ye wud hae wan lot o' tangle maets, an a double March put here, an a double wan there, an than hud wud be the next lot. An depend'an on the size o' the maet that you hud, if hud wus a good part o' the shore, what you wud git wud be smaller, you might git fewer paces. If hud wus a poorer part, ye might git six or eight paces. **"**

Tommy

~

Disputes among the islanders were uncommon and only arose if there was outside interference. When Alginate Industries Ltd tried to increase the quantity of tangles produced in the island, it was not well received.[3]

"Everyone kept pretty good tae thur own, they dud'na want ony alterations. I mind at wan stage they wanted a free for all, but that dud'no go doon well, nope! The fowk dud'na want that, but the tangle company thowt hud might git more tangles put ap. Fur an aulder person could claim thur tangle right, bit they could'na git the same amount o' tangles ap. **"**

Tommy

THE SCHOOL

In the late 18th century, the minister Rev. Clouston noted a high level of literacy in the island, commenting that, 'almost all the young people can read'.[4] Reading has always been important in North Ronaldsay. In 1954, when the Orkney Library started a lending service to the outer islands, the island was the first to respond, with 44 of the 46 households taking up the offer.[5]

"I mind me faither tell'an me thur wur ninety bairns when he wus gan tae the school. An hud wus only a pupil teacher that he got in the first o' his time, a Stronsay man. Bit he remembered that man better that some o' his teachers. Learmonth wus the name, an he went tae New Zealand an I remember him writing tae me faither in the 1930s. Ye know cross multiplication, me faither got hud. I niver got hud, I mind him an me oot measuring squares o' metal an I wus work'an hud oot wae decimals. God me faither wus done hud in a quarter o' the time, wae cross multiplication, an he got hud fae that Stronsay man."

Sydney

~

In the early 1900s, schools were very different from today.

"An in those days you hud tae buy aal your books, till you got intae standard six, than you got them fae the School Board. An you hud your slate pencil an slate. A'll tell you how wealthy they wur in those days, wae wur going tae school an you needed a lead pencil, an a lead pencil wus a penny. Wae cam tae Mr Scott at the shop there, you an your pal, a half penny each, laid them on the counter, half a stick o' lead pencil. An auld Willie wud cut the lead pencil wae his pen knife, then sharpen both ends, an there ye are, half penny each. Bit most o' the wark wus done on the slate, an ye jist wiped the slate an started again. An thur wus racks on the desk tae pit the slate in when you wur finished. An a bit o' a holder tae pit yer slate pencils in. Bit when ye got intae Six an Seven, ye got jotters wae paper an then hud wus aal written doon wae a lead pencil."

Willie

Due to the isolation of the island, teachers didn't always stay, and islander James Thomson often stood in as a temporary teacher.[6]

"Ach the teachers wur'na bad, thur wus an English man wus here first, cam fae Lancashire, a man ca'ad Fred Robinson, an his wife wus also a teacher. An I remember Jimmy Thomson wus been teach'an till he arrived, an he cam wae the sail bot tae Bridesness, an they wur comman ap the road, an Jimmy hud aal the classes in the playgroond tae meet him, everybody stand'an by themselves, an Jimmy, he wus stand'an beside the bigger boys. An the new teacher himself wus jist a wee chap, his wife wus much taller, his head wus aboot her shoulder. So Jimmy jist looks tae them comman ap, an he says, 'Boys behold the long an the short of hud!' Wae hud trouble tae keep from laughing."

Willie

~

And ministers would also take classes.

"Wae wore small frocks, an little pinnys tae school at that time. An I mind me hiv'an a nice white wan on wan day, an the minister wus teach'an that day fur the teacher wus awey I think. An he took this pinny tae clean his glasses, an I mind the ither bairns sniggering, ah bit he said they dud'na need tae laugh, fur he dud'na see anybody else wae as clean a pinny as I hud. An I thowt hud wus a grand fun on them. Hud wus a woollen frock underneath, an a pinny on the top tae keep hud clean."

Tia

~

Not all teachers were helpful and supportive.

"An hud wus'na so bad first I wur at school, bit than we hud Flett fur a teacher, an he wus gey awkward. I wus jist gan intae whit wae ca'ad the muckle end than an I hud fower years wae him. He gave us the like o' algebra, an geometry, an maths, things wae wur'na used wae. He hud no much patience, if ye made mistakes, ye got the strap, ye dud'na jist git the strap for mischief, ye got hud when ye made mistakes. Hud happened every day nearly, depend'an on the mood. He geed awey jist a the stert o' the war. I geed on tae the school efter I wus fourteen an I wud'na let him gae me the the strap than, I wudna howld oot me hand tae him efter I wur fourteen. **"**

Peter

~

Some children were even punished on their first day at school.

"I went up wae me sisters tae the school, an wae wur late, an the teacher wus'na very pleased, an they aal got the strap. I hud two pockets in me little pinafore, an I put me fingers in me pockets so he could'na gae me the strap. An he took me, an put me ootside, so I jist went home again. I remember that, that wus the beginning o' me school time. Bit I niver got the strap, fur I niver took hud that time, an I niver seemed tae git hud again. That wud been a Mr Glass, he wus here fur a number o' years. I niver had him, he wus in the

big room, an I wus in the smaal wan. Thur wur two teachers at the school than, wan in the primary an wan in the big room. Wur teacher wus a Mrs MacKenzie, shu wus a North Ronaldsay lady, I think shu wus whit they ca'ad a pupil teacher at that time, shu wus a very good teacher bit shu used tae smack the back o' me hands, I can remember hud fine. I kinna mind whit I wus smacked fur, hud wud been writing I think fur I wur a terrible writer. **"**

Tia

~

The North Ronaldsay school was situated in the South End of the island.

"I went tae the school in the Sooth End, an huds aboot three miles, an I walked there in aal kinds o' weather, no dinner, ye got a piece in yer pocket, an milk, if ye had it, an sometimes ye dud'na. **"**

Sarah D

~

It was a long walk for very young children from the North End of the island, and because of the journey,

Children on their way to school.

they started school a year later than the South End children.[7] Children were often soaked through on their way to school in the winter time.

> Ye see, i' the North End, they cam tae the school in the morning an they wur there the whole day, an aal they hud wus jist they hud some milk, an a bit o bere bannock, god hud wus a long day tae them. They hud tae walk there an walk back. I mind a teacher here, shu wus English, Robinson, shu thowt a pity o' the lasses, fur they hud no much tae school wae them fur their dinner, an they hud no room tae stand in except that peedie bit o porch. Ye see, here on this Sooth End, unless in the very dead o winter, we geed home fur wur dinner.
>
> **John T**

~

The average number of children at school after World War 1 was around seventy.

> We really had quite a good youth, more so than what they have now in the island, but then we had the numbers. In my class at school there were nine others, six girls and three boys. There were two rooms in the school and they were both full.
>
> **Bella**

~

At break times they had a variety of games and activities.

> An wae played marbles i'the summer time, when the groond wus clean. Thur wus wan wae ca'ad Horses using marbles, an throw'an them up an catch'an them. Wans, twos, threes, fours, an cheapies. Ye hud the fower marbles doon there on the groond, an ye hud wan on the back o yer hand, an ye hud tae throw up the wan that wus on the back o' yer hand, an than catch up the eens that wus on the groond. Wae hud a lot o' games like that, aye.
>
> **Meeno**

~

Boys had their own games.

> I mind the lasses, they used tae play a lot wae buckies (shells) if they dud'na hae marbles,

they wur always work'an wae buckies. The boys dud'na play wae marbles, the boys wur generally play'an fitba or something o' that kind. When the groond wus kinda weet, wae used tae mak slides than, an skite along on hud. When the groond got dry, wae wud git an auld bucket, an run roond tae the tap at the tank at the back o the school, an git a lot o' water tae mak hud weet so ye could slip along.
>
> **Peter**

~

One catching game that was played across Orkney was remembered and played by both girls and boys.[8]

> Thur wus wan special game, Lee o' Lie, Lee o' Lie, that wus the name, an best knows whar that name cam fae. You hud the two walls o' the playground, thur wud be a dozen or twenty bairns there, aal on wan side, an two boys put out in the middle, an you hud tae run across then fae wan wall tae the other. An if you could git clear o' them, that wus alright, you could kerry on. Bit if they caught you, than they wur the escapees an you wur the catcher.
>
> **Willie**

~

By the early 1970s the school roll had fallen below twenty.

> There were twenty at the school when Caroline was there in 1967, and eleven when Thomas went there in 1972, so that was the change in five years. The older children were going to the school on the Mainland and had to leave the school here.
>
> **Christine**

~

After primary school, the only option for children who wanted to continue their education, was to leave the island.

> I hud two brothers an two sisters. I wus the only wan that wus'na at the Kirkwall school. The rest went, why I don't know. An they dud'na come back.
>
> **John T**

Many parents couldn't afford to send their children on to school.

> I wus fifteen an ye left school at fourteen. The girls at that time wud mibbe stay home fur two year or so, an than they went tae Kirkwall, intae domestic service. Than they stayed in Kirkwall a peedie whiley, than went a bit further doon tae Edinburgh or that wey. An thats the most o' whit wus. Thur wur wan or two girls that went tae the Kirkwall school when I wus gan tae the school, bit no the general lot, fur they could'na afford tae put them. The boys generally went oot tae ferm work, thur wus'na many o' them went on tae the school either.

Meeno

~

And often parents needed their children to stay home to work on the farm and in the home.

> We were at school together me and Morag, we used to get into all kinds of mischief. She didn't come into the school in Kirkwall, she stayed at home. She could have gone to the Kirkwall school too, I don't know why. You had to pass this day school certificate then to get in, and she had her certificate, but I suppose they needed her at home to work.

Maimie

~

Children who continued their education had to travel to the mainland of Orkney, and could only attend secondary school if they could find accommodation.

> Thur wus the old Hostel, up Scapa Road, an thur wus two beds in a room I mind. An some stayed wae relations bit thur wur some years that the school wus full up and they couldn'a take them an so some went tae Sanday. Lottie went tae Sanday because she hud her auntie there, and some went tae Finstown, Margaret went there because she hud relations in Finstown. And the rest o' us, that dud'na hae any relations wur stuck.

Tommy

THE CHURCH

The island often shared a minister with neighbouring Sanday, but in 1840s it became a parish and a church and manse were built.[9] During the following years the ministers understood the difficulties faced by islanders.

> Tammy, Tommy's father told me that they all went to the Kirk on a Sunday and one year , they'd had a terrible harvest, nothing but rain and no crop was in, and Sunday was the first good day for a while. At the start of the service, the minister stood up in the pulpit and told them, 'Go home men and take in the harvest'.

Christine

~

And were willing to support the island in any way they could.

> They wur the only learned men in the isle you see. They wur here afore thur wur teachers. I niver knew teachers do'an ony doctoring, bit the ministers did fur a long time. They wur educated men in the first place, an hud been through university. They could understand whit they read, an some o' them even took a six months course in medical matters, tae treat the people in North Ronaldsay. An they wur the only doctors that were. That ministers niver took ony money though.

Sydney

~

They also took a practical approach to supporting the community; in 1900, the Reverends Grieve and MacPherson secured a trained nurse and in 1914 Reverend Forbes obtained a resident doctor for the island.[10] As the population continued to decline, it became increasingly difficult to attract a full time minister. From the 1950s onwards a series of lay preachers spent time on the island.

> We had two very good deaconesses that were as good as ministers. The first one I remember was excellent, she was here for five years, if anyone was ill, she would sit up with them. She was a kind woman, every baby that was born,

she would knit for them, they all got a knitted cardi or something. 〞

Christine

~

By the 1980s this had stopped and church services were recorded by the minister in Sanday and sent to the small congregation to worship together.

THE WAR

During World War 1 over thirty men and women were recruited and those left behind felt the impact on their daily lives.[11]

〝*In the first Wurld War thur wus an auld man at Purtabreck there, an he wus been work'an awey wae his horse aal day an he wus gan tae water him afore he pat him in the stable at night. An he cam in the stable door, an opened hud an pat the horses in, an he could'na see very weel an thur wus an auld lantern there, an he jist lighted her. An the door wus open so the light wus jist sheen'an (shining) straight oot in tae Linklet Bay. An boy, hud wus only a matter o' seconds before hud wus like day, a search light switched on him, aff o' a war ship oot in the bay, an hud stood sheen'an on him, an hud dud'na shift till he pat the light oot.*〞

Tammy

~

Islanders still remembered the devastating effect of the flu epidemic that followed the war.

〝*That flu epidemic, hud chilled (killed) fowk here, oh yas, yas. Thur wur only two men in aal the Nort End that wus able tae go aboot. Me grandfaither niver took hud, an the next door neebor at Quoybanks. An they hud tae go roond an mak cattle food an aal, yas. You see hud wus a bad time o' year fur the cattle wus'na oot. Oh hivens they died, yes. Thur wur eight that died within a week or twa. Bit ye see thur wus more people here then than whit wus in the last war, certainly.*〞

Tammy

~

Then, during World War 2, the islanders faced the danger of unexploded bombs which washed up along the coast.

〝*Wan here, anither there, anither east o' Westness, twa at the North End, wan at Eastbanks, wan at North Gravity. Alfie Swanney, his faither and mither, god they hud aal the gless o' their hoose window right in on them in the bed at night, an yit they got no harm. Thur wus metal that cam fae wan, an thur wur great big chunks o' metal jist driven i' the grund, that wud been fae ower a mile awey, hivens yas.*〞

Tammy

~

Local men were employed to patrol the shores. Many windows were broken and parts of the beach and sheep dyke were scarred by explosions.

〝*Thur wus wan that went off in one of our fields and it took great pieces oot o' the dyke. Aye, an wae hud a mine that exploded east o the house, my father saw hud comman in, ye see thur wus no lighthoose lit at the time. Bit in the moonlight he saw hud, an he thought hud wus a barrel, an he wus keen tae go doon, but he thought he better wait until hud landed. An at high water it went bang, hud wus jist a sheet o' flames. Hud wus in the days o' poultry and we hud hens an hen hooses jist above the dyke, an hud wrecked some o' the hooses, an hud killed hens. I mind wae hud a lot o' white leggats, an they wur jist turned a smoky grey colour. They wur so scared, they came home tae the hoose an thoy wud'na go back fur some time. An hud took a great big slap oot o' the dyke so wae wur lucky wae missed the real blast.*〞

Helen

~

Due to Orkney's strategic importance as a base for the Royal Navy, black out regulations were very strictly applied.

〝*Oh thur wur no lights, no lights, no lights. The second war wus much more restricted than the first een.*〞

Tammy

All the lights in the island had to be switched off, including the lighthouse. Special Constable John Tulloch from Hooking was in charge of ensuring regulations were followed.

"Well of coorse the lighthoose wus out, unless there was a convoy passing, an the white bands wur painted battleship grey, aye. An in the blackout, blinds wur used, thur could'na be any lights ye see fur attracting the enemy. Aye ye dud'na dare flash torches or do anything o' that kind."

Helen

~

A number of RAF personnel were stationed at Holland House which was unoccupied during the war.

"Thur wus RAF guys based at Holland House and they wur on watch fur the tower there wus used as a lookout fur enemy aircraft during the war. The German aircraft wur really easy tae identify fur they hud very rough sounding engines, really rough sounding. One came over wan morning when I wus gan tae the school, hud cam right down towards the lighthouse, an we thowt, oh the lighthoose tower, it'll go this time, bit nothing happened. An they thowt maybe the lighthoose wus left as a landmark fur the enemy coming ower. Hud wus so low wae saw the swastikas jist plain, god yes, hud wus scary. An they wur on the lookout fur the convoys too I wud think."

Helen

~

And the RAF men made a positive contribution to community life.

"They wur a very lightsome crew, hud wus in the days o' the home brew ye know so they fared no so bad I think. They wur good at put'an on concerts an they knew aal the latest songs ye see. You are my Sunshine wus one o' them I remember very well, an Lily Marlene, hud wus another wan. They wud perform wae the locals, they fairly took part in that kind o' thing. They wur great fun. An than they wud come ap tae the school an give us drill. Thur

wus two o' them, Corporal Milton an Corporal Durham. They hud us marching an standing tae attention, an aal that stuff. Wan wus very strict, wae dud'na like him so much. The ither wan wus easier."

Helen

~

The impact of working men being called up to fight was more acutely felt on the smaller crofts.

"Oh yes, I mind the man at Scottigar, when he went awey, they wur short staffed there because his mither wus stone blind, an thur wus nobody at the hoose. Bit the neebors aroond helped and they rout (worked) wae them."

Peter

TRANSPORT

Robert Rendall, the Orkney poet and naturalist wrote after a visit to the island in 1953,

Going to North Ronaldsay is, even to an Orkneyman, something of an adventure. People go to Sanday and Westray: they get to North Ronaldsay.[12]

~

Until the advent of air travel, getting to North Ronaldsay was a long and often unpredictable journey.

"There wasn't much gallivanting then, hud wus jist visits that wur necessary really. The steamer, that wus wance a fortnight, an the bot through Sanday fae North Ronaldsay, hud wus jist a small mail bot across to the Black Rock, in Sanday, an then fae Ketteltoft, an then on to Kirkwall with the Orkney Islands steamer. Thur wus a mail service twice a week in the winter time an three times in the summer."

Hugh

Isabella Swanney, interviewed just after her 100th birthday in 1985 shared the extent of her travels during her long life.

"A'm been in Kirkwall and a'm been in Sanday, an a'm been no further. Kirkwall wus very nice, an

I stopped wae me daughter. I wur'no in Sanday very much, jist wance or twice, bit I wur'na awey very much. **"**

Isabella

~

Islanders didn't travel unless it was necessary.

"I had to go to Kirkwall to get my tonsils out and I was terrified at the idea of leaving the island, it was familiar, and Kirkwall seemed a long way off. We travelled by post boat and steamer, the Sigurd, once a fortnight, Jock o' North Ness, he was the boat man. Once the post boat wasn't work'an, and we went by sail, and it was the most wonderful trip in the world. A calm day and green water rippling over the sand, it was glorious. I always remember that trip to Sanday, I thoroughly enjoyed it. We landed at the Black Rock and then Jimmy Guthrie took me by bus through to Kettletoft to wait for the Earl Thorfinn, the inter island steamer that would take us into Kirkwall. If we were lucky enough to be on the Earl Sigurd, we went straight to Kirkwall.**"**

Sybella

~

The lack of a safe harbour made travel difficult.

"Thur wur no pier as such fur a ship tae come in tae. The ship that did come in wae coal, she anchored oot in Linklet Bay, an the coal wus tipped oot fae the side o' the ship, an hud nearly pat the bottom oot o'the bot. An when they cam ashore, the bot could'na come in ye see, aal the horses an kerts backed oot intae the sea right ap tae the horse's belly, an the coal wus discharged in the kert than. Oh hud wus a precarious job at the best o' hud.**"**

Sydney

~

The lack of a pier put the island at a serious disadvantage and eventually a grant was awarded by the Congested Districts Scotland Act.[13]

Loading cattle at the North Ronaldsay pier.

" *Oh weel this pier wus only built in 1902 or there aboots. Afore that thur wus a jetty there at the North End, at Bewan, an hud belonged tae the Lighthoose Commissioners. Sometimes a ship did come in there, a small bit o' thing, aye. Oh bit when the pier went on, hud changed aal that.* **"**

Sydney

~

Now ships from the Orkney Steam Navigation Company could carry merchandise, animals and passengers to the island. Weather conditions however were still a problem.

" *The steamer only went wance a fortnight than, if hud wus weather. An if thur wus rough weather, sometimes ye wud'na git a steamer fur six weeks, especially if the wind wus tae the sooth east. An I mind them git'an flour an sugar an stuff landed here wae the plane, in Fresson's time, fur the steamer could'na git here.* **"**

Peter

~

And islanders had their own way of letting the community know the steamer was coming.

" *They always used tae pit the flag up at Cruesbreck fur the steamer, tae let folk ken hud wus comman doon the Firth. Hud wus jist wance a fortnight then, so hud wus quite an occasion. Bit than in the winter, hud could be three or fower weeks afore shu cam.* **"**

John T

~

Cruesbreck was chosen as it was the highest house in the island. For children travelling to secondary school, the unreliability of the steamer was a problem.

" *Thur wus wance or twice the children niver got home. They got tae Sanday and they hud tae go back, or than they'd git tae the pier here, an the bot hud tae turn an go back because hud could'na tie up. Aye, fur the pier wus'na much use afore the new extension went on, an the auld bots wur no so powerful. Huds a lot different noo. Certainly the bot service is*

much improved, an the bigger bot can work at the pier in much worse conditions than what it could years ago. **"**

Tommy

~

It wasn't until the 1960s when an extension was built on to the pier, that the island managed to secure a weekly shipping service.[14]

THE POST BOAT

There was another ferry service, the Post Boat, which carried both passengers and mail. John Tudor who visited in 1883, expressed his admiration for the ferrymen who transported him to the island.

"A mail boat crosses once a week, weather permitting, with the bags from Black Rock. North Ronaldsay Sound is as exposed a bit of water, for open boat work, as can be found in British seas, and all the worse for the numerous rosts, which are created by the rapid tides which pour through it. Finer boatmen, however, than the two men who man the boat would be hard to find, and, during all the inclement winter of 1880-81, they never missed a week. Fancy open boat work, on a pitch dark winter's night, enlivened by driving showers of snow and sleet, amidst a ramping, raging, hurly burly of water, having to dodge a rost first, to the right of you, then to the left of you, and finally to hit a coastline, that, in daylight almost requires a microscope to see it, ugh, the very idea is enough to give you the shivers." [15]

The boat was operated by three generations of the same family, Johnny Tulloch of Ness, continuing on from his great grandfather Thomas.

" *Hud wus only an 'ooer (hour) bit hud could be a dirty 'ooer sometimes. I mind me gan home wan time fur New Year, an Johnny Ness hud been in Sanday wait'an fur two days, fur he could'na git home. An wae wur sit'an in the Kettletoft Hotel, an Johnny Ness wus luck'an at his watch, hud wus three o' clock in the efternoon, 'My' he says, 'Wur been here long enough, wur gan home noo!' So Jim o' Guthrie* cam an pat us tae the Black Rock, an whit wey he got home that day I don't know, by hivens hud wus a coorse trip, bit he made hud. An I mind me trying tae git the cran hook on tae the shackle o' the bot tae lift her up tae the pier an whit a job I hud. Bit he wus sure he wud make it before he wud go. That wus the Post Bot, an the Foam wus her name.**"**

John T

~

Passengers could get stuck or 'storm stayed' in Sanday because of bad weather and had to stay with relatives or friends until the weather improved.

"My father wus in Canada, fur his brother took ill oot there, an he went oot to be with him, an during that time his mother died. An when he travelled back home tae North Ronaldsay, he was storm bound in Sanday. An he wus stuck there fur longer that it hud taken him to travel fae the middle o' Canada back tae Orkney. Thats when thur wur no planes of coorse ye know, so he was very regretful that he wus'no home tae attend the funeral, but he dud'na manage it, the weather wus bad.**"**

Bella

~

The ferry service was originally powered by sail and oar, but in 1924 a new motorised mail boat arrived.

"Bit sometimes if the engine broke doon, hud wud tak them five hours tae cross. He hud the sails an the oars.**"**

Peter

~

And the boatman had the power to delay a journey if it suited him, particularly when the boat was carrying unwanted visitors to the island.

"Thur wus that time the inspector wus comman oot tae inspect the sheep dipping wae Johnny Ness, an god the engine broke doon half wey across the Firth. An he made damn sure hud dud'na start until they wur feenished the dipping, hud wus dark when they arrived.**"**

John T

After the Tulloch family retired, the service was continued by brothers Hugh and Tammy Thomson.

"I wus nine an a half years carrying the mails atween North Ronaldsay an Sanday wae me brother Hughie, hid wus grand sport in the summertime. Bit in the winter, thur wur days when ye could'na git back fae Sanday, an ye hud tae stay the night an mibbe the next day, yas. Thur wus a small bot that you hud tae go intae afore ye cam tae the beach. Thur wus no jetty, thurs a new jetty there noo, bit hud should been there a hunder year ago, oh most definitely.**"**

Tammy

~

And the lack of a suitable landing place caused difficulties for travellers and boatmen.

"Ye see, wae hud long rubber boots, thigh boots. Weel when ye went ower tae Sanday, wae took the bigger bot up as far as we could git her, bit ye see the passengers could'na git oot dry shod, so hud wus whit we ca'ed piggy backs, ye chen whit I mean. Ah weel, hud worked weel enough, bit some o' the ladies, they slipped doon. An thur wus wan day wae hud a right fun. Hud wus a nurse that stayed there at Garso, an hud wus Peter that wus wae me that day, an he said something, an shu start tae laugh, an hud wus jist touch an go that hud wus'na jist plump in the water wae her. So I gave her a right heugh ap, tae mak sure, ye hud tae dae hud afore ye started tae walk. An I heard a rip like a tear in a piece o' canvas. Shu cam high enough on me back the next time! An we hud her back the next year an shu fairly minded hud on, bit shu dud'na hae so mony skirts on that time, no, no, oh hud wus grand sport.**"**

Tammy

~

When the Post Boat reached Sanday, she had to be anchored off shore as there was no jetty for her to tie up to. Passengers and mails had to be transferred from the boat to a small 'praam' boat that could land on the shore.

Johnny o' Ness , with his bike, going to the Post Boat by row boat.

"It was a far longer journey with the Post Bot because you had to come by boat from Leith, and then the Earl Thorfinn to Sanday. Then you had the Post Boat from the Black Rock, and Tammy and Hughie took you, and when you went back to the Black Rock you got carried by piggyback because it was ebb tide, and he just picked you up and slung you across his back. I thought it was incredible, I'd never seen anything like it before. And you got carried over the seaweed, and he sort of staggered about, and you got into the praam and he rowed out to the Post Boat. I remember once when I travelled with them, I got a slice of old Annie Bewan's dumpling because thats what they had for their piece, and they just handed you this great big slab of dumpling. That's when I was sixteen. That part of the journey took a good bit over the hour, but actually it was a very nice sail if the weather was alright. But then, when you got to the pier at this end you had to climb up these slimy steps or sometimes it was a ladder. I never thought about it then, but I would think about it now. I wouldn't have been very big or very heavy at that age but he must have had some heck of a lifts. And then people who came to visit you, like Ella my aunt, she got a piggy back on Tammy's back at the Black Rock jetty too, what she must have thought of it!"

Christine

Eventually, in 1964 a jetty was built at the Black Rock, but it was only in use for a few years as Loganair began commercial flights to the island in 1967.[16]

AIR TRAVEL

In 1934 inter-island flights were made by Captain Fresson who had established the North of Scotland and North Isles air service. There was a problem in North Ronaldsay because there wasn't a suitable airfield. The islanders, in a community effort involving sixty men, twenty carts, plus an army of schoolboys, cleared stones and dykes and an airfield was created.[17]

Captain Fresson with the first air mail service in Britain in 1939.

"I mind gather'an the stones aff o' the aerodrome. Hud wus super, a dyke wus teen doon atween two fields an ye hud tae gather all the stones. An hud wus aal done in a day or two. An than wae got a flip in the plane fur wur work. The auld fowk wur git'an a flight aroond the isle an I think hud cost fower shillings a trip, bit wae got a flight fur nothing, fur gather'an the stones."

Peter

~

The flight between North Ronaldsay and the Mainland took fifteen minutes and ran twice a week. Islanders became quite used to the service, adapting quickly to the new mode of transport.

An old lady of eighty taken from North Ronaldsay to hospital in Kirkwall, while quite at home in the familiar aeroplane, refused to travel in a car, never having been in one before, and a pony and trap had to be procured to take her from the airport into Kirkwall.[18]

~

However the feeling of being connected to the outside world was short lived, war broke out 1939 and ended both the mail and passenger air service. It was to be nearly thirty years before the service was resumed.

THE ROADS

In 1893 a report in a local newspaper, *The Orkney Herald* described the roads in North Ronaldsay as consisting of *'tracks that were quite unusable.'*

A petition was raised by the minister Rev George Grant, and money was made available through the Roads and Bridges(Scotland) Act.[19]

"Hud wus mainly North Ronaldsay men that did the roads. Sydney's faither, auld Johnny Scott fae North Manse wus the main man fur the roads. In fact I think most o' the roads, they wud aal geen on in John Scott's time. Ye see that roads only went on aboot the time o' the pier in 1900. Bit the Laird, he hud tae dae wae the routing oot o' the roads, an sort'an oot whar they wur gan. Thur wus a story here, afore the roads wur start, aboot the Laird's wife. An weeman in that days on horseback wus always sit'an side saddle. Weel, wan day her horse slipped an she fell aff o' hud an shu geed in a hole. So efter that, when the roads cam on, that piece o' road, hud wus start first, an the road fae Holland tae the shop cam on right efter that. Hud wus Willie Traill's wife."

Peter

~

With road and pier construction underway there was a shortage of men to work on the roads so boys were employed.

"Wae used tae break road metal,(stones) yes, wae used tae do it in the school holidays, even in the Christmas holidays in the cold wintery weather, me brither an me wud sit ootside o' the gate on the Westbanks there an brak metalling fur the roads. An wae would hiv aboot five yerd o' metal broken fur the roads, an wae got five shillings a square yard o' metal. Bit ye hud tae provide the stone an that fur hud yersel. If they provided the stone, an ye only broke the stone intae the metal, ye only got a half a croon fur a square yerd. They dud'na hae many men work'an at brak'an metal fur they wur aal work'an at the pier."

Peter

~

The main mode of transport was still horse and cart but once the roads had improved bicycles became popular.

"A lot o fowk hud bikes, thur wur no many cars fur a long time."

Beatrice

~

Cars were an expensive way to get around, only the big farms could afford to buy and run them.

"I think the first car that cam tae North Ronaldsay wud been the wan James Rendall hud at Holland Ferm. He left there in November o' 1939 tae go tae the Glebe in Birsay, an he took hud wae him."

Peter

SHOPS

Island shops provided more than essential supplies.

"Oh thur wur a lot o' folk, an thur wur a whole lot o' shops, thur wur a peedie shop at Nether Linnay. An at Seaside they hud a peedie shop, he hud the shop first at Senness an than he geed an he built Seaside. He lived there wae his wife, an he wus a good shopkeeper. The men used tae go ower at night fur thur tobacco an stuff, an they wud hiv stories they wud be tell'an, an me faither spoke aboot the wey they used tae play cards. Thur wus some o' them in the shop wan night, an they wur play'an cards, an this auld fella, he wus lost this time. He lost onywey, bit when they wur feenished play'an, the auld man fund oot he hud been sit'an wae his back tae the mirror, so a' body sit'an at his side could see aal his cards in the mirror. He wus awful mad aboot hud surely."

Beatrice

~

And they were important places for islanders to meet up and enjoy company.

"I'll tell you what I loved was the shop and all the people coming. It was a gathering place in the evenings and it was really cheery, shop work's great for company and meeting people."

Bella

~

"Hud wus very different then, ye know thur

wus more tae visit, an more young wans tae get together, an time seemed tae go past. The aulder generation got together in the evenings in the shop an spent time telling stories. That wus very common in the evenings then. Some o' the aulder wans wud git together in the shop an huv a yarn till midnight and mibbe later fur that matter. ”

Hugh

SKILLS AND TRADES

As travel to and from North Ronaldsay was limited, the community had to depend on the skills of its islanders.

"Going wey back, oh aye, thur wus the man wae the loom, he wus a weaver, he wove blankets up at Breck. Thur wus Upper Breck an Nether Breck , I mind two sisters in Nether Breck. An the Captain, he wus a son o' the weaver. They hud seven children an they aal lived intae thur nineties - at wan time , thur ages tallied eight hunder plus years. An they aal started aff in a peedie hoose there, an the father didn't have enough ground tae keep a cow. The neighbours gave them milk in return for the weaving. ”

Tommy

~

The need to be self sufficient lasted longer in North Ronaldsay than elsewhere in Orkney.

"At that time thur wur a great lot o' tradesmen in North Ronaldsay, thur wur blacksmiths, thur wur joiners, thur wur saddlers, thur wur wan o' the saddlers went tae Westray an lived his life in Westray as a saddle maker. Thur wur jist wan blacksmith that ever I saa, bit thur wur several men who could do blacksmith work jist the sam. The wan blacksmith that I mind, he wus work'an at Scotsha, an the forge is there yit. An when the last blacksmith died wae wur left destitute an thur wur no blacksmith. An therefore thur wur nobody tae shoe horses, an wae hud nothing but horses at that time.

Than everybody hud tae shoe thur own horses. Bit wae could turn wur hands tae quite a lot o' jobs. ”

Sydney

~

And there was a make do and mend approach to material goods.

"Thur wur no man, in my time, that made shoes, bit then again they could aal mend shoes. Thur wur a man here that specialised in mending shoes at Greenspot there, Peter o' Neven's faither, an he made a grand job. Hud wus a real pleasure tae pay him, an he dud'na tak half the money that he should. Bit he certainly could mak a job. Weel ye see, he hud the tools o' a shoemaker. An Charlie Greenspot, he merried intae Greenspot, an therefore he hud the auld man's tools, an he wus a cobbler right enough. ”

Sydney

~

There were several tailors and seamstresses on the island. Jeannie Thomson from Neven was a very talented dressmaker.

"I can mind Jimmy Holm saying he hud a suit he bowt fae Davie Eunson in Kirkwall, who wus jist supposed tae be a perfect tailor. An that wus the days when men hud a coat, trousers an a waistcoat tae match. Bit Jimmy smoked a pipe, an when he pat hud in his pooch, hud burnt the pooch. So, he wanted her tae mak anither waistcoat, fur he hud some extra material. An shu made hud, an shu wus very pleased wae hud, an so wus he. An Johnny Barrenha wus in wan night, an Jimmy asked him if he could tell which wan wus made by Jeannie an which wan wus made by Davie Eunson, an he could'na tell the difference. ”

Annie

~

But as with all things, the islanders had to multi task and turn their hands to any job that was required.

"I always mind the wan day shu wus cut'an oot a auld frock tae me, tae mak a skirt oot o', an wae wur oot in her peedie workshop. Hud wus a

Sunday, an shu wus measuring hud oot an aal, an I mind auld Willie comman by the window an say'an, 'Lass whit time are ye gan tae flit the kye? fur huds time they wur flit.'"

Annie

~

Families who were stationed at the lighthouse brought useful extra skills to the island.

"They did quite a lot to help the islanders as well. They would do painting and joiner work and all kinds of work wherever it was needed. And at one time you couldn't be a light keeper unless you had a trade, so they all had a trade of some kind. My grandfather was a lightkeeper, and he was very skilled, he did marquetry and made all sorts of lovely pictures and my mother had a beautiful workbox that he made, he made all kinds of things."

Maimie

~

Since the automation of the lighthouse, these skills are no longer available.

CONTACT WITH OUTSIDERS

Despite transport difficulties, some salesmen and women managed to make regular visits to the island.

"An the tinklars used tae come oot tae, they made tin buckets, an they wur right bonny tin buckets. An fowk bowt them fur milk'an the kye intae. In the summertime they wud be oot fur a blinky, Mary Nowlan and Geordie Nowlan an Issac Nowlan, aye."

John T

~

The Newlands were a family of travelling folk who went around Orkney making and selling tin utensils. And as well as goods to sell, they told stories to entertain the community.

"Wullie Nowlan, he wus in Shetland wan time, an they wur great storytellers ye see. That wus part o' thur job wus telling stories. An he told me faither, he spoke there in Shetland, a whole

day he said. Hud wus a Sunday, an he said he told a lot o' damn lies the whole day, bit they believed him. Than when he told true stories, they told him he wus a damn liar! He told them thur wus a minister in North Ronaldsay that wus blind an could preach a sermon as long as they liked. An he told them thur wus a North Ronaldsay man, blind, that built a bot, an that wus the only two true stories he told, bit they wud'na listen tae him."

Sydney

CELEBRATIONS

Community entertainment was very much part of island life in North Ronaldsay.

"North Ronaldsay always celebrated everything, whether it was the Jubilee or the Coronation, whatever was going on, they were very much in touch. And every Christmas we had a concert, and all the wee ones took part, and as they got older, they took part more and more, and the adults took part as well. And of course when the concert was over, they had it cleared and we had supper and dancing. The beauty of the dancing was that the fathers and mothers, uncles and grannies, they were all there, and they could teach us all the old fashioned dances, it really was an education in itself."

Maimie

~

Outside activities were also great fun.

"We always had the picnic in the summertime, there were races of all kinds and of course we had tea and it usually ended up with a football match and then a dance in the hall at night. The whole island was involved and they had the high jump and running and the three legged race and the sack race and the bairns were all divided into different grades according to their ages. And we had tea served there and it was usually a very enjoyable day and we all looked forward to it."

Maimie

And in the summer there were always visits from family members.

" And another thing we enjoyed was people coming on holiday because it was girls of our own age that could teach us new games. We looked forward to the visitors coming, it was just super. They would mostly be cousins or second cousins or relatives, people belonging to North Ronaldsay or relatives of people who were there. People who had been born there coming back. It was an enjoyable place to be brought up in I would say. "

Maimie

~

The winter time had its events as well.

" The Burns suppers Flett hud wur in the school, they tried to have them aboot hands wae a full moon, so they could see the road on the wey home. An they hud lots o' speeches, an they hud a thanks tae aboot everything ye could imagine, tae the island, an tae 'in comman' fowk, an everything. "

Beatrice

~

The Burns Supper, first held in 1933, is a tradition that was revived in 1995 and it continues today. Most island events, picnics, concerts and inter island football matches had a dance afterwards.

" Oh yes, the dances wur generally doon in the kelp store then, Jist at the pier. An thur wur a great lot o' dancing aroond the barn o' Holland. I mind the fiddle here and them play'an the melodian. Than ye see when the hut cam, the Memorial Hall, hud wus used fur dances than. Aye, an the harvest homes wur started efter the hall geed ap. Afore that, the Beggs wus here at Holland, an wae used tae to go ap there an single neeps wae them, an they hud a harvest home efter that. "

John S

~

The Memorial Hall, built in 1920, was the venue for many events, a much loved building, it stood as a reminder of all island men lost in the Great War and then in the Second World War.

" When that hall geed up, an aal the young men cam hame fae the war, thur wus something in that hall every night. Wae hud a dance every fortnight an they did the usual dances, the Scottische, an the Three Stepped Polka, an the Quadrilles, an the Rory o'More, an the Flooers o' Edinburgh, an aal that sort o' eens. They hud a good selection o' dances ye ken. Wae hud the fiddles an the melodians, thur wur a lot o' good fiddlers an wans that could play the melodian very weel. Then hud petered oot, an thur wur no fowk tae dae hud. "

Meeno

~

Much of the islanders' entertainment took place at home within the family.

" We played cards at home, an wae hud a melodian. Afore me mither died, shu bowt a melodian fur us, an most o' us could play a bit. Bit if ye wur auld enough, ye hud tae tak the stocking knitting in yer hands tae. Aye, so we hud a fair good time when ye look back on hud, hud seemed a fair good time. An a'm seen us, in the evenings, when ony o' the neebour girls cam in, wae wud hae hud a dance on the floor. So hud wus different aal together. "

Meeno

~

With big families, there were plenty of people around to play music and games.

" We hud some good nights. Well thur wur far more going atween the houses then that whit thur is noo. And because they dud'na have televison or anything like that, ye jist made yer own fun. Hud wus great fun and everyone came in an ye sat and listened to the old stories an hud wus very entertaining. "

Sarah K

~

There were also storytellers in the community and they kept the children entertained.

"You see in the auld days noo, thur wus no wireless, no television, no telephone, so you hud tae depend on yer own amusements, tell'an stories an auld tales. A'll tell you, they wur listened tae jist like the gospel nearly. You hud tae mak yer own amusement, an they wud tell beautiful stories tae. An you wud git auld stories aboot mermaids, an witches, oh aal that sort o' thing. A'll tell you thur wus an auld chap, by the name o' Cutt, Johnny Cutt. That man, you know, och if he'd hin the learning he'd been an author as good as ony, easy. Oh I mind auld Johnny Cutt o' Peckhole. You see when we wur gan tae the school, he wu be comman tae the shop, an we wud gether roond him an git him sit'an in the ditch there, an the stories he wud tell boy, fairytales an aal kinds o' stories. Wan night we delayed that long wae him, til auld Willie Scott, the shopkeeper, cam oot on the road an he says, 'Hud'll be dark afore ye git hame boys.' An he says tae auld Johnny, 'if the teacher got as much attention fae the boys as thu gits, they'd be good scholars.' 'Ah bit,' says Johnny, 'Are the teachers teach'an them the right stuff min,' he says."

Willie

CHRISTMAS AND NEW YEAR

Christmas was referred to as Yule in North Ronaldsay and began on the 21st of December, finishing on Auld New Years Day, January 13th. Each family would kill one of their native sheep for the festive period, a tradition that had continued since the 19th century.[20]

The 'yule' sheep provided both savoury and sweet treats.

"Weel we hud the best that they could gae us, an we wud hin a dumpling mibbe, an wae always hud a bit o' mutton, ye always looked oot tae hae a bit o' good mutton fur the Christmas an the New Year. An wae hud treacle scones wae a few currants in hud, wae always hud some little thing ye ken, wae wur niver fairly bare. An a'll tell ye whit we generally hud tae, when ye boiled a bit o' mutton in the pot, ye got a good bit o' fat aff o' hud, wae made shortbread oot o' that fat, aye, Christmas shortbread. An am seen me auntie, shu wud teen us doon fur wur tea at the Christmas time, an shu always hud een o' this shortbread, an she stabbed hud on the top wae that roond sweeties that used tae be at the shop, some hud cloves in them, an some hud bits o' caraway seeds in them, an she wud hae the top o' her shortbread aal adorned wae that. Oh hud wus grand, an we thowt hud very grand."

Meeno

~

Children didn't get much in the way of Christmas presents, what they did get, was valued and treasured.

"Wae dud'na git sweeties very often. Wae usually got them in the stocking, hud wus a great time. Wae'd git an orange an an apple. Wae used tae git a little quarter pund o' caramels in little tins, an thur wur always a bonny picture on the tap o' this tin, an wae got that in wur stocking at Christmas. An a'll tell ye, that tin wus well looked efter, an hud kept pencils an rubbers or crayons or something fur a long time efter."

Annie

~

Every year a Christmas party was held in the Memorial Hall for all the schoolchildren on the island.

"An the Laird used tae give us a treat every Christmas, and his man used tae git together the folk tae git this treat ready fur the bairns. And we used tae git a book from him too. Thur wus a party, he wus'na here, bit he saw that we got hud. An wae got all kinds o' stuff tae eat, an wae got a bag wae an apple, an oranges and all kinds o' sweets tae tak home wae us too. We never saw an apple or an orange except at Christmas time. We used tae go intae the shop when we wur kids, an wae used tae smell the oranges and the apples, an wae thought hud wus great. Hud wus the only time wae ever saw them wus at Christmas time. Now they're here all the time."

Sarah K

The main celebration of the season was at New Year

"Efter the Christmas celebrations wur by, aal the fowk brewed, an than they celebrated, wae dud'na see so much o' hud though. The fowk cam roond, an wae saa them comman fur a drink o' beer, an gan oot again. Ye dud'na brew fur Christmas, mibbe wan or two o' the bigger hooses that thowt themselves big hooses, they might hae brewed fur Christmas, bit hud wus generally the New Year they brewed."

Meeno

~

And food was specially prepared for visitors.

"Weel they held Hogmanay more than Christmas. They wud hae a big dumpling, an thur wud be mutton roasted fur Hogmanay. Ye hud puddings, some liked hud, an ye hud brewing done. They niver hud any hard drink at New Year, hud wus jist the homemade ale. Thur wur no cars, so hud wus jist walking fae hoose tae hoose. A'm seen this hoose jist full o' people, an fowk stand'an ootside. An this last two or three Hogmanays, a'm niver seen a soul, weel fowks can no come when thur so much aulder, thur no able tae go."

Annie

~

Every one stayed within their own toonships.

"The New Year centred aroond the toonships. On Hogmanay night they used tae go from hoose tae hoose, an as they went, they collected all the men folks that wur able tae come. An Trebb here wus the last hoose in this toon, an it was very jolly and nice, I have very happy memories o' that. Home brew wus the only alcohol, everybody made their own home brew in those days, an I can remember great fun when they used tae come here. I suppose they mibbe had cups o' tea an that, bit nothing elaborate."

Bella

~

New Year was a time for men, rather than women, to celebrate.

"The New Year wus a big celebration. The men used tae go roond drink'an beer an eating mutton. An the women hud tae be sure tae huv plenty o' mutton boil'an. Hud wus the men that hud the good time then. They enjoyed themselves, an they went fae hoose tae hoose, an they got a clean hoose when they cam in, an than the hoose wus all dirty again when they left, an the women hud tae start an clean again when they went oot!"

Sarah K

~

A traditional song, The Now'er Sang, was central to the New Year celebrations and sung in the island up until the 1920s.

"They started fully afore New Year's day wae that, an they geed roond aboot the hooses sing'an at the door an when the the door wus appened they got a drink o' beer."

Meeno

~

It had been sung in Orkney, Shetland and parts of Aberdeenshire. A similar version was sung in Foula, the remote Shetland island, until the 1930s.[21] Sydney Scott's father, John Scott, was one of the men who used to sing the song, which starts with a blessing on the house and family.

God bless this bonny boardly bigging
We are a St Mary's men
Fae the steethe stane tae the rigging
Fur wur Lady

God bless the goodwife an sae the goodman
We are a St Mary's men
Dish an plate an pot an pan
Fur wur Lady

Several versions existed in Orkney but the North Ronaldsay song was the most complete and traditional in form. English rather than Norse in origin, many dialect words have found their way into the lyrics. The song dates back to the twelfth century and refers to St Mary's men, linking it to pre Reformation Catholicism. It ends, quite understandably after fifty verses, with a demand for food and drink.[22]

An the three legged cog thats standan fu. (full)
We are a St Mary's men
Fetch hud here tae weet wur moo. (mouth)
Fur wur Lady

This is the best that we can tak
We are a St Mary's men
An we will drink till wur lugs crack!
Fur wur Lady

" Aye weel the men visited every hoose in the toonship ye see an they hud home brew at every hoose an something tae eat, bit they hud tae sing this at the door afore they got leave tae come in. An they got plenty o' beer, as much as they liked, an an oatcake wae hud more than likely, an if they wur lucky, a bit o' mutton wus handed roond, bit mainly oatcake, spread wae butter. Ye wur treated in every hoose ye see, an a the men wur supposed tae tak sweeties tae the weeman. An hud wus everybudy tae thur own district on Hogmanay, you hud no business to encroach on anybudy else. An hud wus general aal roond the island. An they stert aroond fower o' clock in the efternoon ye see, an they wur done aboot twelve o' clock, an they aal went tae Westness, an hud a dance there. That was common practice than. Thur wus a store on the ither side o' Quoybanks on the beach there, an the Easting end o' the island danced there. **"**

Sydney

The Islanders

THE FAMILY

The island formed a close knit community with few outside visitors. A school inspector visiting in 1870 commented:

"I found eighty one scholars on the school roll, and only eight different names among the whole. Every man is a cousin or an uncle to everyone else on the island." [1]

This caused problems particularly when the islanders also shared forenames.

"Aye, everybudy hud a nickname, an the surname wus niver used. Thur wur that mony Swanneys an that mony Tullochs tae, too mony o' the sam. Therefore they got thur first name, wae the hoose name fur a nickname, an than ye knew who wus who. Weel thurs Johnny Barrenha noo an Willie Waterhoose, wae niver say Johnny Laverty an Willie Muir. An than Hughie Trebb, an Jeemy Greenwa,' an Wullie Neven, an on ye go. Bit huds always the hoose name that comes instead o' the surname. **"**

Sydney

~

Family genealogy was important to the islanders, 'Telling the Kindred' or 'Reckoning the Chindred', was the practice of reciting a family tree, giving details of births, marriages and deaths.

"The auld people wud be yarn'an awey, an a great thing in the evenings, five or six wud gather in the house, reckon'an ap chindred Oh they wud go back generation by generation you know. An then, if thur wus something they got stuck aboot, they could'na be sure, that man at Roadside, David Scott, well his mother, shu wus a Mary Thomson, an shu wus supposed tae be the best. They wud go an see her the next day, tae git the rights o' hud. An

if shu could'na tell them, than hud could'na be found. **"**

Sydney

~

Keeping an oral record of these details was particularly important in an island where marriage within extended families was not uncommon.

"The aulder anes cam intae the hooses, an they wud sit doon an yarn, an they wud start very, very far back, or they might start jist noo an go back, three or fower generations, oh hivens yas, hud wus a very comman thing. Johnny o' Claypows, he hud a memory, whit the auld fowk said, wus like a horse. An thur wus not a Thomson i' the kirkyerd that he wud not tell you the day an the date they wur born, jist stand'an in the shop. **"**

Tammy

~

Accuracy was essential, so the memory had to be exercised to keep it sharp.[2]

"Oh yes, oh they wur great fur this chindred business you know, well hud passed the time you see. A chum o' mine, Peter Tulloch, I mind him tell'an me, his grandfaither in his time, when they got tired o' reckoning ap local chindred, they'd reckon ap auld chindred in the bible, fae the Auld Testament. So he said they hud no trouble there fur they hud the Bible tae back them ap. Aye, they hud marvellous memories. Weel they hud tae depend on thur own memories very much at that time. **"**

Willie

~

And certain people in the island were known for their skills in this area.

"Oh, reckoning ap the chindred, Meeno at Upper

Linnay used tae be awful good. What made hud bad tae do wus when they wur twice married, an hud wus worse tae reckon oot, hud got ye more in a muddle."

Mary

~

The family unit was central to life in North Ronaldsay with extended families living together. Often newly married couples would move in with their parents.[3]

"A young fella an a lass got married, an this fella at that time might no hae a hoose o' his own. He wis liv'an wae his faither an mither, bit the couple jist got married an the woman hud a bairn, an the bairn wus browt up wae the grandmither an grandfaither. Than, say two or three years efter, he wud tak his wife home tae his hoose, bit the auldest bairn, the grandfaither and grandmother wud'na lave him."

Sydney

There was an acute shortage of housing, so often a couple would marry but continue to live apart, the wife with her family, the husband with his. The son of one couple who lived in two homes, called his father a *'two hoose dog.'*

The elderly were cared for by their children, ageing parents often living with young families despite the lack of space.

"An than me grandmither hud an iron bed in the ben o' the hoose , that stood at the north waa as we ca'ad hud. She slept in hud an she always hud a bairn in beside her, or mibbe two. Hud wus jist whar ye could git yer head doon an git tae sleep."

Meeno

~

And grandparents became responsible for childcare in the family.

"Weel I'll tell you the difference then wus that

Hugh and Annie Thomson with baby Sybella and Annie.

they hud a granny or a granddad in the hoose.
An the bairns wud hae stayed at home wae
thur grandparents. I remember me great-
granny and great grandfaither at Neven. I can
remember her at the hoose. Me faither an
mither wur awey work'an at scythe work, fur
they dud'na hae a reaper, an wae wur left at
home wae them. An when wae cam home fae
school, shu would hae this pot o' soup ready
for us. I wus the eldest, an I wud hae this soup,
an then I hud tae go oot tae feed the hens
before mither came home, for she wud be tired
then. **"**

Annie

~

Live-in relatives helped in many ways.

"The babies wud been in cradles, solid wooden
wans an the auld grandmither wud be sit'an
wae her foot on the rocker o' the cradle, an
hud wus gan aal the time. An shu wus knit'an
jist the sam as the cradle hud niver been
there. Hud kept the bairn asleep, aye. Hud wus
mostly the grandmither's job tae rock the
cradle, because shu wus jist sit'an. **"**

Sydney

~

With both parents out working, grandparents had
time to spend with the children.

"Me grandmither lived wae us, an shu wus
nearly ninety two when shu died. A'll tell ye shu
recited an awful lot o' bits o' poetry, an I can
mind a great lot o' hud at times tae. Wan wus,
whit sits on the mountain an sails on the sea,
fire cannot burn it, whit can it be? The answer
wus fog! Shu hud lots o' bits like that. Shu
wus an awful reader, books an papers. Thur
wus a paper ye got than ca'ad The Christian
Herald, aal little short stories. Hud wus a kind
o' a goodly book ye chen. Shu always read hud.
Shu used tae say, 'Empty vessels maks the
loodest soond. **"**

Mary

~

Grandfathers also helped with household duties.

Bella Cromarty remembers her paternal grandfather
William Swanney who was born in 1848.

"Well I remember my grandfather vividly. He
was a lovely person. He was a big, big tall man
with a white beard and he wore a cheese cutter
cap. At Gravity where he stayed, they used to
make the porridge every night at suppertime
for the following morning. I can see him yet,
sitting and stirring with this pauntree, a
wooden thing that they used to stir soup an
porridge or anything. You've seen the picture
of the man on the tin of Skipper sardines, well
he was just like that. **"**

Bella

~

Children had to help their grandparents.

"Wae wud do peedie bits o' things, wae wud
carry water but ye see granny wus an auld
buddy than an wae hud tae bide in an look
efter her. **"**

Annie

~

And sometimes care roles were reversed.

"Robbie, when he wus stay'an at Upper Linnay
he hud tae stay home tae look efter his
grandmother. Hud wus jist him left hame wae
his grandmother, an shu wus in the bed. Shu
hud been bed ridden for years, an he got fed
up, an he wus'na pleased at being left home
wae her an look'an efter her. So he ran in an he
shouted, 'Fire,' an shu wus oot that queek! **"**

Beatrice

WOMEN'S WORK

Women worked hard in North Ronaldsay, managing
the crofting land when their husbands were at the
fishing or working in paid employment. Kelp work
was a continuous chore during the winter months.
Reverend White noted this in 1841.

*"The women have too much work to do out of
doors, a species of work, too, which peculiarly
unfits them for the neat management of
household concerns, such as cutting sea*

Jessie Tulloch cutting with the scythe at Scottigar.

weed for kelp, carrying up ware for manure on their backs and spreading it on the land." [4]

Many islanders remembered the women working even harder than the men.

"The men hud an easier time o' hud, Oh I think so, well we used tae think the men hud an easier time o' hud. My mither, god she worked in the byre an milked cows an they hud tae carry all thur water, an thur wus a lot o' baking then, everything wus home baked, bread , an mak'an food. Thur wus a lot o' folk in every hoose tae mak food tae."

Sarah K

~

The household jobs had to be fitted into the evenings.

"The weeman worked hard fur they helped the men wae thur wark aal the day an than they hud tae come home an mak the dinner fur the next day an they wud hae tae dae thur washing an the bairns claes an baking an bannocks, an kirning an mak'an cheese an aal. In wan sense the weeman worked harder than the men."

Annie

It was not only crofting work that women had to turn their hands to,

"Me grandmother at Bewan, shu went tae the lobster fishing wae her man an shu wus doon in the tangles a' the time, an shu still hud the washing an baking efterwards tae do at night. An the weeman did aal the spinning an that kind o' stuff."

Beatrice

~

Combining these jobs with child care was complicated

"Oh they wur there everyday on the land work'an, the men wus oot fishing. The bairns wur taen wae them fur they dud'na hae prams either. The bairns wur often tethered, they could'no go so far ye see. Weel in the like o' hay, ye wud'no know whit they wud do. They wud mak bits o' hooses fur themselves. An if the worst cam tae the worst, they wud fall asleep in the hay."

Sarah D

~

And in large families, the older children had to help.

"Ye see in a good lot o' the hooses the mither and fither left the bairns wae thur grandparents. An than, in the bigger families the aulder wans wur responsible fur the younger wans. Thur wur a lot o' that went on, an they aal seemed tae survive very weel."

Jimmy

~

And in a crisis, the family was there to give support.

"The bairns noo a days wud'na live the life we wur browt up wae, thur wur far too many bairns, far too many. Wae jist hud a smaal croft and thur wur ten o' a family. Me mother died when me youngest brother wus born an wae hud two aunties liv'an a bit below is an they took the baby when it came, ye ken. They kept him fur two years, an than wae took him up beside is again."

Meeno

Mary Thomson with three of her nine bairns at Nether Linnay.

CHILDBIRTH

Large families were common but women didn't stop work during pregnancy.

❝Weeman worked on, no, no they dud'no stop work, they worked right ap till the baby wus born.❞

Tia

~

With no doctor on the island, most babies were born without medical help.

❝Everybody hud them at home, they jist stayed at home, an when they hud tae 'lie in' as they ca'ad hud, they went tae the bed, an thur wus always neighbours that wur able tae help. They wur'na mibbe trained, bit they could tak a bairn intae the world. A neighbor wife wud come in an help as far as I understand. An thur wus wan kind o' wife they ca'ad the howdie an this auld howdie wife hud been awey an trained fur a few months, jist fur the special job o' tak'an the child intae the world at the time o' the birth. Bit hud wus jist taen for granted I suppose. Bit they thowt they wur weel ahead when they got the district nurses here. An they wud mibbe got the doctor across fae Sanday if something wus serious, otherwise they jist hud tae take thur chance more or less.❞

Meeno

~

In 1900 the island got their first nurse.

❝Oh yes, they wur very lucky when they got a nurse here. Ye see the doctoring that wus first here, an awful lot o' hud wus done by the ministers. Thur wur good ministers here, as good as many doctors yit, an they wur very good at that sort o' thing.❞

Sarah

She was a Queen's Nurse qualified in general nursing and midwifery.

"The first nurse that wus here in North Ronaldsay wus a Nurse Noble, an shu wus at me sister's birth. An than thur wus a Nurse Sandison efter that. An than thur wus a local girl that went awey an got trained as a midwife and a district nurse. An shu wus here fur a good lot o' years. "

Meeno

~

The island had an unusual way to pay for their nursing service. Due to a shortage of arable land, each croft or farm were only allowed to keep a set number of sheep.

"In those days the sheep wur kept under control, an anybody that wus ower thur numbers, thur extra sheep wur sold an the money put intae whit they ca'ad the nursing fund. An hud wus tae pay fur the nurse on the island afore the doctor cam here. "

Jimmy

~

The money was used to train a local girl to take up the job.

"The last nurse wus Janet Tulloch. She wus a number o' years here before they got a doctor. I think she only lost wan mother an baby in aal the time that she wus here. Hud wus'na a native o' here, the mother wus a lighthoose wife an her husband wus tall, an she wus an awful small person, an I think that her an the baby both died. I can remember hud, I wur nine or ten year auld an I can remember the steamer comman fur her, she dud'na die here, no, no. "

Sarah K

~

Nurse Tulloch served the island community for ten years from 1905 until 1915.[5]

"Weel hud wus a nurse they hud mostly I think. Me Auntie Jenny wus a nurse for a great number o' years in North Ronaldsay, an I dun'no mind hoo many bairns shu took intae the world, a great number. I wus the last een shu took intae the world an me brither wus the first een. Shu wus here ten year. "

Sydney

~

Islanders were remarkable stoical about their lack of medical services.

"When ye wur ill, or thur wus an emergency, weel, ye jist stayed put and thur wus'na even a doctor on the island then, thur wus jist a nurse. They might get a doctor fae Sanday bit I'm seen the Post Bot going away fae here wae the letters, say on a Saturday morning and hud wud be two tae three weeks afore she got back, she'd be stuck in Sanday. An sometimes she wud be stuck here in Ronaldsay wae snow so ye jist had to stay, ye never worried, ye knew ye jist had to stay put. "

Sarah K

~

Before the island had a resident doctor, pre 1914 death certificates often gave the cause of death as *'unknown, no doctor in attendance.'*

"Hud wud been the lifeboat that cam, in an emergency, an sometimes the steamer, bit that wus more recent, hud happened when John's brother broke his leg. Afore hud, when thur wus'na a doctor, they hud tae try an git a doctor fae Sanday. An up until they got a doctor in 1915, the death certificate jist said, 'no medical knowledge'. "

Beatrice

~

In 1914 a Highlands and Islands grant became available from the government, to provide isolated communities with a doctor.[6]

"An than in the first o' the war wae got the doctor. The first doctor wae hud wus a Dr Newman an he wus very short in North Ronaldsay until he wus called up an he went awey. He wus killed in the war too. "

Meeno

~

The island welcomed a replacement doctor, but due

to the demands of war on medical practitioners, the only candidate was an elderly man in poor health.

"Ye see the wey me mither died, weel thur wus a doctor in the place, an auld man, a Dr Low who hud been in Westray. An he cam here an they wur thowt they wur'no so bad when they wur gotten a doctor. Bit he fell ill, an the fact o' the matter wus, the night me mither died, he wus ly'an dead. Bit his wife cam, fur she said shu wus a kind o' midwife, bit they said after that shu hud very little skill, so hud aal went wrong. The little boy wus born alright bit than ye see the afterbirth dud'na come, an me mither, shu jist died."

Meeno

~

One of her aunties took the baby to live with them for a few years to help the situation. These tragic circumstances left a family of ten children without a mother and the island without a doctor or a nurse.

"I wus born in Sanday actually, at Toft farm, the reason being thur wus no doctor on North Ronaldsay at the time. Mother wus put across to Sanday because there wus no doctor on the island. Thur hud been a bad birth in the November before, in fact the mither died and I think it made father a bit apprehensive. So, he decided he would rather have mother where thur was a doctor."

Bella

~

Once a baby was born, family members were there to help.

"Thur wus plenty o' fowk at the hoose tae help in that days, thur wus usually more that wan wife person at the hoose. An they stayed in bed fur aboot a week or so, an thur wur plenty o' fowk at the hoose to help, sisters an a grandmither, tae carry on the work an look after the rest o' the bairns. An they used tae mak whit wae called brochan, hud wus a great thing that the weeman got. Oatmeal wae a grain o' boil'an water, an than ye let hud stand, an poured the top aff hud when hud set. An

boiled hud wus very good wae a grain o' good milk an sugar. I mind hud wus very fine."

Tia

~

Baby care was very different in the days before nappies were available.

"I mind me see'an wan place, they hud straw in the bottom o' the cradle an cloots on the top o' that. An than, when they wur weet, they wur thrown oot an the straw wus burnt, an they put on fresh straw. They did a lot o' that, I niver did that mesell, but they did that afore me time."

Tia

~

Christening a baby was very important as it offered protection from a number of evils.

"At that time they would have been very strict about christening babies. It protected them until they were given their name. If you spoke the name before the baptism, they were fore-spoken, and that was asking for trouble so it was better not to say the name. They were baptised within weeks - it would be within days ideally."

Christine

~

And there was a strict protocol to be observed,

"Thur wus an idea aboot christening, if a boy an a girl wus taken tae the Kirk fur christening the sam day, if they christened the girl first she would grow whiskers!"

Sydney

~

Godmothers and Godfathers were nominated to give protection to the child.

"Oh ye always hud a Godmither tae the bairn, an hud wus jist wan that wus related, sometimes a grandmither or an auntie. They wur ca'ad the Name Mither. An noo the minister taks the baby in thur arms, they niver used tae do hud. The Name Mither wus the wan that held the bairn ap fur baptising.

The fither handed the bairn tae the Name Mither tae be baptised an than the bairn wus handed back tae the mither. **"**

Tia

~

The title of a 'Name Mither' refers to the fact that the child might be named after their nominated god parent. This person was also expected to take an interest in the wellbeing and future of their 'name child'.[7]

"A godfather was known as a Fadder. Babies born on islands, where it was difficult to get to a church, they had to have a Fadder to carry them to the church because the father and mother couldn't. The Name Mither holds the baby when the baby gets its name. You don't speak about names before, that was the custom, you would just call it the bairn. **"**

Christine

~

If a child's name was mentioned before the christening, it might attract bad luck from the 'peedie folk' for the child and its family.[8]

INFECTIOUS DISEASE

In an isolated island infectious diseases were feared as a lack of contact with the outside world prevented the development of community immunity.

"Smallpox hud been here in Ronaldsay, so fowk knew whit hud meant. An that wus fae a hoose doon here at Sangar, Hud jist kept tae the wan hoose though. An thur wur no doctor on the island ither, an hud wus the minister that helped that time, bit small pox let loose in North Ronaldsay wus no funny. That wud been awey aboot the turn o' the century. Hud wus Jimmy Sangar, an the coffin wus tarred both ootside an inside. An his faither did the job, an pat him in the coffin himsel. An hud wus put on a lorry, the rest o' the people attended, a hunder feet behind though, an nobody ever touched the coffin bit his faither. Small pox wus'no funny. **"**

Sydney

Islanders were fearful of any infectious disease.

"Thurs a grave in the kirkyerd, an no grass grew on hud, an the story wus that hud wus the grave o' somebody who died o' small pox. **"**

John S

~

In the days of ship wrecks, sailors were often rescued and given food and shelter on the island.

"Leprosy wus in North Ronaldsay wance. They built a special hoose fur them that cam ashore aff a ship. Huds doon at the back o' Lochend. Hud'll be twa hunder year ago, or nearaboot. Hud wus a shipwrecked ship an thur wus a certain number that cam ashore, more than likely they wur jist thrown aff the side. Bit the locals built a hoose fur them, right doon at the banks dyke. An they wur isolated there an the islanders fed them through a hole in the wall, hud wus done wae pitchforks, six feet long, an they niver cam near them. Bit they died in there an they took thur bodies oot wae pitch forks an they buried them in the kirkyerd. An they wur quite right tae be careful, god thur wur ower 500 people here than. **"**

Sydney

~

The worst outbreak of infectious disease in the island happened in 1902 when diptheria broke out resulting in the death of three young children.

"A'll tell ye aboot the time diptheria cam tae North Ronaldsay. Me uncle cam home fae Leith. An he cam intae three families wae young bairns at Upper Linnay. **"**

Sydney

~

Three families with eight children between them were living there at the time.

"Well ye see he hud been in contact wae diptheria at some time an aal thur clothes hud tae be pit through an incinerator, bit he wus bowt this suit two weeks before, a new suit, an he dud'na want tae pairt wae hud.

An thats whit did the job. So he cam home onywey, an he wus great fur demonstration this man, he wus great fur hud. He wus great wae bairns, I know that fur I wus in his company as a bairn mesell. He wus like the Pied Piper, bit he wus a god damn fool tae the end o' him.

Sydney

~

The Thomson, Tulloch and Scott families were related and living in one house, the overcrowding encouraging the spread of the infection.

This uncle, tae do things right, when he cam home he took his kist oot on the brae, not in the hoose, so that nobudy could git harm, bit wan o' the bairns wus stand'an ower him aal the time. An hud wus her that got hud first. An shu infected the whole three families. Thur wur three families at Upper Linnay at that time an the most o' them got hud. Me uncle Tom an me faither dud'na git hud, an they hud tae serve them through a window fur weeks, they cooked thur food oot in the barn an they shoved hud in through a window. They hud tae nurse an look efter themselves. Bit thur wus a nurse they got across fae Sanday eventually, an shu did aal the nursing that wus done, bit hud wus weeks afore shu got here. Ye see thur wus no telegraph an no phone, thur wus nothing but a bot across.

The outbreak was reported in *The Orcadian* newspaper in August 1902.

"News reached Kirkwall of a serious outbreak of diptheria at North Ronaldsay, …There has already been one death and of the remaining eight cases, two are said to be in a very precarious condition. What adds to the gravity of the situation is the fact that on North Ronaldsay there is no resident doctor, though Dr Park, Sanday has been doing everything possible in the circumstances; but the people have not even the use of a telegraph. Surely this is a case where by public subscription or other wise, the services of a medical man might be secured for the time being." [9]

It was to be another fifteen years before this was achieved. With no doctor on the island the families were very much on their own.

An hud wus me faither an this Uncle Tom that buried the three bairns, thur wus nobody bit them two. Me uncle wus only aboot eighteen, an he wus cry'an because he thowt the whole lot wud go. Me faither wus aulder an a bit stiffer bit thur wus no help, fur nobody wud come near the hoose. Further than that, harvest time wus comman on an thur wus crop tae tak off, an thur wur nobody at Upper Linnay fit tae tak hud off. Some o them fae Easting there, they went ap tae try tae help, an thur wus wan man that stopped them half way ap, told them not to go there. They wur as frightened as hell.

Sydney

~

The patients did however receive some medical care.

Thur wus wan time that the doctor fae Sanday wus here wae the bot, an he saa the patients, an he wus go'an back doon tae Bride's kirk tae sail back tae Sanday. An thur wur two men comman ap the road, fishermen, an when they saa the doctor comman fae Upper Linnay, they jumped ower the dyke an went a mile aff the road. An the doctor said, 'Poor fools'. Bit huds nearly a hunder year ago, an they wur frightened. An thur hud niver been a doctor in North Ronaldsay an they wur as frightened as hell, fur they saa them dy'an an they knew hud wus hellish. An three bairns died, Emma, a sister o' me, shu wus fower year auld. Then Thomson's dowter, Mary Ann shu wus thirteen, an the third een, Ann, wus jist a bairn I think.

Sydney

~

Afterwards the house had to be thoroughly disinfected.

An they hud tae scrape hud aal doon, hud wus teen doon tae the clay, thur wus jist black wall left. I mind me mither say'an the first time that shu went fae Cruesbreck tae Upper Linay efter that, hud wus jist nothing bit black walls, everything wus scraped off."

Tia

~

Other infections found their way into the island community.

"A girl at the Kirkwall school, took the whooping cough home and folk here thought it was terrible. But she couldn't help it, she didn't know that she had it when she came home at Christmas. And of course there had never been anything like that on the island and it just spread like wild fire and some were very ill with it."

Maimie

CHILDHOOD

All the islanders remembered their childhood with affection.

"Oh hud wus great, aye, it wus great, there wus the five boys an the three girls. Hud wus different of coorse, numbers wur very different then, thur wus more company, more life aal roond I suppose really. More bairns aboot, plenty tae git in trouble wae!"

Hugh

~

There was a sense of freedom on the island and children created their own entertainment.

"We would get each other to shut our eyes, an they took you for a walk in and out around the stooks and you had to figure out where you were. It was very difficult to tell and I remember one evening we seemed to go for quite a distance, and then all I heard was this knocking and I thought whats that, I knew I was somewhere different for the wind had stopped and it was absolutely calm. I opened my eyes and I was right outside the door at Seaside and then the door opened and there's old Mrs Robertson, I didn't really know her,

the family had come from Holland House to retire there for a wee while and what a shock I got. I started stammering and they, the little devils were lying in the long grass hiding. But we all ended up going in and getting milk and a biscuit."

Sybella

~

Most children didn't have toys to play with.

"We didn't have toys really, the first doll I remember was given to my younger sister Morag. We had a doctor and his wife here and they had a little girl, but unfortunately they lost her. So when Morag was born they asked Mum and Dad to call her after the baby they lost. The first doll I remember was when they were away on holiday, they brought back a lovely doll for Morag. My other sisters and myself never had dolls. I think Ronnie, the youngest, fared better, but the rest of us never had. Well it was only a small croft, we only had five acres and one cow and ten of us, but we seemed to manage."

Bella

~

Youngsters were treated like adults, as John and Peter remember.

"Wae used tae go in bots, an wae used tae go tae the cuithes. Noo they wud'na allow that, wae wur'na auld when we start tae go tae the cuithe fishing on bonny summer nights, wae wud likely been ten or eleven. An wur fowk niver seemed tae worry aboot us. Hud wus super, hud wus jist super."

John

~

But as well as helping, boys could get up to mischief.

"We got together, a lot o' boys in the winter time ye ken. Oot in the dark, awey afore bedtime an go tae twa, three o' the nearby hooses an chock a chimney or something o' that kind. Wan time we geed up by Veracott, an wae hud a windling o' strae tae pit in Veracott's chimney. Hud wus a thatched roof ye see, an the windling geed straight doon an then hud went on fire, an hud wus sparks everywhere!**"**

John

~

All children understood they had to help their parents.

"We had discipline, but it was never overdone, but I'll tell you what, we had to work jolly hard from the time we could. I was born fourth in the family of eight bairns and I was about fourteen when Ronnie was born, well Mother wasn't very robust in these days and I worked a lot with Ronnie, in fact they used to call me his little mother. I took him out in his pram and dressed him and looked after him, we seemed to be so involved in things that we never had time to get up to very much mischief, but I really enjoyed it. **"**

Bella

~

Older children would help before and after school.

"Oh we helped when we were at school, we washed dishes and swept up and helped in the shop and anything that needed doing. We did a little before we went to school in the mornings, we tried to help as much as we could, we just did what was most needed. The boys helped too, we only had the five acres, but they would go out and help Dad with anything that needed to be done like hay work and singling the turnips. Dad was very fussy about that, he was out singling turnips himself one day and the shop wasn't busy and the turnip field was quite near the shop so I thought I would go out and give Dad a hand so I went out and started and Dad just looked at me and he said, 'Bella, I think you should just go back in the shop'. I was pulling out too many turnips for his liking. He was very fussy for we only had a small area and he did like it right done. That was me told! **"**

Bella

~

Boys tended to help by working outside on the land.

"Wae hud tae clean aal the hen hooses oot every Saturday morning. I wus gan tae the school then, I wud'na been auld then, I'd been mibbe nine or ten or there aboots ye ken. **"**

John T

~

And girls helped their mothers and grandmothers in the home.

"Oh yes, we didn't get off with doing nothing, we hud all kinds of jobs, I remember my sister had to clean the knives, my job was to clean the teapots of all things and there was one willow patterned teapot, it was white outside and it had to be white inside by the time I had finished with it. And the other one was brown with white inside as well, an I had to clean that and it was Brookes soap I used and just to think now a few drops of Parazone would do the job. And another thing we had to do wus scrub the kitchen chairs, when we were a bit older, they were all scrubbed, the whole house was cleaned on a Saturday ready for Sunday, double baking and everything had to be done. And of course we only had a boat once a fortnight and a new loaf was just a special treat. **"**

Maimie

~

Children could also help supplement the family income by earning money.

"Wae used tae go oot an gether whelks, aye I mind me brither an me gather'an whelks in the summer, in the school holidays. An the bot only cam tae the island every fortnight. So this fortnight, onywey, me brither an me hud two bags o' whelks, an wae hud them anchored oot below the store. An than wae got a man wae a horse an kert gan doon by, tae tak them doon tae the pier. An he hud a couple o' bags fairly full, an that wus two cwt bags, an that wus fower cwt o' whelks we hud gathered in the fortnight, an wae got five shillings a bushel. **"**

Peter

COURTSHIP

Courting was a very important activity and the subject of many stories,

"Well in every toonship thur wud be whit you wud call a Wise Woman, an shu wud generally give you good advice, especially courting couples you know. They wud go tae her, an thur wus wan case there, a laddie, he wus awful shy you know. An he went tae this auld woman an shu says, 'Thurs nothing wrong wae you, why dun'na you spaek?' 'I dun'na ken whit tae spaek aboot.' 'Och' shu says, 'Ye can spaek aboot the weather, an the bright moonlight an the moon sheenan on her hair an aal things like that.' So he happened to meet his sweetheart, an hud happened tae be daylight you sees, an he says, 'Losh you're a right bonny lass, an the moon's sheenan right bonny on yer hair.' 'Ye bloom'an fool,' shu says an gave him a luggit on the side o' the head."

Willie

~

Courting was a popular subject in sketches performed at island concerts.

"An I mind an auld fella, Jeemy Thomson, he wus a cripple, he hud infantile paralysis when he wus aboot a half a year auld an his left leg wus paralysed. Bit he wus a bonny singer, an wan night thur wus a concert here at the school, tae raise money tae buy the Memorial Hall. An the Laird wus there wae a Colonel who cam fae Devon, so he sang Devon Glorious Devon. Than the scholars sang a song or two, an than they got Jeemy Thomson tae sing. He dud'na go ap on the stage wae his crippled foot so he jist stood wae his stick in his hand an he started tae sing 'Little Wee Window.' An the story o' hud wus this, a lad had come tae see his lassie, shu hud left a candle in the window an shu could'na tak him in fur her fowks wur still ap. Bit they opened the wee window, an he says, 'gimme a kiss,' an they wur kiss'an awey when daddy comes in the door an says 'Who the devil are you speak'an to?' So the lad took his head back wae a bang, an the window frame cam awey on his neck, an aff he went hame, wae the window frame aroond on his neck. An thur wus so much laughing an cheering wae that song. The Laird hud twa unmerried daughters an they both cam doon the stairs an caught him, wan on each side, saying, 'Jimmy, Jimmy, you must do anither wan.'"

Willie

~

For a young couple keen to continue their courtship after a dance, there were few places to go on a cold, dark and windy night.

"When I wur young you see thur wur far more people here, mair boys an mair lasses. An they wur gan aboot, an wae always hud a dance, an first wan thing an anither, an you see efter, when the dance wus feenished, they wud git a haud o' them (the girls) an awey aaf wae them, hame."

Tammy

~

Called 'bundling' courting couples would be allowed to go to the 'ben' room where they got into bed, fully clothed, to continue their relationship.[10] Children born outside marriage were not common in the island. When it did happen, it was remembered years later.

"Aye, hud happened, huds a while ago, ower a hunder year ago noo. Weel hud wus a bairn, born on the wrong side o' the blanket of coorse, an the man wud'na own up tae hud. An the mither o' the bairn, shu went oot an laid the bairn in the furrow whar he wus ploo'an. Bit ah, they said he kept ploo'an, he wus gan tae ploo oot, he wus'na gan tae stop fur the bairn, fur that meant he wud be responsible. An shu hud tae run an try tae catch the bairn ap afore hud got hurt. Hud wus true and I mind the man that wus the bairn."

Sydney

~

WEDDINGS

Marriage was a responsibility not to be rushed.

"Thur wus some here that coorted fur a very

long time. Wan couple thirty years an they wur niver married. Whit happened I don't know. I jist can mind that, thats far back. An anither ane here, he went coort'an fur a lot o' years an no person ever saa him go'an. You've heard tell o' underground movement during the wartime, weel nobudy saa him! **"**

Tammy

~

The decision to get married wasn't taken lightly due to limited employment opportunities and a shortage of houses.

"Ye see a young lass wud merry this young fella, an at that time he dud'na hae a hoose o' his own. He wus liv'an wae his faither an mither, bit they married jist the sam. Weel certainly he could no afford tae keep her. I feel fur them fur I wus in the sam shape mesel. When I married, I dud'na hae a damn thing tae stand in ither, an I lived in her hoose (his wife Tia) at Cruesbreck fur a while. Until than I got tae be the meal miller, bit I still lived at Cruesbreck fur a year efter. **"**

Sydney

~

Once a date for the wedding was fixed, the preparations began.

"They wur usually married at the bride's hoose, some wur mibbe at the Kirk but most wud be at the bride's hoose, wae the minister. They wud hiv the feast than at the bride's hoose. They wud hiv aal the hoose upside doon get'an ready, an the barn wud be swept an cleaned, an floors washed. An they hud aal the malt tae make, fur the beer fur the wedding too of course. Oh hud wus a busy time, an you hud a lot o' cooking, fur the most o' the meat they hud fur dinner wus the native mutton. An hud wud be aal cooked and pressed, hud wus very good, pressed mutton. Hud wus boiled, an ye took aal the meat off the bones, an hud wus put in basins, an than ye hud some o the stock put in an than, of coorse, hud aal went intae a jelly. You know hud wus really quite tasty. That wus thur meat, an ye wud hiv tatties an mibbe

neeps or clapshot wae hud. An aal the family an relations roond aboot wud help wae hud, an they wur baking too. **"**

Annie

~

Weddings usually took place at home.

"They hud the wedding in the barn, an baked an cooked, hens an native mutton, an brewed ale. I can mind Jimmy an Sarah getting married at Loch End. Thur wus only Tilley lamps, I mind that, hud wud been '47 or '48. **"**

Tommy

~

Home brewed ale was specially made for the event.

"Oh weel they hud home brew at hud fur wan thing an they surely killed a sheep an things like that. An they baked pancakes, an oatcakes, I dun'na think they hud mony fine biscuits in that days, an cakes. I dunno think thur wus much o' that, no, till later years ye see. **"**

Mary

~

Mary and Tammy Thomson were married in 1933 at Nether Linnay.

"Weel hud wus jist home at the hoose here, aye, aye on the 23rd o' March an I hud a sort o' a green dress. Wae wur married in the hoose here by the Sanday minister. Thur wus mibbe a little dancing, bit no jist very much. Me brither wus the best man, an Charlotte, that wus at Upper Linnay, wus best maid, yes. Me grandfaither an grandmither wus alive so they did two or three little bits o' steps on the barn floor here, an hud wus in the paper, wae the headline, 'Octogenarians Dance a Reel' at thur grandaughter's wadding, I remember that. An I remember me uncle fae Longar, he wus Willie, the auldest wan, he wus at hud too, an he took ap the auld wife, Jeannie o' Nort Manse an tried a bit o' a dance. The music wus an auld melodian, an thur might been fiddles, that wus the music in that days. **"**

Mary

Tammy and Mary Thomson's wedding photograph at Nether Linnay in 1933.

And she remembered her wedding supper.

"Ah weel thur wus sheep's mutton, I remember that fur thur wur two sheep killed an cooked fur hud, the best o' the sheep onywey. An they wur cooked in a great big deep boiler made o' metal. Hud wus bigged (built) ootside wae a frame o' stones roond hud ye know, aye. Hud wus served cold, an the mutton wus sliced ap, an hud wus very good. I canna mind if thur wus tatties or no, bit they wud hin tea, an a lot o' baking. Ye see the other wans helped tae bake, the wans roond aboot. They'd bake pancakes an home baking o' that kind."

Mary

DEATH

Death was seen as a natural part of life's cycle and involved the community. A vigil was kept beside the deceased with neighbours visiting the house to offer condolences.[11]

"On the second night after death, there was the 'kistin' which was attended by male neighbours and close relatives. Neighbours visited the house and the dead person was not left alone in the house before a funeral."

Christine

~

Invitations to funerals were delivered in person.

"They had a bidding for a funeral. An hud wud be a relation from the house that did the bidding tae the funeral. They went fae house to house to bid them to the funeral. Hud wus instead o' a notice, they went to every house dressed in a black suit."

Tommy

~

There was no hearse on the island so the coffin was carried from the house to the graveyard.

> **They carried the coffin here, for many years, on their shoulders. They bore the coffin from the lighthouse here to the Kirk, and they changed every so often and did it in rotation.**
>
> Christine

~

This procedure was efficiently organised.

> **Hud wus so many paces wae wan lot an than you would stop, an than they would stand and than the next lot wud take over.**
>
> Tommy

~

The walk could be as long as a few miles so the changeover, from one group of pallbearers to the next, was carefully planned.

> **They hud this three pieces o' wood that cam oot, wae handles on each side an a flat piece underneath that the coffin jist fitted intae. An they hud canvas straps hold'an them together underneath so that they wud'no slip, an then they jist carried fur so long. An Johnny wus directing how long hud wus.**
>
> Beatrice

~

Johnnie Tulloch from Milldam was the joiner and undertaker, carrying on the tradition from his uncle and grandfather.

> **Hud wus jist a time set fur the funeral, an ye reckoned how long hud wud tak an ye gathered at the hoose an the men carried the coffin along the road, fae the house tae the kirkyerd, turn aboot. The first six wud go so far, than another six wud tak ower, an than they wud go on, an then anither six.**
>
> Annie

~

Bad weather only occasionally altered the tradition of carrying the coffin.

> **An 1947 wus the first time the coffin hud wus'na carried, and that wus because of snow. The coffin wus carried after '47 an sometimes the coffin wus jist carried fae Holland to the**

Kirk, hud depended on the weather. We use the van, we've done that fur years noo.

Tommy

~

And in modern times, old traditions could be altered to suit the occasion.

> **When Tommy's sister was buried I thought it was lovely because Johnny wanted a women's lift. So it was all women that carried her for the last lift before the kirkyard gate. I'd never seen that before, he called it a woman's lift and it must have been an old tradition or he wouldn't have done it.**
>
> Christine

~

After the coffin reached the church, the burial continued.

> **They hud a peedie service in the hoose first an than, than they geed tae the Kirk an than, when they pat the coffin in the grave, they hud anither peedie service ower hud. Auld Tammy Rue, when he died, he wus a very staunch New Kirk buddy, so he wus taen intae the Auld Kirk fur a time, an auld Johnny Quoybanks he said, 'If he hud kent hud, he wud'na been there the day!'**
>
> Beatrice

~

In 1984 the tradition of carrying the coffin was abandoned, partly due to a lack of young strong men and women on the island.

> **The first wan that wus motorised wus Sarah Brigg an John took her wae the tractor an the trailer and whit a relief hud wus tae git her there. Thur wus snow on the ground. Sarah Brigg, I niver saa a kinder woman, an if there wur folk work'an up at the fields aroond there, she always hud a cup o' tea tae them. An when mother died wae wur aal sit'an by in the room speak'an, an a couple o' the neighbour women hud come in an aal. An than, wae seen Sarah Brigg gan by the window, an oh, whits she doing here, she hud been no far fae wur hoose aal her life. So I**

geed tae the door, an ye know what the wife hud wae her? Ye know the peedie aprons they used tae wear, she hud it aal wrapped ap and she says, 'Annie I got a new loaf fae Stuart an I took hud doon fur I thowt wae aal the folk comman tae the hoose ye maybe wud'na hae enough stuff tae go roond.' Wus that no so considerate. An aal the ither wans there, that hud plenty, they niver gave hud a thowt. But that wus her ye see. **"**

Annie

CUSTOM AND BELIEF

In North Ronaldsay in the 1980s, superstitions were respected if not fully believed.

"Thurs lots o' things wae dun'na ken, a lot o' hud went doon as second sight. An second sight, hud generally always cam in dreams. **"**

Willie

~

Tales of second sight were common, Sydney Scott tells the story of one instance that happened on the herring boat, the 'Lebanon.'[12]

"This man, Peter o' Claypows, wus in the bot wae me faither. He wus'na fairly like the rest o'them, bit he could dae a man's job. An they wur hiv'an very poor fishing fur aboot a week an more. They wur ly'an in the harbour, an hud wus past the time tae go oot tae fish. Weel this man Peter telt them tae hoist thur sails an come, fur he said they wud git plenty o' herring that night. An to please him they did hud, bit they thowt hud wus jist gan tae be lost time. Bit he telt them whar tae set thur nets. An the nets hud jist been oot a peedie while when he telt them tae tak ap a corner o' a net tae gae him as many herring as wud be a fry up. They hud thur lantern at the mast head fur seeing tae work an they cam tae haul thur nets an they got fish, ony amount o' fish. Peter said hud wus jist whit he saw in the dream, the lantern jist sheenan (shining) on the herring. She wus the only bot oot o' Stronsay that night an she cam in jist loaded tae the gunnels, aye, aye an that happened. **"**

Sydney

~

Peter was respected for his special powers.

"He hud anither dream, that sam man in Stronsay tae. He hud a brither in Kirkwall learn'an tae be a joiner, an they wur aal in thur bunks wan night in Stronsay harbour, an this man Peter asked them if they wur sleep'an. Weel somebody made the answer that they wur'no fairly asleep an he said he wus hud a very queer dream. He said he saw a man's face at the foot end o' his bunk, an hud cam right ap tae his face an than disappeared. He said that this happened a lot o' times an hud wus beat'an him fairly. Weel, his brither died in Kirkwall that night an that is a true story. **"**

Sydney

~

Dreams could predict death.

"Aye, they mostly saa a ganfur in dreams. Hud wus a kindo vision in the brain I suppose, an hud meant a death. **"**

Sydney

~

A 'ganfur' or 'gamfer' was a ghost or a spook, in the form of the person who was going to die.[13]

"Weel I mind me own grandmither, Annie o' Neven tell'an us a story. Shu wus merried an her man wus aff at the herring fishing, an hud wus jist an auld fella that wus hame. He wus a tailor, an he hud a son who hud got TB. Annie wus here at Neven an shu went aff ootside to work. Well, this day, shu saa a man, wae white moleskin trousers an a black sleeveless waistcoat, comman ower the brae, as plain, shu says, as I can see thee sit'an there. An he cam within fifty yerds o' her, an than he disappeared. By god, shu wus very stunned at this, an shu geed in an spake tae the auld fella, an shu says, 'I canna believe a'm seen hud.' 'No, no ,' he says , 'Me son's no fur this world mony days noo, that his ganfur.' An that wus fairly true, fur twa days efter his son died. **"**

Willie

Some people could sense when a death had occurred.

“Weel thur wur a woman here, Rachael tae name. Shu wus on her wey hame wan night an shu heard a queer drumming an whirring noise in the air above her head. An hud prevailed on her tae such a stage till shu wus frightened an shu wud'na go home until somebudy went along wae her. Weel, at that time shu hud a twin brother who wus work'an at the horse mill at Tressness in Sanday. An aal roond the mill thur wur square holes tae let the air intae the horses. Weel he stuck his head in through wan o' the holes tae see the horses gan roond, thur wud been six horses there you see, an the lever caught his head an took hud right aff. Weel, the wurd cam here the next time the mail bot wus across that he wus killed that night. An hud wus at the exact sam time that shu heard that noise.”

Sydney

~

This story was remembered and told by many islanders.

“Aye, shu wus in North Ronaldsay an he wus in Sanday. An the noise shu heard wus the wheels gan roond o' the mill, hud wus wan o' these great big mill courses. An when the noise aal stopped, he wus gone.”

Tammy

~

Prophetic dreams were another form of second sight.

“Thur wur some that got the name fur hud right enough, bit hud wus dy'an oot afore me time, aye. Bit thur wur a man o' Claypows, that hud dreams, an he hud a dream wan night an he saw a full rigged ship sailing past the hoose, on dry land. Hud wus supposed tae be a bad sign, an thur wur a ship disaster right efter hud, aye.”

Sydney

~

To dream of a ship sailing over dry land meant that someone close to you was close to death.[14]

“Wan o' the fowk o' Breckan saa that too, the time that thur son fell ower the side o' a bot. They saa this bot on the land o' Greenwall, an he wus lost, Robbie o' Breckan. Aye, thur wur a good lot o' hud still in the elderly fowk, whit wae ca frootery.”

Tia

~

One ghost story, discussed here by husband and wife, Sydney and Tia Scott, was told many times in North Ronaldsay.[15]

“Tia - Wur thur no some bairns buried in the gerdeen (garden) o' Holland there, that cam oot an appeared on the dyke in the shape o fools, an wanted tae be buried in the kirkyerd?

Sydney - Aye, thur wur twa burds that sat on the dyke they said. Hud wus a twa bairns belong'an tae the lairds fowk that should'no been, an the bairns wur buried in the gerdeen, an they said thur wud niver be any peace until that bairns wus shifted an pat in the kirkyerd. An hud wus done, an the burds disappeared.

Tia - I niver cared much fur walking aroond an aboot that gerdeens o' Holland i' the darkness.

Sydney - No, thur wur a certain amount o' fear attached tae Holland right enough, wae a lot o' fowk. Auld Scart (Scarth) wus there ye see, efter he hud pit in aal the roads here on the island, fowk said that aal the roads in Ronaldsay lead to Holland, an Holland leads tae Hell!”

Tia and Sydney

~

Witchcraft was a type of ‘frootery’ which was treated with respect.[16] A story often told was of a North Ronaldsay woman who lived Sanday. She asked some visiting fishermen for a passage back in their boat to visit relatives. She was refused and decided to have her revenge.[17]

“They hud superstition aboot witches, an they believed in them. Thur wus a bot an man lost at Howar. Well they said thur wus an auld wife in Sanday kirn'an (churning) butter wan day, an shu wus kirn'an wae an auld type o kirn, wae the narrow bottom an the wide mooth an the lid an the hole an the plunger. An shu wus keep'an a sharp eye on hud, an look'an through the window aal the time. Shu wus watch'an the butter till hud geed plump. An than shu said, hud wus alright noo hud wus finished noo, an when they looked, the bot wus sunk! Shu wanted the bot sunk, shu wus a witch.**"**

Tammy

~

But not all witches were evil, a white witch or 'wise woman' could be called on for help.

"Thur wus a young fella away at the Sooth End, newly merried an his young wife died. An he wus jist like a man lost, an he dud'na know whit tae dae, bit he went tae an auld wise woman, an auld fairy wife, thur wur plenty o' them here than, two hunder year back mind you. An he asked her whit could he dae, fur he said he hud lost his wife an he hud lost his wey fur he wus jist a done man. However, shu said, hud wud'na be so bad, shu coud help him. So shu says, 'On the night o the full moon, take the bible an a black cat an a staff, an geung (go) tae the Brae o Versabreck. Then, cry on yer wife by name,' an shu said, 'Yer wife , shu'll try tae

come tae thee, bit shu said, the fairy fowk wud be hold'an her back. So read a verse oot o' the bible, an haeve (throw) in a black cat, an lay on hud wae the staff, an than yer wife'll come oot.' Weel the man did as he wus bidden, an he geed awey wae a full moon, an he spoke tae his wife fur most o' the night they said. An than shu hud tae go back. An they could do that every full moon. Thats the fairy tale. Mind you huds no a simple fairy tale, thurs been something there because, as I said, Troll's Water's there.**"**

Sydney

~

Stories were repeated many times and passed down through the generations.

"Hud wus a story o' me faither an he hud a fund o' them, an a'm forgotten the most o' them! Hud wud be handed doon fae generations tae him. Me faither wus full o' them, he wus that. An he wud stert atween nine an ten o'clock when we hud tae go tae bed, an we hud an oot hoose that we geed tae sleep in as bairns, an there he wud sit an tell fairy stories until we wur feared tae go oot in the dark. I think he did hud purposely, bit they wur dying oot. I think thur wur been any amount o' them earlier on, I wud think hud.**"**

Sydney

The Economy

It was hard to make a living on North Ronaldsay.

"Oh thur wus a lot going awey. Once people got tae the stage o' leav'an school they hud to go an seek a living, hud wus how you were going to mak ends meet."

Hugh

~

The main employment for boys leaving school was farm service. Peter Thomson left school and became a farm servant.

"Ye see I geed oot tae work when I wus fourteen. I worked at Holland ferm when I left the school I wus usually work'an wae the cattle, an than work'an wae the horse at ploo'an, jist wae wan pair o' horse and an ordinary wan furrow plough. Then when I wus a bit aulder ye'd mibbe git three horses tae work wae a double furrow ploo. An I did harrowing, an the turnips, an hud wus aal done wae horse. Weel the conditions wur'na great, ye got £12 fur six months work, bit ye got yer board an lodgings forbye. When I wur at Holland ferm I usually stayed at home at night, bit some o' the ither boys that wur there, they used tao stay at Holland. An than the wages geed up £2 every half a year, £12 fur the first half an £14 fur the second."

Peter

~

Peter had a long working day.

"I wus usually ap aboot seven, an wae worked fae eight o' clock in the morning till eight o' clock at night. Tae start in the morning, wae wud feed the cattle, an than we wud go in fur breakfast, an than back oot, an dinner then wus aboot half past twelve, an ye started again than at two, an than in fur yer tea at six o' clock. An than in the winter time ye geed oot tae supper the cattle, an ye feenished aboot eight o' clock at night. Ye hud a twelve hour work'an day, except fur the bit o' break, bit hud wus'no very long. An ye wud'na hae the break on the top o' the day if hud wus'na fur the fact that the horse needed a peedie while to eat. Thur wur no farmer's unions, ye wur teen on as a boy, an ye got a boy's wages, bit ye wur expected tae do as much wark as a man. The aulder men wud tell ye whit tae do an ye hud tae mak the best o' hud! Bit then ye start young, I wur singl'an neeps when I wur ten year auld."

Peter

~

For girls, domestic service was the main employment on the island. Annie Thomson from Neven went to work for the minister and his wife.

"I left school on a Friday started work on a Saturday morning. Hud wus a big manse and thur wus the minister Gordon, his wife and her mother. Hud wus hard work because hud wus the wartime so wae couldn'a put on a light, an ye hud yer curtains fully drawn and wae hud black oot blinds. Thur wus no electricity and ye hud tae pump every drop o' water that wus used. An they aal loved a bath full o' water fur a bath. Hud wus heavy work, ye hud tae pump hud fae a well in the back yard. I mind the minister comman by wan day an I wus at the pump in the coal shed, an his wife said, 'Where are you going my dear?' an he said he wus going tae pump the water. So shu says, 'Oh you don't have to do that now dear, that's Annie's job. She's here now to do it.' Hud wus a half day on a Sunday and a Wednesday. I got a loan o' the bike tae go home wae, bit Daddy hud tae break ap aal thur firewood as payment fur me get'an the bike tae go home wae. So that wus whit life wus like.❞

Annie

~

Often girls would go on to work in Kirkwall or mainland Scotland. Annie's next job was at Tarbat House, near Invergordon working for Lady Sibel Lilian Mackenzie and her husband Major Blunt of the Seaforth Highlanders.

❝I wus mostly help'an the wife hersel, running messages fur her. She wus the Countess of Cromarty, an shu hud a son, he wus Viscount Tarbet, bit he wus a prisoner o' war in Germany. An her daughter wus Lady Isabell Blank MacKenzie, an shu wus in London wae the Polish army. An the Countess, shu wus a poor auld thing wae aal her family awey. Shu wus good tae me, shu used tae cycle ap tae the hospital in Invergordon tae inspect the wounded men an troops. I jist hud a peedie room ap the stair an the first I did wus tae go tae the window to see if I could see the sea. Bit hud must hae been an awful grand piece when hud wus in full go. They dud'na use aal o' the hoose, he hud a big office doon the stairs an they hud a huge sitting room an a huge dining room. Thur wus twa auld weeman servants that lived in the village, an hud wus the sam wae the chef.❞

Annie

HENS

The production of eggs was a major industry for Orkney and brought money into the small farms and crofts in the island. Helen Swanney remembers their contribution to the farm of Westness in North Ronaldsay.

❝Yes the eggs wur very good at wan time. Ye could live aff the hen's income, an ye could pay fur thur feed, they wur better than the cattle. That wus efter the war an intae the 1950s. Hud wus a fortnightly steamer an ye hud boxes that held thirty dozen eggs. I remember me put'an them up on a carrier bike tae the shops, they handled them, an

they went through the local merchants here tae the egg packing station in Kirkwall. The local merchants wus Hughie here in his father Jimmy Swanney's shop, an than thur wus Scotts, Willie Scott doon at Roadside.❞

Helen

~

Eggs were delivered to local shops on the island but no money was exchanged.

❝Weel the merchants got their wage fae the packing station, an the packing station paid them, an then they in turn paid you. Hud stood in fur yer messages really, hud wus eggs against the messages sorta. Thur wus'na really any money transferred in a sense, unless you wur do'an very well an ye hud a lot over.❞

Helen

~

There was a steep rise in egg exports during World War 1. Prices increased and small island crofts realised this was a chance to increase their income.[1]

❝Wae hud at least a few dozens eggs every day. An ye hud tae have them clean an wash them, that wus the interesting part. Wae hud a big oval bath, a'm seen them full o' eggs tae wash, ye can imagine, oh dear! Aye hud wus a big job, nobody fancied doing hud much. An thur wur breakages, no shortage o' them. An if they wur badly stained sometimes so ye hud tae use Vim power tae clean them. They could tak gentle washing, but no too much. We used tae gae the hens shell sand fae the banks an hud toughened the shells. Aye hud wus good.❞

Helen

~

Feeding the hens and managing eggs was very much a woman's job.

❝Hud wus boiled tatties, an than wae wud add Spillers mash to hud. An barley meal wus anither thing, hud wus quite good too. An than ye hud oats, black oats an corn that ye grew yersel. Wae used tae steep the corn an sprout hud slightly, hud made hud sweet an the hens wud go crazy ower hud. Thur wus a heck o' a lot o' work wae them, wae hud tae boil whole boilers full o' tatties, hud wus the big boiler wae used fur home brew, twenty gallon. Some worked wae boiled neeps as weel, an the hens seemed tae go fur hud too. The hens wur a kinda woman's thing mostly, aye, that side o' the hoose. **"**

Helen

~

At the start of the egg boom hens were fed exclusively on home grown crop but as the industry grew this was supplemented by imported feeds considered to improve the quality of the eggs.[2]

"Thur wus quite a lot o' money in the eggs at wan time, yes. An hud wus very handy that money indeed, they used tae do a lot o' the housekeeping wae hud. Bit of coorse they hud tae buy the meal fur the hens an hud wus very expensive, bit nothing like hud is noo, they got paisley meal, an bran an tatties, different types o' meal. Thur wus kibble meal, an Indian meal an hud cam tae the shops, that wus the mainstay an wae got hud home wae the steamer. The cart wus full fae the steamer wae food fur the hens tae eat. **"**

Tia

~

Peter Thomson remembers the work involved in keeping hens.

"The main source o' income then wus keep'an hens, aye. An that started when I wur aboot ten or so. I could'na rightly tell ye whit the number o' hens wud been, bit wae usually wud hin aboot a thirty dozen case o' eggs in the week or so an that wus jist Greenspot. Me mither wud boil ap tatties an mix that wae the hen's feed. An a'm seen her gather'an nettles an boil'an that too tae mix hud ap wae. An shu wud gather chick weed oot o' the neep drills tae gae the chickens fur green feed when they needed hud. They needed that when they wur confined in a small space fur thus wus no green grass fur them tae feed on. Shu used tae go oot wae a sack tae gather

hud oot o' the tatties dreels an the neep dreels. **"**

Peter

~

Islanders became experts at rearing their own chicks which were sold or exchanged for other goods.

"Aye, thur wud be a cluck'an hen sit'an on thirteen or fourteen eggs. An than, if ye hud good breed'an stock, the neighbours wud come tae ye fur a setting o' eggs, coze eggs, (exchange eggs) a dozen o' eggs. An that wus jist average at that time, the peedie crofts aal rout at that. **"**[3]

Peter

~

Bigger farms were also involved in the egg industry.

"Thur wus two hatcheries on the island too, wan at Holland an wan at Kirbist. They hud a big wan at Holland, hud could take 1000 eggs, an ye hud tae turn each egg daily. They hud shelves wae levers, an ye could turn them easily. An they hud the sex linking in them days, so ye could cross breed, an ye knew than, when they hatched, which was pullets an which wus cockerels. Thur wus Light Sussex and Brown Leghorns, they sexed well, an the pullets wud tak on the colour o' the cockerel, an the cockerel took on the colour o' the hen. Aye, they reversed the colours when they wur hatched. Hud wus awful handy wae cross breeding. **"**

Helen

~

To ensure a good supply of eggs, hens needed to be cared for and a great deal of time and effort was spent in keeping them happy and healthy.

"Weel they needed a lot o' attention really, especially if they wur in a confined space, bit whit wae fund wus, the heavier breeds dud'na need such a high fence as the Leghorns or ony o' the lighter breeds needed. An if ony o' them geed ower the wire ye wud try an git a howld o' them an clip thur wings tae stop them fae flee'an ower hud. **"**

Peter

Many small farms were involved in the industry, and for subsistence crofters, eggs became the main source of income.

"Weel ye wud buy yer errands an hud wus marked doon in a book at the shop an yer eggs wur marked doon an hud wus cleared than at the end o' the year. An some years ye wud mibbe git a few pounds back and sometimes ye wud mibbe hiv tae pay a few pounds. Hud wus mainly wur source o' living fur the eggs paid fur whit ye bowt fae the shop, and fur thur own feed."

Peter

~

Bella Cromarty, worked at the shop at Trebb and she remembers handling the eggs.

"I remember me helping to make the ends of the wooden egg boxes, we had to make our thirty dozen cases. And then Dad had a great big grader and they all had to be graded into different sizes and packed into thirty dozen cases. You see, the people when they came to the shop with their eggs, that was to pay for their groceries, it was a very different system altogether. Nowadays out comes the chequebook, I don't think I ever saw such a thing here in that days. There was no money, many a time their eggs would meet their grocery bills. It was a good system, everything that was paid for had to be put down as cash sales, everything was noted, for you see it was an Agricultural Co-operative Society shop in those days and the books had to go away to Edinburgh to the auditor, so we had a tremendous amount of book work."

Bella

~

There was a surge in production during World War 2 and in 1946 an Egg Packing Station opened in Kirkwall which could process huge quantities of eggs.[4]

"They usually geed tae the hen packing station in Kirkwall. Bit hud aal folded ap efter the war an hud start tae go doon efter that. The hens eased off here fur they started tae cultivate less o' the land an they wur grow'an less oats an corn an more hay, so they dud'na hae so much o' thur own feeding fur the hens. An tae buy aal the feed in, thur wus no pay in hud. An the money wus'no in hud unless ye went intae a big system like the battery system an deep litter, aye."

Peter

~

One of the great blows to the egg industry was the hurricane of 1952 when wind speeds in Orkney were estimated to have topped 135 mph. Over 86,000 hens were killed and 7,000 hen houses were destroyed across Orkney.[5]

"Oh aye, I mind the 1952 gale fine. I mind me git'an ap aboot three o' clock in the morning, an I heard the wind an I geed oot tae look at the stack yerd an started tae pit bits o' pit props intae the nets o' the stacks. An the wind wus git'an that strong the pit props wur gan fly'an ower me heed an I gave hud ap and made fur in. An hud certainly wus'na a very big door at Greenspot bit hud took me aal me time tae git the door closed."

Peter

~

John Swanney from Claypows remembered that night.

"In '52 the hen hooses, aal got smashed ap an they wur niver replaced again. Oh the first o' that storms wus very bad, hud wus fae the southerly side, the dykes an aal geed doon, an the hen hooses geed doon an the stacks aal blew ower an wur in a bad shape. Hud wus blow'an ap, an blow'an ap, an the sea wus gan lash'an in along the dyke. Me faither went tae the Kirk that Sunday, the Auld Kirk, an the fowk there said they niver saa sic a sea in thur lives. The dykes at Hooking geed aal doon. An than in the morning I saa through the window the whole face o' the ayre wus awey an lot o' the sheep wur jist washed awey. An hud wus a long while o' building ap dykes then."

John S

Cruesbreck, the highest farm on the island, saw the most damage.

❝Hud blew doon two hen hooses an I wus work'an at Cruesbreck an hud wus wan o' the worst affected fur hud wus ap on a height, an they hud a lot o' hen hooses fur they worked a lot wae hens than. An thur wur five or six hen hooses aal blown tae bits an a lot o' dead hens scattered aboot everywhar, an a lot o' stacks blown doon. Thur wur quite a lot o' loss, an thur wus a bit o' a fund fur the damage I think. Thur wur wan or two on the island here that got a bit fur that damage wae the storm, bit thur wur'na very mony.❞

Peter

~

Hens had been a good investment as they didn't require a lot of land but many crofters and small farms didn't survive the impact of the gales. Egg production continued in Orkney but was dominated by large poultry farms.

Selling pigs was another way for small farms to generate an income.

❝I hud fourteen young pigs grow'an ap here at wan time an I hud six hunder hens at the sam time. I selled the pigs in Kirkwall, thur wur plenty o' money in them, plenty o' money, aye. They wur very lightsome too, they wur'na bad tae work wae at all. I made a big hoose like a hen hoose an than I hud battens that I put on the side o' hud tae mak a run fur them. An when hud got dirty, I jist yoked hud on tae the tractor an hauled hud ower a bit, ready fur the next wans. That wus'na yer main income, yer cattle wus still there ye see. Bit I think the hens an the pigs wur tak'an in more than the cattle at that time.❞

Sydney

~

Many crofts and farms on the island were too small to make beef cattle a viable option.

❝Weel, in the first World War the price o' cattle geed ap, hud started in 1914, aye an geed ap until aboot 1920 an than hud jist dropped doon. If ye bowt a beast in 1920 and ye kept hud a year, ye wud hardly get yer money back in 1921, jist the price geed oot o' hud. An than hud wus doon aal the time comman on near the Second World War. Afore hud, wae started wae hens an that wus the best thing this peedie island's hud, fur ye see ye could keep them an ye dud'na need much ground fur them. They wur a great thing an than hud aal geed flop tae, oh thur wur an enormous lot o' hens here a while. An fowk made money wae the hens, bit than the price geed oot o' them too, thurs very few hens on the island noo.❞

John S

~

By the 1950s farming was changing, the boom which followed both World Wars had come to an end.

❝Thur wur a man fae next door here. An I met him oot here at the front o' the hoose. Weel, at that time wae took home feeding stuffs by the kert load, half o' a ton at a time, an wae niver paid fur hud fur we selt the eggs tae the shop. They wur sell'an the eggs, therefore they wur git'an thur money aal the time ye see, an very often we got money back. Bit they started tae look tae thur books an they fund hud wus'na workan. Weel, this man next door, he wus been at the shop an they wur telled him the news. God he wus not in a good mood that day I can tell you, he wus grim. He asked me wur I cleared ap at the shop lately? I said no, an he said he wus been there an they hud been ower hud an he wus been £400 pound down. Hud jist flopped like that, an we hud been mak'an money. Hud wud been sometime in the middle 50s, an everything slumped, pigs an hens.❞

Sydney

~

During the second half of the 20th century, surviving on small crofts continued to be a struggle as there were limited ways to make money.

❝They wur gather'an whelks, an anything tae mak a bit o' money. Ye pat them in sacks an pat them in the ebb tae keep them fresh an they went awey tae Kirkwall. Aye I mind me gather'an whelks, bit wae dud'na mak a lot o' money. If ye hud enough tae buy a pair o' boots hud wus big going! "

John S

~

In 1987 Sydney Scott explained how he managed on his farm of Antabreck.

"Oh the sea fur wan thing an the tangles fur a second an the sheep fur a third. Hud aal helped. Hen hooses, I hud eleven hen hooses when I cam tae Antabreck first. God I wur tak'an ap twenty dozen eggs a day i'the summer time. Thur wur ony amount o' money in hud than. An yer pigs, thur wur money in them tae. Bit they both jist went flop at wan time. The money jist went oot o' them. An noo thurs nothing. "

Sydney

THE TANGLE INDUSTRY

In the 1930s, just as the kelp industry was ending, a new seaweed industry provided another source of income. Aliginate Industries, founded in 1934, extracted alginic acid to make textiles and food processing paper.[6]

"Thur was a company in the West o' Scotland that shipped the tangles an they made stuff oot o the tangles. Hud wus very little a ton they got fur the kelp, bit noo they get more, it's £130 they're getting this year fur a ton o' dried tangles. "

Sarah K

~

Thrown up by hand and stacked on stone steeths (platforms) to dry, they were tied into bundles, weighed and loaded for shipping to the Hebrides for processing.

"They gathered the tangles an than when yer done put'an the ware on, ye loaded the tangles than an ye tipped them off, an ye stacked them on the sea wall. They hiv a solid stem an ye hud tae clear off the top, they

ca'ad hud clocking' the tangles. They dud'na keep wae the top on. Wae hud ower twenty tons some years. When wae started hud wus £6 an than hud went ap tae £7 a ton. An than hud wus a year or two when hud went ap tae £8. Than hud took a great jump than up tae £70 a ton. "

Johnny S

~

Then in the 1980s the price began to drop.

"An than I think Alginates, they could git hud fae foreign, cheaper. They wur gittan hud fae Spain an different pieces. They stopped a good lot o' years ago noo, mibbe fully twenty years ago. I mind ye could mak a hunder pound a day, hud wus the best paying thing o' the lot. Bit hud wus a kinda coorse job on the hands, bit they got hardened intae hud so hud did'na affect you. They wur shipped awey wance a year. Bit thur no comman ashore the sam noo, ye'd be lucky if ye could mak a hunder ton noo. A' m seen the ewes get'an stuck in hud on the shore hud was so deep, an ye hud tae git them oot for they wur full o' lamb an ye would loss the ewe if ye didna git hud oot. "

Johnny S

~

Collecting tangles was a useful way to make some extra money but was not viable as a main source of income. To produce one ton, five tons of wet seaweed had to be collected, stacked, dried and packed, making the rate of pay around £1 per hour. North Ronaldsay, was one of the main sources of tangle work in Orkney: a reflection of the limited ways to earn a living on the island.[7]

THE NATIVE SHEEP

In North Ronaldsay sheep were essential for survival as they provided meat, and wool for clothing. They are small hardy animals and are the only survivors of an ancient breed native to Orkney.[8]

"I wur six year old when I start the work wae the sheep on me own. I took them in, the yows and the lambs, and they wur a damn nuisance many a day. You've got to huv an eye for it, you've got to be as clever as the sheep an ootwit them."

Bertie

THE SHEEP DYKE

As part of the reorganisation of farming land in the 1830s a twelve mile drystone dyke was built around the coast of the island to keep the sheep on the shore. Building and maintaining the dyke was the responsibility of the islanders and is a rare example of an old communal system of farming. Battered by strong tides and rough seas, the dyke is often damaged.

"Yer toonship wus important fur the maintenance o' the sheep dyke. Each toonship hud thur own place tae attend tae, an look efter an keep up, except in the case o' storm damage, or 'sea dyke' as it wus known. Than, if hud wus a bad patch that went, the whole island turned oot tae that patch irrespective o' whar hud wus on the foreshore. Hud wus always the sam no variations fae year tae year. Hud could be onywhere roond the island really. The Nort End has dykes tae maintain doon here at the Sooth End, an the Sooth West side, so hud wus jist shared oot as equally as they could, tae give each wan a fair share o' good an bad I suppose wus the idea really. That wus laid doon by the Sheep Court long ago, when the rights wur established."

Hugh

THE SHEEP COURT

A strict system of rules for managing the sheep and the dyke were introduced by the laird and his factor in 1839. These were implemented by the Sheep Court.

"In my early days it worked quite well, there wur two men fae each toonship, an wan for Hollandstoon, which came tae a total o' eleven. Thats Nesstoon, Bustatoon, Hollandstoon, Linkletoon an Aby an Easting. An you were elected on an sworn in or sworn

out, hud wus done through the Laird. An if thur wus a problem with the dykes, a bit o' dyke hud tae be built up, the sheepmen wud tak a look to see who owned it."

Bertie

~

Each of the toonships could select representatives to attend the Sheep Court. One of their main duties was to monitor the condition of the sheep dyke and decide who should repair any damage.

"Thur wur whit they ca'ad Sheep Men. That wus fur look'an efter the sheep an they went tae the sheep courts. They went tae luk at the dykes that wur doon, an the maintenance o' the dykes."

Sarah

~

The regulations for keeping sheep were strict. Each house was given an allocated number based on the size of their farm or croft.[9]

"Thur wus jist certain numbers o' sheep tae each o' the different hooses. An hud wus calculated mostly tae the acreage o' the hoose. An the sheep wur counted wance a year, they ca'ad hud the scoring. An if ye hud more than yer legitimate number, they wur sold an marked off tae the laird."

Sydney

~

Each person's total was carefully monitored by the laird's representative on the island. In the early 1900s this was David Knight from Nouster.

"I can remember old Davie Knight sit'an on top o' the dyke o the pund, book, pencil, an twa sheepmen, wan at each side o' the gate. An the sheep wud pass through them wan by wan, an they wud sing oot the name o' the hoose ye see, an he'd pit a cross there than, oh boy yes."

Willie

~

Stone enclosures called 'punds' were built into the sheep dyke and were used to gather the sheep together.

"At wan time the numbers wur adhered to very strictly, when the laird wus in his full majesty, there wus a book o' rules, an ye stuck tae the book o' rules, you could'no hae more than the number they said. Bit as time wore on, that relaxed. An eventually hud wus that people jist kept what they needed."

Bertie

~

If a crofter or farmer had more than their allocated number, surplus sheep were confiscated and sold.[10]

"An in those days the numbers wus still controlled, an anybody that wus ower the numbers, thur wans wur sold, an the money pit in the Nursing Fund. The fowk jist lost them, bit anybody that wus below thur number hud the chance tae buy them, bit they hud tae pay ap this money an hud went tae fund the nurse on the island."

Jimmy

~

The signal to announce a pund was given by hoisting a large orange fishing float on a pole that could be seen all over the island.[11]

"Weel the two o' the sheepmen wud be the wans that wud decide when tae start the punding, for sake o' the tides, an put'an the signals up then. Fur ye see they hud tae do the punding wae the full flood tide, fur the sheep cam up wae the flood tide. Wance the ebb started, the sheep wus mak'an doon as far as hud ebbed oot. An the funny thing wae that sheep, they wud be start'an fur up afore ye could see ony notice o' the water comman in. An thats why they say thurs a worm in the feet o' that sheep that tells them whit the tide's doing."

Peter

LUG MARKS

Sheep were identified by a series of 'lug marks' a technique used in Orkney for centuries. This system of identification was practical and effective, as sheepman for the district of Linkletstoon, Bill Muir described in 1985.

"Thurs aal different ear marks on them, mine's a shear o' the right ear an a piece aff the left ear. An thurs bits an holes an different marks besides that. They aal hiv different marks, they keep the sam mark they've hud fur ages, thurs an odd time they might hae tae change marks bit huds very rare."

Bill

~

A log of all the sheep marks appeared in the Sheep Regulations so everyone knew who owned each sheep. The list gives the following ten 'cuts' as the basic marks ; an Axe, the Crook, the Drawn Hemlin, and Stoo, Stoop Hemling, the Bit, the Thumb Bit, the Shear, the Piece Off, the Rip and the Stooed Rip.[12]

"They wur aal ear marked, there wur ower sixty marks at wan time, every house had its own mark. An they wur all specially designed so that if a sheep lost part o' wan ear, you could still tell that it belonged to a certain person. Hud wus well thowt oot. They hud tae be clearly marked in those days so that you could see them wae the eye at a distance."

Bertie

~

Today each farm has its own mark but due to regulations introduced in 1989, the ears are no longer cut.

"Wae still mark them, bit noo a'days thur all tagged. Thur all recorded an the numbers are probably slightly less noo I wud think, because there's not enough people to look efter them. Ye see thur wur sixty crofts at wan time and now yer down tae under ten ferms thats keep'an sheep. The thing aboot the sheep is they're all different, they're no like a flock o' Cheviots or Texels that look all the same. These sheep are all individuals, they hiv thur own characteristics, an there's no two exactly alike. An ye can know them withoot a mark, jist by glancing at them."

Bertie

SEAWEED DIET

Confined to the shore the diet of the North Ronaldsay sheep is almost exclusively seaweed.

"A'll tell you wan peculiarity aboot that mutton, an the flavour o' hud. On the oot ly'an point at the Green Skerry, Kirk Taing an Twinyness, thurs a sort o'weed that grows there, seaweed you don't git on sheltered places. An whar ever thurs a tidal point, you'll always git the sheep there. Well thur fatter in the winter wae the eating o' that weed. Bit the tallow (fat) o'the sheep is a bit darker colour though, yes. You'll easy know whar they cam fae by that, yes."

Willie

~

And they go to great lengths to get the best fresh seaweed available.

"They dud'na actually swim, bit they wud jist wade oot. In the North End o' the island, at the Seal Skerry, wae a low ebb tide ye could walk tae the skerry an back bit ye hud to be gey smart aboot hud. Thur wur some o' the sheep wud go, an they wud stay rather too long, an than the tide wus comman in, an they wud try an mak fur the water. An than, especially if they wur'na clipped, the tide wud git them an hud wud tak them right doon tae the East Side, an than on tae Start point and thur bodies wud be washed up there in Sanday."

Peter

~

The sheep have adapted to cope with a diet rich in salt and iodine and as a result they cannot cope with too much grass.[13]

"If ye keep them too long on the grass hud can cause problems. They can get copper poisoning, an hud acts very quick an they can die within days."

Bertie

TERRITORIAL

The sheep have the freedom to go anywhere along the coastline but prefer to stay in one area. This is known as their 'clowgang' a word surviving from Old Norse meaning 'sheep following in a flock or gang.'[14]

"They hiv whit they ca, oh huds an auld wurd, clowdung or trowgang. They'll stray fur a mile an a half, bit they generally come back tae thur place at night, whar they rest ye see. They keep tae thur part o' the beach. Oh they'll wander, you'll git them wander'an aal roond the island, bit as a general rule they stay in thur ane area, thats the wey o' hud."

Willie

KNOWLEDGE OF THE TIDES

They find the best food at low tide and these sheep are able to predict the turn of the tide 'as accurately as any Admiralty Tide Timetable!'[15]

"Ye know the most remarkable thing is thur knowledge o'the tide. Aye, they know the tides turn'an afore hud turns. They'll be ly'an under the dyke an thur start'an tae move doon the beach afore the tide really turns."

Sydney

~

They are so accurate, creel fishermen use them as a guide.

"A'll tell you this wan thing, a'm seen me watch'an mony a time when you're at the lobster fishing, some o the bigger sheep, they'll swim oot tae an oot ly'an rock tae git some o' this special short seaweed. An than, if you like tae watch, you'll see wan sheep look'an, an than anither wan look'an, an than wan wud mak fur ap, an in aboot ten minutes the whole lot wud head above grund. An hoo in gods name they know the turn o' the tide we don't know. If you wur in a bot, an you wur'na sure o' the tide, if you see the sheep mak'an fur ap, you know that the ebb wus done, oh yes."

Willie

~

An older generation of islanders believed there was another reason for this instinctive behaviour.

"They say 'as stupid as a sheep' bit thur no stupid! They know the tides, when they go doon and when they come ap. The auld folks said they hud a little worm that wriggled atween thur hooves, an that telt them when the tide wus comman, bit I think that wus'na right!"

Johnny

~

Their knowledge of the shore and weather conditions also helps protect them from the worst of the winter storms.

"Well they've got tae look efter themselves when the sea comes in, an they git inside when there's a gap in the dyke. Its amazing how few sheep get killed by that big tides, huds very rare. They hiv a born instinct, they go tae the place thats safest until such time as there's a gap in the wall, an than they walk in."

Bertie

~

And some have the intelligence to get inside the sheep dyke.

"An ye git loopers, wans that jump the dyke, aye, an you canna cure them wance they git the custom. I saa hud happen wance, hud wus at Twinyness, an thur wur wan proper looper there, an he jumped tae the top o' the dyke an stood there. An he waited till he got the rest together, till he hud aboot a dozen below him. Than he jumped doon, an they jumped on tae his back, wan by wan, an they cam inside the dyke. An than he went in wae them. I saa hud happening. Thur no stupid!"

Sydney

~

These sheep were considered dangerous as they led the others astray. A clause in the Sheep Regulations states,

"Any notorious dyke leaper shall upon being reported to the factor or his officer at the numbering of the sheep have its ears taken off, and be removed and disposed of by the owner." [16]

But there was respect for the survival instincts of the breed and islanders had a more humane treatment for ' loupers'; they shackled or hobbled them to prevent them from teaching others to copy them.[17]

"Aye, I'm seen that twice, thats how clever they are. They're supposed to have a bigger brain these sheep, so Dr June Morris, the sheep expert said, They're clever alright an semi wild."

Bertie

PUNDING

The punds consist of nine small stone enclosures situated across the island where the sheep can be gathered together. Rounding them up is called punding. Different punds were used at different times of the year.[18]

"The main punding wus in the summer time, hud wus the clipping punding. In former days thur wur two pundings, wan for the sheep an wan fur the smaller wans that wur'na ready tae clip, ye dud'na count anything then. Then the next wan wus at Christmas time when ye needed tae tak in the sheep fur yer own use. An Christmas wus the main time of butching sheep fur the season. An the sheep wur all salted down. So most crofts could spare tae hiv fower or five sheep during the winter fur thur own use. An that kept the numbers regulated. Hud wus up tae yourself hoo many ye wanted tae butch. An if ye wanted a sheep fur butching fur yourself, ye took yer own dog an ye went tae the beach an caught that sheep, so a lot o' sheep were taken home ootwith the punding altogether. If ye needed a sheep, an yer mutton wus run oot, ye went tae the shore an caught a sheep. An the dogs wur quite good at catching the sheep an they dud'na harm them much either. Ye wur supposed tae tell the Sheep Court. In theory yes, in practice no."

Bertie

~

There were pundings each time the sheep had to be collected; for lambing, counting or scoring, shearing, and slaughtering.

"Everybody hud tae go tae the punding, if they dud'na go, they wud'na git the sheep in. Hud wus in thur own interest tae go. Hud wus jist the same punds fur clipping an dipping an hud wus the same punds in the same districts. Ye hud tae kert the water tae the punds fur the dipping, an the punding fur the clipping wus in the summertime."

Peter

~

Originally the punding was done six times in the year, the first pund for 'scoring ' or counting the sheep.

"Early on thur wus the scoring punding wae called it, that wus in February . An than, if thur were too many the Laird hud the power to take them from the shore and they were sold. The money went to the Nursing Fund."

Bertie

LAMBING

In May the pregnant ewes were separated from the rest of the sheep and taken inside the sheep dyke to give birth.

"Thur teen in on the grass aal the summer, until the middle o' August. Bit if they keeped them in too long, the lambs dud'no tak tae the ebb so weel. They hud tae be oot when they wur comparatively young so they wud still follow the mother properly."

Sydney

~

Some crofters like to give their sheep more than grass to eat.

"They wud give them aal the tattie peelings when they wur in, an they wur aal at the door. They wud give them onything that they hud."

Beatrice

Hughie o' Bewan with his sheep, hens and ducks. The Auld Beacon is in the background.

Feeding on grass helped the ewes produce more milk.

"We take the ewes in tae give their lambs a bit more milk an then thur put oot in August, back tae the shore. The seaweed's like any harvest, its a lot richer then an they jist take to the beach immediately, even the lambs goes for the seaweed right awey. An every mother has her own area and they stick religiously to that area."

Bertie

SHEARING

The second and third pundings were for 'rooing' or clipping the sheep.

"Than ye hud tae pund them tae catch them in summer, tae clip tae git the fleeces. An that wus done twice in the summer. Weel the better wans, they wur ready tae clip, those that wur'na ready, a month later, ye'd pund again an ye'd git them."

Willie

~

The fleeces were a valuable resource, and help was always at hand.

"A'll tell ye whit wae used tae do when we wur boys, wae wur right damn things, wae wud pit a big stone in the bag that the men wur pit'an wool in. An they wud carry the stone home in the bag o' wool! I mind us doing that fine. Ye know in that days wae made wur own amusement."

John T

Shearing the native sheep in a pund at the North End.

SHEEP DIPPING

The next pund, for dipping the sheep, took place before harvest time.

"An than of coorse thur wus the dipping, jist wance a year, MacDougal's Approved Dip of coorse. An great big tubs they hud first, an afterwards they hud stone built troughs, an they jist drove the sheep in hud, an they walked through, in wan end an oot the ither. Oh hud wus great times when ye wur punding wae the great tubs ye know. An us boys wud be there, an ye'd come wae yer sheep, an somebudy wud be stand'an by, an you'd put him in wae a splash, an git some o' the sheep dip ower him, oh boy, oh yes."

Willie

~

The native sheep, due to their diet, were immune to some of the diseases that were common in modern breeds.

"Hud wus tae kill the jibs(sheep ticks), an tae sort some skin trouble, or scab. Bit hud wus niver here ye see, so efter a while they got exemption from hud fur thur niver wus scab, aye , scab wus the main thing. An another thing, being at the beach, thur wus niver ony o' this foot disease, oh no."

Sydney

~

Although the sheep were generally healthy, problems arose when new breeds were introduced.

"Thur wus a trial tae tak Shetland rams in here, they wur Moorit sheep bit they spoiled the breed here, they softened them, aye they took in a blindness wae them the wan time. An the whole lot went blind aye, an they niver got ony treatment, mind you the sheep cast hud aff an hud niver cam back, no. Bit hud wus a right lot o' them that wus lost wae that blindness I think."

Sydney

~

The sheep needed their sight living in such challenging conditions.

"By gosh I mind the blindness. Aye, weel ye see they could'na see whar they wur go'an an they geed ower the banks. I remember see'an wan at Bewan there, an me faither wus aboot of coorse, an he saa him up on the hill, hud wus a ram actually. 'Ah that's a stranger' he says, 'he dus'na belong here,' he says 'An he's blind too.'"

Willie

THE YULE SHEEP

The final pund of the year was the most important.

"Than in winter, ye hud tae pund again, fur tak'an home sheep tae kill. That pund, awey doon at the North End there, that wus always New Year's Eve oh yes, everybody wud hae a sheep in that pund."

Willie

~

Over the winter months, mutton was the main food in the islander's diet and as the best seaweed was washed ashore in seasonal storms, the sheep were in prime condition.

"The only time they killed them fur mutton wus in the wintertime. They niver killed sheep in the summer, hud wus always wintertime when they killed the sheep fur eating. They wur three or fower year old afore they took them home fur killing. The number depended on the size o' the family fur every hoosehold only hud so many sheep aroond the shore ye see. An they knew hoo many sheep they hud fur the number o' lambs they pat oot every year."

John S

~

The final punding at Dennisness was attended by everyone and the best sheep was chosen for New Year, and the second best for Yule Day.[19]

"At that pund you got the sheep fur New Year's Day, ye'd tak hud home on New Year's Eve. They wur eaten fresh, bit than they wur salted doon tae, ye see. An they cured parts o' them too, the hint legs an quarters, aye.

They pat them in salt, an turn them a few days in a tub wae pickle, an dried hud, an than hanged them up wae a cloth aboot them, Oh hud wus quite good ye know. **"**

Willie

~

The actual punding of the sheep was a community effort and required a lot of energy.

"I remember when we were down there with Granny and Grandpa, when it was time for the ewes to be taken in from the beach, just before they lamb. All he had to do was to go and stand at the gate and open it and they would all come in, his wans an some of the others. Shut the gate and no, no, open the gate and let them out! They were just tame, they were all at the gate, it was really funny to see him standing there. I just loved the sheep and I loved being at the punding. In these days, from the time we could run over the rocks, you had to run. The pund was away over there and you had to go and just caa the sheep along to the pund. And there was people at the other side, waiting to take them back when they went too far. And then everybody took them into the pund, and we used to run and run, the older men would tell us kids what to do, and we ran like little fools. Ian o' Antabreck was great, he was that bit younger. I was told to stop, after I married and had the bairns. **"**

Sybella

~

But in the 21st century managing the sheep has become a challenge. The lack of manpower makes it difficult to maintain the dyke. Bertie Thomson, one of only six sheepmen left, describes the storms of 2013 as the worst since 1937.

"Huds very, very few fowk left noo, huds under fifty, an half o' that's females. An huds beyond the island tae maintain the dyke as huds been in the past. I mean this is the biggest disaster that's been in my lifetime. Hud cam on very suddenly, hud surprised me because that day the bot made a landing at

the pier and by bedtime the dyke wus going down at a rapid rate. The next day hud wus jist in a terrible state, you could'no believe that it had happened overnight. We've had dykes down on different occasions and I can mind that a few times in my lifetime but this time hud wus three mile o' dyke roughly. **"**

Bertie

WOOL

The wool from the fleece of the native sheep was a valuable resource and despite the small fleeces and the coarse wool, it was widely used.

"Oh my the wool's valuable, huds the next thing tae Shetland wool, huds fine wool, fine texture, oh yes. Aye some look kinda ragged coated bit taken aal ower, well the wool's alright. Bit in the auld days you see, most o' yin clothing wus made fae the wool, blankets, stockings, every bloom'an thing, either knitted or wae the hand loom. **"**

Willie

~

The sheep have a double coated fleece with a soft under layer and a coarse, hairy outer one.[20] The carding process cleaned and untangled the wool fibres ready for spinning.

"When they wur card'an, the winter wool or the summer wool, they pat oil intae the wool. Weel wae ca'ad hud sweet oil. You jist sprinkled a few drops on an that made hud go grander. Of coorse hud wus kept in till after hud wus spun an than hud wus washed, they washed the wool clean. **"**

Willie

~

The wool contained salt so wasn't easy to handle.

"They carded hud an they pat hud intae rowers which wus a roll aboot two inches in diameter an aboot nine or ten inches wide, an thats whit they pat intae the spinning wheel ye see, than, an the two hands work'an at wance, just feed'an hud in an tak'an hud up aal the time. **"**

Sydney

The next stage was to spin the fibres into yarn. Every home had a spinning wheel and all women were skilled in the craft.

❝They wur work'an the wheel wae thur foot, an hud wus rolled, hud wus awful soft you see, as soon as they hud wan round you see, you held the end an joined on the next wan.❞

Willie

~

Spinning was an all year round task, essential to provide clothing for the family.

Undyed, the wool was used in its natural state with colours ranging from grey and brown to black.

❝Ye see ye hud at least three different colours tae stert off wae. Ye hud black wool, an ye hud white. An than the greys, two greys, aye, an ye hud Moorit, which wae ca'ad khaki, so ye could git a fair mix o' colours.❞

Sydney

~

Fibres could be mixed to create new shades and similar breeds from Shetland and Fair Isle were introduced which gave a ' moorit' reddish brown fleece.

❝I think that Moorit cam fae the Fair Isle, a ram or twa rams that they took from there. An oh the Fair Isle sheep wur much like wurs, they're like the Shetland ye see.❞

Willie

~

By the early 20th century spinning and weaving to make clothing had ceased and the wool was sold.

❝Oh aye, huds sent awey tae the Wool Marketing Board. Oh hud wus jist selt, the sam as is noo, wae wur git'an as much fur the wool than as wur git'an yit. Me mither carded an spun some o' hud an shu mainly used hud fur socks an jerseys.❞

Peter

~

It was also sent to mills in the south in exchange for wool that had already been spun.

Annie Cutt spinning outside Peckhole with her mother May in the doorway.

❝An they pat 'oo (wool) aff tae Jedburgh fur blankets, an thur wus a merchant that collected hud, auld David Knight collected hud aal. An if ye wanted worsted or that, ye pat yer wool awey an ye got hud back as worsted. An they used tae do that fur blankets, send so much wool awey an ye got blankets.❞

Beatrice

~

As well as knitting for the family, women sold knitted garments.

❝Later on me mither knitted Fair Isle stuff tae sell. Sarah Deyell hud some wey gotten word fae Shetland aboot knitting, an her and her mither wur knit'an a lot o' jerseys. Than mither started, an then shu wud git private orders an so on. Shu worked hard at it, shu dud'na mak much money oot o' hud, shu wud'na charge fur postage an things like that.❞

Beatrice

Later in the 1970s and 80s, islanders had the opportunity to knit for the Isle of Sanday Knitters which gave them an opportunity to earn a small income.

"I think a lot of people did, Mary Burray used to do a lot of knitting and Annie Milldam. They would have made a few pounds but nobody made much money at the knitting. There would have been about a dozen of them at that time. There was a lot of Icelandic knitting then, that was with the big chunky wool. Tommy had the job of distributing the wool, and it was for both hand knitting and machine knitting. Some women did the machine knitting and then others would finish it off and then others would just do hand knitting. "

Christine

Survival

For 200 years the island of North Ronaldsay was owned by members of the Traill family. Originally from Fife, they moved to Orkney as followers of the Stewart Earls and became the most powerful family amongst the landed gentry and merchants of Kirkwall. In 1727 James Traill, an Edinburgh lawyer, son of William Traill from Rousay, bought the island and the Woodwick estate.[1]

> **"**A'll tell ye noo, thur wus a family o' Traills some where in Scotland, an that laird hud a lot o' boys an no very much tae gey them. An they went tae Orkney. Thur wur three families o' Traills in Sanday, an thurs Traills in Westray, the laird o' Westray wus a Traill. An the Traills o' Woodwick wur the sam Traills that wus here. Oh Traills, aye. Than thur wur Traills in Papa Westray, Traills i' the mainland, oh yes, yes. An thur wur Traills in Rousay, well that Little General, he wus married intae that Traill family, aye, little Burroughs.**"**
>
> **Willie**

~

Already a member of the Traill dynasty, James married the daughter of William Traill, an estate owner in Sanday. He began exporting grain and malt from the island to Kirkwall, Scandinavia and Holland.[2]

~

> **"**Well you see in the auld days thur wus no money, your rent wus paid in kind, that wus in grain, butter, seal oil, dried fish, onything. An that hud tae come, even if your children should be hungry. That grain hud tae come an it hud tae be dressed till hud wus a bushel measure, a wooden keg that weighed so mony pounds weight. Oh yes. **"**
>
> **Willie**

~

Every farm and croft on the island was owned by the laird.

> **"**In the auld days a certain percentage o' the rent wus paid in seal oil an seal skins. An I think that the laird claimed every tenth skin, he hud a good share in hud onywey. In the island wur two seal nets they could spread across a geo whar seals cam in, an they could git him in the net an haul him ashore. Thur wur a fair rent on that nets to the laird too if you please.**"**
>
> **Willie**

~

The oil used in lamps, was a valuable commodity and skins were sold, used as rent or made into household items. The meat was eaten; and the islanders' dependance on seals gave them the nickname 'selkies' or 'hides.'[3]

> **"**Aye an they said the auld man o' Senness, when he went tae bed he hud a rope wae a hook on the end o' hud, doon tae the beach, An than he knew when the seal wus there, an he went oot an clobbered him, aye, thats the wey hud wus. **"**
>
> **Sydney**

~

By the 19th century, the island was still owned by the Traills. Dr William Traill inherited North Ronaldsay in 1840. Privately educated, he studied medicine before joining the East India Company.[4] He retired to St Andrews at the age of 43 returning to visit Orkney once a year. The Traills took little time to engage with the islanders.

> **"**Weel ye see Traills they wur niver much here. They took an interest, tae a certain extent, bit no very much, no. Oh they came tae visit some o' the bigger hooses, bit I bade oot o' the road if I could manage hud. **"**
>
> **John S**

~

Islanders were careful not to criticise the laird.

"The Traills, wan o' them wus a civil engineer on the railways in India, an some o' them wur in the army, the North Western frontier. They lived most o' thur life there, aye. They tried tae do good but they wur still the lairds jist the sam, they niver lost that bit, not completely. **"**

Sydney

~

The status of the laird, his control over the tenants is illustrated in the story, 'A Hateful Summons' that appeared in *The Orcadian* in the1900s.

"At that period the North Ronaldsay people looked upon the laird as a monarch whose word was law. Accordingly, when they received a summons from him to attend a meeting at Howar, they felt that they dare not disobey. They had a suspicion of what was wanted, but they feared if they did not put in an appearance at that time and place fixed upon, they might lose their crofts." [5]

The laird colluded with the Press Gang to forcibly recruit men for the British navy. The story goes on to tell how three islanders are 'pressed', locked up and **'torn from their native place'.**

Over the years none of the lairds lived in the island.

"Well the Traills themselves, they wur engineers an they worked awey in India, they made money there, a good lot o' hud. They wur whit you ca'ad absentee landlords, they wud be here a few weeks o' the year an that wud be aboot aal. **"**

Willie

KELP

The kelp industry introduced in the 1720s shaped the fortunes of both landowner and islander; it provided the Traill lairds with large profits and made a lasting impact on the lives of the people. Seaweed was burnt to obtain soda ash, which was used to make soap, glass and iodine. High profits were available to the lairds of the North Isles as Papa Westray, Sanday, Stronsay and North Ronaldsay were the top producers. Kelp became the main money earner for the Orkney lairds, and as shipping merchants they were ideally suited to exploit the market.

"So the Laird, he hud a storehouse built. When you burned the kelp, you kerted hud there tae keep hud dry, an you weighed it, an the weight wus marked down. An efter a while, in the auld days hud wus be a schooner or a sailing smack wud *come* in fur the kelp. Thur wus no pier here than so the kelp wus aal sacked ap, boated out an put aboard. **"**

Willie

~

Their rate of profit was exceptionally high.

"The highest price ever I remember wus £4 a ton, an before that hud wus only aboot £3, an he wus get'an awey aboot £10. Of course he hud his store tae build, an his bot to hire, bit he wus still mak'an aboot twice as much a ton as his tenants wur mak'an - fur doing nothing bit a few lines in a book an a few letters tae write, aye. Bit there hud was. An you see, when they hud the kelp they wur go'an tae Edinburgh, oh great men you know, oh mighty men! **"**

Willie

~

Agriculture became less important and annual rents were paid through the production of kelp. The process required little investment from the landowner and profit was spent rather than re invested.[6]

"They dud neglect the land fur the kelp ye know too, in fact the ferming came second, an that wus whit wus a bad thing in a way. More kelp, more money, oh yes. An of course the more kelp the factor got, he might git a bit o' hand out fae the laird too you see. **"**

Willie

Higher kelp production meant higher profits for the lairds. Peter Tulloch, local historian, collected information from a generation who clearly remembered the pressure that kelp manufacture placed on the islanders.

"Having fixed the amount of kelp to be made, the absentee landlord would leave his factor and kelp grieve full freedom in the method employed to raise this quota. Under such an indirect system, the laird's deputy often

resorted to measures which kept the tenantry in constant fear of eviction. To disobey some relatively unimportant and often unfair request could lead to a row in which the factor would always score by having the offender ' warned oot' and replaced by a more amenable tenant." [7]

At the time of the kelp boom the lairds extracted as much rent and labour as they could from their tenants. To this end the factor often interfered in the daily lives of the tenants to ensure he met his target.

"Fishermen might not only be recalled from the sea but might have their catch confiscated for the benefit of the factor himself, who was just as liable to commandeer a tenant's store of wood and flagstones for his own use." [8]

Each croft and its household had to fully commit to kelp production.

"Where some misfortune had left a widow who was considered unable to cultivate the croft and produce her quota of kelp, the land would most probably be appropriated for the enlargement of either the laird's or the factor's own farm." [9]

THE PRICE OF KELP

There were substantial profits to be made.

"Ye paid yer rent wance a year, aboot October or November. The laird bought the kelp off o' them, he took the money fur the rent, an whatover money wus over they got. He took the kelp and sold it fur himself and then you got the money, weel ye never actually got hud, he told you how much you had, an how much you had earned. Ye see every year wus'no the same. And than ye paid for yer milling, for getting yer crop ground at the mill, he owned the mill too, an than what was over was yours. Bit there was very little over. "

Sarah K

~

Over a million pounds came to the lairds during the kelp boom in Orkney, a figure three times as great as the rent from their estates.[10]

"In the first o' the time, hud wus aal peat fuel an they hud tae bot hud fae the island o' Eday. Bit now when they wur comman fur this kelp, they could come fae south wae a cargo o' coals. So now the laird hired the vessel, an Grangemouth wus where the factory wus, so shu wud load ap an he selt hud tae the tenants. "

Willie

~

The income from the kelp industry elevated the status of landowners in Orkney. Patrick Neil touring Orkney and Shetland in 1806 was critical of large profits being **'drawn off by absentee landlords,'** with little to show for them

"Since the introduction of the kelp manufacture in Orkney, a great change has taken place in the state of society in Kirkwall. Country gentlemen have thus acquired from their bleak estates sums of money great beyond all former experience." [11]

Their new wealth and profits were used to provide new comfortable mansion houses across Orkney and lucrative careers for their sons.[12] As established merchants, the lairds had control of each stage of the process.

"An than you see, when the kelp came, you hud the kelp money, at least the laird had hud. An oh hud worked fine, fur the laird took the rent aff first he dud, an if thur wus onything left, you got hud. An if hud wus nuthing, he marked hud doon that you wur due hud. Oh they hud no bother wae that. "

Willie

~

An hourly wage for working in the kelp was not paid. Instead payment was set against the rent and other costs owed to the laird by the kelp worker and tenant. For subsistence crofters, this was a way to pay their rent.

"Hud wus done through the estate really, an he hud a resident officer that did represent him when he wus'na on the island. That wus Davie Knight when I mind, an aal in aal he wus very fair, bit then some folk hud thur grumbles. Going further back thur wus more ill feeling than whit wus in my time, as far as the laird an the folks went. "

Hugh

~

The calculation to assess how much kelp had been made by each tenant was in the hands of the laird and his factor.

"Aye, ye hud tae pay the rent, an hud cam oot o' the kelp. Hud wus through the laird, an if ye hud more, ye got hud back. Bit I mind me auld grandfaither say'an, if ye got five pounds back, hud aal went on sugar and things fae the shop. Ye hardly got enough back fae the rent tae pay the milling, fur ye paid the laird fur the milling o' yer grain. Thur wur'na much food buying. "

John S

~

And the process was far from transparent as Orkney historian Hugh Marwick notes,

"It was the land-owning rather than the land-working class that benefited most. At first even the poorest folk must have welcomed the fresh increment to the family budget, but other factors intervened. In more recent times, tenants must have grudged seeing the major share of the profits going into the pockets of the lairds." [13]

Islanders didn't know how much they were earning until their rent was deducted by the factor. They had no choice but trust they were getting a fair deal.

"Weel they only got so much, the estate hud a good whack o' it. Thur wus a lot o' talk aboot the price that wus paid. I think this wus where the biggest disputes with the lairds cam in. Hud wus general in the whole island, they aye wondered hoo much he wus hiv'an oot o' it compared to the effort the kelp collectors wur hiv'an tae pit in. I think that wud be fair to say indeed. Hud wus the price they got per ton of kelp that they wur more concerned wae. The fowk dud'na know the kelp prices. "

Hugh

POPULATION INCREASE

It was in the interest of the Orkney lairds to increase the population in kelp producing islands and estates. A larger work force directly increased their profit.

"Yes there wur too many folk in North Ronaldsay. When my grandfather was born there wur five hunder folk here. An he wus born in the middle o' the 1880s. "

Peter

~

This had a dire impact on a small island with limited land and accommodation. However some factors were obsessed with increasing kelp production.

"The factor wud come along and say 'Out tae the tangles, out you go!' Oh yes thur wus a case in Sanday now, an hud wus a man near the Start lighthoose, an the factor wus there, he wus a great man fur the kelp an he wud go round i' the mornings an put them out. An they said even the woman who hud a bairn, shu wud hiv tae go out, give the bairn the breast first, then go oot tae the kelp, an then back in an hours time, then look to the bairn again, then back oot again. So than he cam to die, as everybudy has to, an they hud a bit o' a hearse, a waggon thing they used tae carry the coffin tae the churchyerd. So they wur at the funeral onywey, an the road went doon by the beach, an the horses wur driving on, an jist on the turn, the road went doon a slope an awey slid the coffin, awey doon tae the beach. An some auld boy said, 'Lord look at that, he's doon look'an fur tangles yit!' "

Willie

~

As the seaweed was an essential source of income a fair division of the shoreline had to be decided.

"Well the wey hud worked, the beach belonged to the laird, an now thurs wan thing in this island here, the beach wus divided ap fur seaweed to kert on the land fur manure you know, whit wae ca'ad ware. An hud wus divided ap according to yer acreage. If you hud twenty acres o' land you hud twice as much foreshore

North Ronaldsay sheep feeding on seaweed with kelp burning in the background.

as a man wae ten acres. Bit when hud came tae the kelp, every man wus equal, whether he hud ten acres or five. An that wus sensible too, because a man wae a smaal acreage hud mair time tae be i' the kelp onywey an mair need. That wus fair enough. **"**

Willie

~

The system was complicated but fair.

"Very often if thur wur a few tangles ye see, awey at the far end, an some in the middle an some at the other end o' the beach, they wud aal be kerted tae the wan place fur burning to get the kelp. They hud the beach pairted ap in that days fur whit they ca'ed mates. Every toonship divided fur its own toon ye see. In fact thur wur three sections in this toon, an thur wus fower hooses in every section, an in the dividing, hud wus firstly divided intae three sections, an than every section hud the fower hooses. **"**

Sarah D

Production began with the collection of seaweed.

"Well, they threw hud up in the wintertime ye see, hud wus big long sticks o' tangles, an they wur aal kerted tae the wan place, an stacked them an they dried in the stack. **"**

Sarah K

~

Left to dry the seaweed was ready for the next stage.

"An than in the summer time, they burnt them in a big round hole, in a pit they called the tangle pit. An they shipped aff the kelp than an they got the money, so much a ton fur the kelp.**"**

Sarah K

~

John Tudor in the 1880s creates a poetic image of the process.

"From the middle of May, on every fine day, all through the summer the burning goes on in small circular pits, the smoke from which

gives a peculiar weird charm of its own to coastal scenery." [14]

This romantic view of making kelp was shared by the laird's factor Duncan Robertson. In an essay entitled, 'Among the Kelpers' published in 1909 he describes the happy lot of the kelp worker,

"An easy and pleasant life... he has the green turf under his foot and the clear sky over him, the sea makes music for him unceasingly and the salt winds bring him health and strength.... The summer work of the kelpers shines tempting as the water to Tantalus he dreams only of quiet summer days and the gray glimmer of sunlit waters seen through a veil of drifting smoke." [15]

This poetic view was not shared by the islanders who remembered the reality.

❝Aye, I worked i' the kelp. Ye jist threw ap tangles aal winter, an hud wus very hard work, very cowld weet work.❞

Johnny L

And also the unequal return.

❝An the burning o' the kelp wus a great lot o' wark in the summertime. Bit ye dud'na git much pay fur whit ye did, the laird keeped hud. The kelp wus aal on his foreshore ye see. I mind a minister here, Gordon, an the money wus gan oot o' the kelp than an he said, 'A half o' a loaf is better than no bread at all,' bit I says, 'Wur hin the half too long!'❞

John S

~

Isabella Swanney born in 1885, remembered the difficulties and dangers of working in the kelp.

❝Ye went down tae the seas and ye broke aff the heads and threwed them up as far as ye could. Bit hud wus very bad, tae stand in the face o' the sea there, gather'an tangles, hud wus'no very good wae the sea comman run'an right aboot yer ankles. Hud wus herd work right enough, ye hud tae ease them up first

Willie Swanney o' Holm burning kelp.

and than ye hud tae scutter an pit them on a stack ye see. An efter that, they dried a lot, ye hud tae burn then, an than ye hud tae tak them aal up again an pit them in sacks, an thur wus lumps, hud wus great big lumps, an the smaal stuff wus put in sacks. **"**

Isabella

~

It was the main source of income for the whole island.

"Oh everybody worked the kelp. Most o' the money came oot o' the kelp because thur wus'na the money in the farming. They hud nothing tae sell than, bit they worked the kelp in the winter time. An than in the summer time they clipped the sheep an they sold the wool. An that was all they hud fur selling except the cattle, an thur was very few cattle tae sell in me time. **"**

Sarah K

~

Children also had to work.

"An sometimes, when wae wur boys wae wud go doon tae the Banks i' the winter time an haeve (heave) ap tangles, aye the kelp wus still on than, an wae gathered the tangles an threw them ap. Wae used tae tak a basket wae a bottle o' tea an a piece tae me faither when he wus burn'an in the pit. Oh hud wus great than awey in the month o' June, hud seemed tae be bonny days than compared tae whit wae git noo a'days. An I think the kelp stopped then afore I left the school at fourteen. **"**

Peter

~

Even the elderly had to help. In the 1770s James Fea observed

"numbers of poor old men and women that have been and still are employed in manufacturing kelp".[16]

And women had to fit kelp work around their other commitments.

"The weemen milked the kye an ga'ed the calves.. an than they geed doon tae the beach an they worked the tangles an they made the tangles intae kelp. Everybody worked in the kelp. **"**

Sarah K

~

Sometimes with fatal consequences.

"Johnny o' Barrenha's mother, she lost the twins because she had been burning the kelp in a kelp pit when she was pregnant. I think it was caused by the arsenic in the kelp. **"**

Christine

~

The kelp industry continued in North Ronaldsay until the 1940s, long after the process was profitable.

"Bit then the kelp was stopped and thur wus'na any money in it, iodine an all the things they got oot o' the kelp, they could get it cheaper abroad, an the kelp wus finished. **"**

Sarah K

CLEARANCES

In 1830 the collapse of kelp prices plunged Orkney into a serious financial depression and North Ronaldsay, dependant on the industry was badly affected. The New Statistical Account, published in 1841 comments

"It was the policy of the landlords In this country to subdivide the land, and encourage the increase of population as much as possible, for the purpose of obtaining a sufficient number of labourers to manufacture the kelp; and now.....the excess of population meets them with an insuperable difficulty." [17]

The focus on increasing profits by encouraging an expanding population was now problematic: islanders could no longer earn enough to pay the rent. The laird's response to this situation was simple and drastic.

"Oh yes you see thur wur three or fower times as many people as what is noo, an in fact the landlord an his factor, they wanted the population because o' the kelp business you see. An the smaal crofts, two or fower acres, you'd git a bit o land fae the laird that wus no use, than build a bit o' a hoose, an work kelp, kelp, kelp. Hud wus alright bit than you see the kelp wus fail'an an the island wus ower populated. So thur wus wan time the laird o' Eday, an the laird o' North Ronaldsay wur both in Kirkwall, an they wur both comman back on the bot, an they got yarn'an aboot thur respective lairdships. 'Man', says the North Ronaldsay laird, 'Wur jist ower populated wae people'. 'Now, now', the Eday man says 'Look aal the north end of Eday, thurs not a bloom'an house on hud, I canna git people on hud,'. So they made the bargain you see, he wud shift some families from North Ronaldsay and dump them down on the Nort End of Eday. An of coorse hud wus jist done, thur wus no more aboot hud, the people hud no say in hud! **"**

Willie

~

The solution was to clear islanders from North Ronaldsay to the neighbouring island of Eday. Homes were broken up and families of married brothers living together were the main target. A notice issued by the factor stated:

> *"TENANTS of North Ronaldsay are further reminded … "That not more than one 'married couple' were at any time to reside on each farm". No Tenant who after this date disregards this obligation, shall have his Lease renewed on the approaching new letting of the farms. Signed ROBERT SCARTH, Factor for William Traill Esq of Woodwick."* [18]

The whole community was affected by the removal of thirty families from the island.

"Hud wus no really eviction as such, they wur cleared. An aal the west side o' Eday at that time wus barren. They wud tak them intae the west side o' Eday, Hud wus ower ninety fowk , mostly Tullochs an Swanneys, an thurs some o' them in Eday yit. Bit nearly aal that area o' Eday is empty again, huds a bleak like spot

gan past wae the steamer. I don't ken hoo they managed to live there.**"**

Sydney

~

The clearance was done in stages, in 1831 the population of North Ronaldsay was 522 but by 1836 it had dropped to 480.[19] Appendix 2.

"Thur wur eleven or twelve families that went right awey, at wance. They aal went tae the West side o' Eday, that hooses is there yit. Bit thur nearly aal empty again noo. Hud wus'na the best piece o' the island that they wur pitten tae, wus the trouble.**"**

Tammy

~

As sole proprietor the North Ronaldsay laird had power to enforce a complete reorganisation of his tenantry. It is likely that clearing people was partly the idea of the laird's factor, Robert Scarth. A few years later Scarth became the architect of the Rousay clearances where a whole crofting community was replaced with sheep.[20] The crofts they established on the West side of Eday were too small to be viable: the largest was ten acres and the smallest, a mere one and a half acres of land.[21] The soil was poor, the area exposed and they had to build their own houses.

"Bit hud wus a bleak, isolated part o' the coast, an they hud a very hard struggle fur the groond wus not cultivated, no houses. Hud wus jist like go'an tae Canada. If Eday hud been a place that hud been cultivated, hud wud been alright. Bit hivens they wur gan in my opinion, fae better tae worse. Bit what could they do.**"**

Tammy

~

A walk down the West Side of Eday in 2011 revealed a row of scattered stone houses stretching a mile from Quarry House at Fersness to Newbigging. Most were empty and derelict. Ernie Miller, an Eday man who ran a shop from his home at Sandybank lived in the district and remembered the North Ronaldsay community. He spoke of the difficulty children had walking a rough track over Ward Hill (334 ft high) to get to school.

“ The trouble wus they ca'ad the people fae wan piece an pat them tae a worse piece, but they survived. Aal them that went awey, stayed awey as far as ever I knew. They wud come back fur a look, bit a lot o' them, efter they hud been there fur so long though, they emigrated an they geed tae America an tae New Zealand an Australia. ”

Tammy

AGRICULTURAL IMPROVEMENTS

The impact of kelp production on farming was catastrophic. As early as 1806 Patrick Neil predicted that a slump in kelp prices would cause serious problems.

"In Orkney, every consideration is sacrificed to kelp. Agriculture is now very much and very generally neglected. Less grain is raised than was raised some thirty years ago." [22]

When profits dropped dramatically in the1830s estate owners looked at ways to replace the industry. Rent increases for crofting communities would achieve this without 'reorganisation'. In 1840 government grants for drainage and dyke building were attractive to Orkney landowners. [23]

THE FACTOR

A factor was appointed to manage the estate and collect rent. The one most clearly remembered was Robert Scarth, a Kirkwall banker who managed several estates.

“ The rent wus collected annually at Holland Hoose, an that is still the sam system. The factor comes oot fae Kirkwall an collects the rent at the back end, November I think hud is, thats the rent fur the whole year. Hud wus a big day, it wus the year's reckoning really fur the financial end o' things, fur kelp wus on the go at that time, an the whole thing was squared ap then at rent time. ”

Hugh

~

Keen to make use of grants, Scarth squared the land. This reduced the number of crofts but increased the rents. For tenants who had just lost their income from kelp production, this was a double blow.

“ Aye Scart he dud no good, fur he hud the power, he could pit ye oot instantly. The evictions wur done afore my time bit I mind them spoken aboot. ”

Tammy

~

The factor, 'Auld Scart' took on the role of the absentee landlord.

“ The laird, he wus in India, bit he hud a factor, 'Auld Scart', an his name is hated tae this very day. He wus not a good man, an the laird wus aff. ”

Sydney

~

But what sort of man was this factor, remembered so vividly by the islanders? Mary Scott, born in 1895, describes him as

"…a man of great force of character, who made a deep impression on all who knew him." [24]

In 1870 *The Orkney Herald's* description was less kind,

"A hard, a very hard man not to be driven from his purpose either by threats or soft answer." [25]

Local historian Ray Fereday makes clear that Scarth was well known in other parts of Orkney. Fined in his youth by the Kirk Session for immorality, he had a reputation for more than harsh land management. [26]

"Thrice-married Robert Scarth, greatest of Orkney's factors caused concern by his infidelities with tenants' wives, the sight of his stick left across the entrance to a cottage being enough to deter interruption. He was waited on at the dinner table of Binscarth House by a servant girl embarrassingly recognisable as his daughter. As a loyal member of the Auld Kirk, he was reputed to have agonised on his death bed about the likelihood of unwitting incest between his numerous children in the neighbourhood." [27]

His brutal approach to the re allocation of land, held by families for generations, caused bitter resentment still felt a hundred and fifty years later.

> **Thur wur a man, Scarth, look'an efter hud here an he wus a complete devil, he wus cruel aye, he wus a bad man. He evicted fowk, he cooked ap a reason, he could dae hud alright. That Jimmy Deyell o' Lockend, some o' his forebears wur evicted aff the ferm o' Howar, an hud tae go tae Bridesness.**

Sydney

~

Stories of injustice caused by Scarth and the laird's baillie or 'belye', his representative who lived on the island, were still being told in the 1980s.

> **The factor an the belye, they hud tae obey the laird's orders. Fur the belye wus a man who controlled the place when the laird wus not there. I remember some stories bit hud wud hardly do tae pit them on tape, bit they wur true stories.**

Tammy

~

The laird's absence made him appear almost benevolent with semi-feudal patronage.

> **Bit the laird, he hud a yacht an a motor bot, an he hud the first motor car in Orkney. They hud a lot o' money an they owned a great lot o' Kirkwall. An when the kids wur comman home fae the school, he'd open an upstair window an throw pennies oot, an cause a great scuffle in the streets. An then he wud throw a shilling, an this drew more attention, an last o' aal, a half sovereign!**

Tammy

EVICTIONS

Local decisions about which tenants were evicted or ' warned oot' were made with favouritism and nepotism in mind.

> **Weel ye see, hud wus the Thomsons o' Howar, an they seemed tae run the island, they dud as they liked. An if ye dud'na do as ye wur told, ye wur jist warned oot. An than ye see, whar thur wur two married men at wan hoose, they wur aal warned oot. An hud wus the Thomsons o' Howar that did hud, an than wae Scarth the factor wae them, they jist did as they liked.**

John S

~

The baillie lived locally and Mary Scott explains how he was viewed by the islanders.

"In Howar lived the laird's baillie or belye, as the people of the island called him. The first belye Thomson was highly thought of…; his son Charlie was better educated than the usual Orcadian of his day and undoubtedly had ability: but he was greatly hated because of the petty tyrannies he perpetrated." [28]

If Thomson the baillie was disliked, his wife **'a black Jezebel of a Mackay from Sanday',** was even less popular.[29]

> **An Thomson, he married a woman fae a big ferm in Sanday an shu wus determined that shu wud have as big a ferm in North Ronaldsay. Whenever this Scarth cam here tae collect the rent, wance a year they plied him wae drink. And shu got the families at Dishar an Flett both sent oot o' thur hooses.**

Sydney

~

When squaring the land priority was given to expanding both Holland, the home farm managed on behalf of the laird, and Howar, the farm run by the factor. Both laird and factor stood to gain.

> **Thur wur a lot o' hooses there at Howar, more than wan. An ye see Holland wus a toon o' hooses tae start wae. An hud wus aal put intae wan, hud should niver been. Whit they should done is mak the ferms o' equal size an everybody could live in comfort.**

Tammy

~

A number of families were evicted to create the eighty acre farm.

> **The hoose o' Howar, awey in the Sooth End wus a fairly big ferm already. Bit the man at Howar wus an agent fur the factor an took ower the land o' Dishar fur hud wus**

better land, better soil. Thur wur two merried brithers in Dishar an they wur chucked oot wae thur familes. The wan man wus merried tae a lassie fae the Nort End, an he wus sent there, an pat in wae his faither-in-law. The ither brither went tae a family in the Sooth End, relations I think. They hud a smaal croft, no very big, so they halved that croft an pat him in half o' hud an said,' 'You work hud an if hud dus'na please you, you can clear oot!' Thats the wey they did hud, thats a fact, thats truth. They hud no say. **"**

Willie

~

Both brothers had to leave. One had to build a new house but was evicted before the house was finished.

"The woman fae Dishar went tae Bridesness, hame tae her mither an faither. An they hud tae brak oot uncultivated land there and build thur ain hoose. They got the walls built by the good will o'the neebors, bit they hud no floor an no fireplace. An the first fire they built wus on a busk o' segs, the wild iris that grew in clumps, fur they wur'na got the floor built still when she lighted the first fire. An the woman cursed the wife o' Howar that night, shu said 'May she niver ate a banno (bannock) aff o' Dishar in her life!' An they said shu niver did, because shu died afore the first o' that crop wus grown. **"**

Sydney

~

Other crofts were added to the land at Howar. The fate of three evicted families is known: the Swanneys went to Nether Linnay, the Thomsons moved to Quoybanks and the Myers to Claypows.[30]

The expansion of the laird's farm at Holland also involved evictions.

"Thur wur five hooses on Holland Ferm at wan time. An wae used tae tak peats fae Eday every year an thur wur wan time, thur wur five o' that men, fae that crofts that drownded on the wey, comman home. Hud wus in the days o' 'Auld Scart', an the widows got thur

'oot warning' the morning efter. An they hud tae go. Weel they went hame tae thur fowk I think an thur hooses wur teen tae mak the big ferm at Holland, the laird's ferm ye see. The hooses wur jist wiped aff, the groond went intae the home ferm. **"**

Sydney

~

The toonship of Hollandstoon contains the laird's mansion house and the 300 acre farm of Holland. In the early part of the 19th century it consisted of twelve small farms and the families were evicted. The men who were drowned off Sand Geo were tenants of these crofts. They included Backakeldy, Wester Holland, Lyers Breck, Nether Trebb, Sander be South, Skelperha and Var House. Some of those evicted went to Cauldhame and Phisligar. Other members of the Cutt, Swanney and Tulloch families were cleared to Eday.[31]

A sense of injustice was still strongly felt within the community. Sydney Scott from Antabreck told the story of an eviction experienced by his family.

"My grandfaither John Scott hud a brither David, who hud a shop at North Manse. John wus a tenant who worked the ferm, an David lived at the same house an he worked a small grocery shop. Than thur cam oot an edict from Auld Scart, that thur could'na be two brithers married in wan household at wan time, therefore the auldest brither hud tae go. That wus David an he wud hae tae go oot o' the island. He wus destitute, a young merried man an he hud no whar tae lay his heed. If ye crossed the factor, ye got yur oot-warning an ye wur oot, an hud wus as simple as that, an thur wus no back coming! **"**

Sydney

~

Willie Thomson continued the story.

"So David, he hud tae go, clear oot, wife an two or three bairns, no whar tae go. Well ye see thur wus the auld church glebe, the land o' the church, fae the war memorial right doon tae the school, a sort o' triangular field that belonged tae the Church o' Scotland. An thur wus a meenister in the island an he says, 'Look a'll give ye the Nort End o' that an ye can go an build there'. An he says, 'Thurs no a laird in Scotland that can shift ye, ye have the established Church of Scotland at yer back'. David wus a young man than an he got help, an he built the shop that's there tae this day. So thats that, an thats history. **"**

Willie

~

Some evictions were made to re distribute land, others were arbitrary. Any criticism of the factor or baillie could lead to the loss of both home and livelihood.

"There wus one family on this island that cam fae Westness, Walls wus their surname. They wur ordered out and they went to Australia and the father died on the way out. **"**

Peter

~

Even in the 1980s there was a fear of speaking out against the laird and his representatives.

"Thats whar I canna start, thur there yit. An hud wus relations o' me that they pat oot o' Westness. They wur evicted, aye, they hud tae go oot o' the isle. An aal that family went, they went tae New Zealand, an the man died i' the middle o' the Indian Ocean. Aye that family went. By god a'm frightened an thats aal thats aboot hud. I could be taken ap fur the like o' that. **"**

Sydney

~

This treatment encouraged subservience, it was not in the islanders' interests to complain or disagree with the laird, the factor or the 'beyle'. For some evicted crofters the only option was emigration.

"They wur evicted, they could'na cared less whar they geed. A great lot o' them went across the Firth, an thurs a lot o' North Ronaldsay connections aal through the mainland o' Scotland yit. **"**

Sydney

CROFTERS COMMISSION

In the late 19th century the power of the lairds began to fracture.

"Thur wus a lot that got thur 'oot warnings' fae Scart, an the rents at that time wur exorbitant, an they wur aal in arrears wae thur rents, an than they could be evicted ye see. Bit hud wus the Crofters Commission that really settled the whole question o' that, aye. An thur wur a great lot o' them in arrears. Bit nearly aal the arrears o' rent wus franked, an the rents cam doon, an they wur'na made tae pay ap whit they wur in debt than. **"**

Sydney

~

The crofters in North Ronaldsay were not the only tenant farmers to suffer at the hands of the lairds. Throughout Orkney and the Highlands and Islands small farmers had no security of tenure and no compensation for any improvements they made. Despite the established power of the landowners, voices were raised in support of tenant farmers. Condemnation of this system was expressed passionately in 1818 by Alexander Peterkin, Sheriff Substitute for Orkney, in a letter published in *The Inverness Courier*.

> "No leases are to be found in Orkney, with few exceptions. ... the great body of the inhabitants of Orkney, though an ingenious and mild race, are mere beasts of burden, who have been oppressed for ages, and who inherit, with their vassalage, all the vices of slaves, who toil for the profit of absent masters, and avaricious lairds and factors." [32]

In 1883 the Napier Commission was established to investigate the condition of crofters in the Highlands and Islands of Scotland. Orkney crofters from Rousay, where the crofting community of Quandale was cleared in the 1840s, were determined to be heard.

" The great, great thing fur aal Orkney an Shetland an the Hebrides an Highlands wus of coorse the Crofters Act in 1886. You see then you got security o' tenancy, as long as ye paid yer rent the laird could'na turn ye oot. **"**

Willie

The commission led to the Crofters Act of 1886 which gave crofters security from eviction. The Crofters Commission visited each district to hear the grievances from the crofters themselves.

> **❝** An this Crofter's Commission cam tae this church in Shetland, an this man's case cam ap. An he told them whit he wus pay'an an whit he paid before, an they asked him if he complained aboot hud, 'Of coorse,' he said. 'An whit did the factor say?' So he telt them, 'Neither God nor conscience had anything to do with fixing a tenant's rent.' 'Did he really say that?' 'Yes my Lord.' oh the land coort, they wur aal sit'an there ye see, an the laird wus sit'an in the corner wae his lawyer, they wur facing him. 'Well' the president said, an he raised an he turned aboot his chair, an faced the ither wey, an so did the rest o' the members. An they sat wae thur backs tae the laird fur the rest o' the day. Yes, an that man got his rent reduced an aal the years he'd been pay'an extra rent, he got that cancelled. So I think he sat rent free fur two or three years, yes. Oh an thats a perfectly true story, an jist wan o' many, many stories. **❞**
>
> **Willie**

~

They visited Orkney in 1888, heard 443 cases, reduced rents by 30% and cancelled 44% of arrears.[33]

Giving evidence to the Commission did not come easily to subservient Orcadian tenants and initially only a reluctant few came forward. In Sanday William Muir of Templehall, farmer and merchant acted as chairman and delegate for crofters on the island. Significantly North Ronaldsay had no representative, the man appointed, Mr Grant a Free Church minister was apparently emigrating to New Zealand at the time of the hearing. Mr Muir was asked by the Chair why there was no one to speak for North Ronaldsay and invited him to make a statement on their behalf.

> *"They have no roads on the island, their houses are miserable; there cannot be worse I think in the country. To look at them from the outside they are mostly like the stone dykes we have here. They have seen no lime and the proprietor will not be at the expense of improving them. He gives them no encouragement to improve. They have no leases, and are living in such a way that they may be put out any day, and the people feel that."* [34]

When asked why the North Ronaldsay crofters did not attend, Muir replied, *'I think one very strong reason is that they are afraid they may offend their proprietor'*. Given the laird had control over every aspect of their lives - accommodation, income, food and fuel, this was understandable.

> **❝** You see anither thing that they did, the lairds, generally they wud niver pay a penny tae a crofter tae build or rebuild his hoose when hud got auld an done. Bit when he got hud rebuilded, at his own expense wae help fae his neebors, the factor wud come roond, 'Oh you've got a nice new hoose noo, oh boy oh boy, an that'll be two pound more o' rent a year.' They raised the rent on yur own improvements you see, oh yes, that wus very common. They could'na win, no. **❞**
>
> **Willie**

~

Despite the fact the North Ronaldsay crofters now had security of tenure and compensation for improvements made, they still didn't have enough land to make a living.

20TH CENTURY LAIRDS

William Henry Traill a locomotive superintendent of the Indian Midland Railway inherited the island on his fathers death in 1895. Like his father he visited the island once a year.

> **❝** An that big house, Holland House, thats the laird's house and he comes here every year. And Mr Traill cam every year, they stayed at Woodwick House in the winter time, an they came here fur a while in the summer time. **❞**
>
> **Sarah K**

~

The Traill family became one of the last representatives of the landed gentry.

"An the laird has the shooting rights o' the island. He's a great one fur shooting and sometimes he has other folk here tae shoot.**"**

Sarah K

~

The last factor for the estate was Henry William Scarth of Skaill House, he and his family visited the island for the shooting season.

"Wae hud Scarths here, they cam oot at different times. They jist came an stayed at Holland Hoose. They wud come wae a servant or twa an stay a week, oot fur the shooting.**"**

Peter

~

However islanders were not allowed to own a gun or shoot on the land.

"Oh aye, weel the lairds hud the shooting rights an nobody wus supposed tae hiv a gun. Beatrice's grandfather, he wus at Bewan, an they wur liv'an near Bewan Loch an they hud a gun. An when the laird wus'na there they wud be gan shoot'an an they hud the dog trained tae go an fetch the burds. Onywey, the laird's folks wur oot there shoot'an, an Bewan's dog wus been closed in but he heard the shots. He got oot onywey an awey aff tae the loch, an he picked the burd up that wus shot and let hud fall at the Laird's feet!**"**

Peter

~

Shooting and golf were the main summer activities enjoyed by the Traill family when they holidayed on the island each year; a nine hole golf course was created by the laird and his brother in the 1880s.

An incident with a shotgun during the summer in 1924 had tragic consequences.

"Wur auld Laird, he hud an accident when he wus jump'an ower a dyke wae his gun in his hand. He wus pit'an the gun ower first, an than he jumped, bit his feet touched the trigger an hud went off an killed him, auld Willie Traill. Aye, hud happened in North Ronaldsay, an he's buried here, the only wan o' the Traill eens that is buried in North Ronaldsay.**"**

Meeno

The islanders organised a collection in the community to pay for a commemorative tablet.

"I don't know what happened, nobody kenned, but he wus found dead. He wud'na been auld, ye see his son, he died young too. I wur jist a bit o' a boy when wae went roond fur a collection fur the pitting in o' that plaques ap at the Kirk fur him.**"**

John S

~

The family continued using Holland House as a holiday home. Andrew Greig, author of a book on golfing in Scotland visited the island in 2005 and played a round on the nine hole course with the laird Duncan Robertson.

"The course was apparently not at its best. When the laird's grandfather founded the course for himself and his visitors, before coming up for the summer he'd pay a crofter to clear the fairways and roll the greens. Mr Robertson blamed the deterioration on ' the socialist government who gave the tenants all these rights in the 1880s'. I drank his tea and said nothing. It didn't seem the time to opine that the Crofter's Act was a fine, long overdue piece of legislation that finally gave crofters some security in their lives. From one point of view Duncan Robertson is a largely absentee feudal laird who deep down regards the island as his family's personal kingdom. He could be regarded as an exemplar of everything that's retrograde in land ownership in Scotland, especially the Highlands and Islands." [35]

The fact that North Ronaldsay was treated as a summer retreat rather than a struggling island community was reflected in the laird's reluctance to part with land on his estate. By the start of the 20th century big estates were less profitable and land was being sold off. In 1919 the first sale of land to Orkney tenants happened in Sanday. The cost was set on average at twenty years purchase, or twenty times the annual rent. [36]

"Weel, hud wus a fixed thing by the Government. Hud wus so many years rent o' yer croft I think, I believe something like fifteen years rent wud be what ye wud hiv tae pay. Hud wus fixed bit I think the laird did git a wee bit more fur aal that! **"**

Hugh

~

By the 1960s a crofter could elect to buy his holding and, failing agreement from his landlord, a purchase price would be set based on the crofting value. If a tenant had been in the croft for a number of years and had made improvements, the purchase price was usually considerably lower.[37]

"You see auld Traill than, he wanted twenty five years purchase. Well Burness in Sanday, the lairds there died oot an Trustees hud it, an they sold the land at fifteen years purchase. So the people here wanted the laird tae come doon from twenty five to twenty, an he wud'na dae hud, he thowt he wud hang on tae hud still. **"**

Willie

~

Tenants put up houses at their own expense and as a result the laird did not assume any responsibility for improvements.

"No, thur wus no help wae repair or services at all. Weel, the funny thing wus, the laird dud'na own the house, he owned the land the house wus built on, bit no the house, fur he dud'no build the houses. **"**

Tommy

~

This made life complicated for the tenants.

"It wus difficult because if you did make any improvement, it belonged tae the laird. You could'na put yer hoose up for sale and you could only ask for so much compensation. You could'na advertise in the paper if you wur sell'an, you could only go by wurd o' mouth. You wur tied because ye dud'na own the land the house stood on. Oh yes, hud made a very, very big alteration tae the wey o' life here. **"**

Tommy

Not only were islanders unable to sell, but there was little chance of attracting new people to settle in North Ronaldsay.

"Oh thur wur very few houses that wud been sold, they wud jist been passed on fae wan generation tae the next. An when I wur young, I don't suppose thur wur hardly an incomer in the island. Thur wud been somebody that cam in tae tak the croft ower. The only wans that cam in wur the wans o' Howar, an they could only rent, hud wus'na tae buy. **"**

Tommy

~

From the 1940s government grants were available for house improvements but islanders were prevented from applying as they didn't own their homes.

"A'll tell ye what stopped them, ye could'na git a grant, ye could'na git a grant on a hoose ye dud'na own, hud wus'na yours, aye. The wans that could buy, that made a big difference. **"**

Tommy

~

By the 1950s rural housing was poor in Orkney, partly a result of the lack of investment. The statistics make for grim reading: one third of the population lived in one or two roomed houses; 55% didn't have piped water; 77% were without a flush toilet; and 82% lacked a bath. Damp was also a problem, particularly in the North Isles.[38] Rents were relatively low, but the restrictions meant it was difficult for islanders to improve their living standards.

"The croft o' Trebb, when father took it over, I think in 1921 wus five pound and hud wus still five pound up till the present day, so we canno say we wur hard done by in that respect, though it wus only five acres o' hill ground. Hud wus a yearly rent, no a life rent, the laird could put you out at a year's notice, but then the Crofters Act altered the whole o' that reckoning, you did hiv security. **"**

Hugh

~

Rents remained relatively static in the 20th century, but when crofts changed hands, the rent went up.

"I remember the rent o' Longar used tae be ten pound and six pence, an Nether Linnay wus eleven pound five pence fur twenty acres. Bit huds more noo, an when my uncles died at Longar an Charlie got hud than, the rent went up tae fifteen pounds o' rent, a new tenant comman in ye see, the rent went ap."

Mary

~

The laird was reluctant to sell land, but eventually, fifty years after the first crofters bought their land in Orkney, farms in North Ronaldsay began to be sold.

"Bessie and John Scott at the shop wur aboot the first tae buy. Hud wud been in the 1970s I think. And the Laird dud'na like hud, god no, he said hud made a break in the dyke. He dud'na want hud, no!"

Bertie

~

By the early 21st century most were sold.

"The laird, he owned the whole island but noo a lot o' the ferms have bought themselves, weel half o' the island's bought."

Sarah K

EMIGRATION

Since the mid 1800s islanders from North Ronaldsay were part of a steady stream of Orcadians making the decision to leave. A overpopulated island held little prospect of a home, land or employment and a future overseas was attractive.

"Oh thur wur a host o' fowk here. In the first o' me time thur wur a host o' fowk at Kirkbist alone. An anither host o' fowk at Howar, an a host o' fowk at Cruesbreck, an thur wur anither host o' fowk at Howtoo. The Seatters wur at Howar than, they cam fae Westray, an thur wur a great lot o' fowk there. Thur wur two families there at wan time fur thur wur twa brithers married tae twa sisters, an they cam fae Howatoft. Aunties o' Meeno Linnay."

Sydney

~

Many of the houses in the island were overcrowded.

"Oh they wur leav'an the island, they hud tae fur ye see, at Upper Linnay, they wur packed like herrings in a barrel thur wur that mony o' them. So somebody had to go!"

Sydney

~

Most of the early emigration was to the United States but family ties across continents remained strong. Tia Scott's mother Catherine Tulloch came from Upper Linnay and members of her family emigrated to Chicago in the 1890s. When her sister tragically died in childbirth, Catherine travelled to America to bring the baby home to be brought up by her family.[39]

"When my father was a young man there were over five hundred in the island and the biggest I can remember was two hundred and sixty three so it had dropped a lot. Of course a lot of them emigrated and if you think of eight, nine or ten bairns in a wee croft, well they just had to go and earn a living somewhere, there was just nothing for them. My mother's mother emigrated to America - all that family emigrated to America and New Zealand. And my mother's mother was the only one of them that came back, I think she might have met my grandfather prior to going to America, but we don't know. But she came back and married him, but all the rest stayed away."

Mamie

~

Adverts offering passage to Canada, Australia and New Zealand were appearing every week in local newspapers in the 1870s.

"I mind 250 fowk in the isle. Me faither minded ower 500. Huds less or a hunder noo. The First World War took doon the population a great piece because the men that wus been aff, they saa a different kind o' life an they could'na adapt themselves when they cam back. A lot o' them went tae America, aal ower the world. Thur wus too little money onywey. A great lot o' them decided tae go awey efter, aye, an once they sterted tae go, a great lot went. They wrote hame ye see, an they cam tae hear that they wur do'an fine whar they wur, an they wud go also. A great lot o' them went to the States, a lot o' them are in the States yit. Three Greenspot boys, an thurs three weeman in the States noo that cam fae North Ness, that's empty noo. Thur ower ninety noo, the whole three o them, aye, an they hae anither two brithers there yit as weel. Oh thur wur a great lot o' them. **"**

Sydney

~

Brothers and sisters followed family members who had already established themselves abroad.

"Hud wus before wur days. Ye see me mither wus wan o' thirteen, an thur wur two Marys in the wan family, the auldest sister wus Mary an she died afore me mither wus born an than she wus ca'ad Mary efter the aulder sister. Auntie Sarah an Uncle Adam geed tae Australia. An Uncle Tom an Uncle Willie an Uncle Robert geed tae Canada. **"**

John T

~

Some struggled, others made their fortune. Mary Scott's relative, Robert Tulloch from Nether Linnay became a successful engineer and set up an iron foundry in Sydney, Australia. He returned home to visit and to tell the family his story.[40]

"Aye that man wus a half millionaire when he retired. He hud the biggest iron works in Australia. He trained as a blacksmith in Sanday an the day that he landed in Sanday, he hud his dungarees an half a croon in his pocket. An when he cam back here on a business trip, he wus worth a half a million. He cam back an he bowt heavy machinery to work on crops in Germany. He wus wan o' the heads o' the building o' the Sydney Harbour bridge. I hud two uncles who wur engineers who worked on the building o' hud as weel. **"**

Sydney

~

Every family had an emigration story to tell.

"Me faither grew up at Bewan bit aal the rest went abroad, they aal went abroad when they

wur very young. Thur wur wan a light keeper, an the other wan wus a carpenter an he went tae America to a place they ca'ad Detroit, Michigan. An he stayed there aal his time. They aal went awey at that time, ye see thur wus nothing fur them. The ferm wus only six acres, hud could'no feed an keep aal that number. An hud wus the sam aal roond. **"**

Tammy

~

Women often went as domestic servants to families who had decided to emigrate.

"O me Auntie Annie got married in America, shu used tae work at Howar, an shu geed oot tae America wae the Thomson fowk that shu worked tae. Shu lived until shu wus eighty six, a'm got a photo o' her, shu hud fower sons an wan daughter. No, shu wus niver back. **"**

Mary

~

Families stayed in touch as best they could and helped each other. Daughters in particular had to return when they were needed to run the family home.

"Weel me sisters they aal went intae service. They went intae Kirkwall generally first an than they went further doon. An thur wus wan, two, three, four o' them that went out to Canada. An when I got married, the wan next in age tae me came home tae work. Me youngest sister stayed home right efter I got married an than when she went awey Sarah, the next sister doon fae me came home. You're spoken tae me sister Sarah, shu died a year ago noo. Sarah wus in Canada an she always worked as a cook. An efter me father died, Sarah went awey back then tae Canada fur her other sisters wur in Canada too ye see. **"**

Meeno

~

Four Thomson girls from Howatoft went to Ontario in Canada. Meeno, the eldest who brought up the family of nine children when her mother died, remembered them with real affection. This was tinged with sorrow for sisters missed and never seen since they left the island as young girls.

"Thur wus three o them liv'an in Canada at that time, bit they seldom write. Huds a lot o' years ago since they went, they wur jist young lasses. An than me wan sister, shu wus'na very auld, shu died o' cancer a great number o' years ago. Wan sister she got merried oot there bit her husband died an shu wus left wae the baby, an she browt the bairn up wae the help o' me ither sister. An that baby, shu got merried an noo she has a little girl o' her own. I hud a letter fae her noo at Christmas, an a card. "

Meeno

~

Tammy Thomson sums up the impact of steady depopulation on the island that was once home to more than five hundred.

"The days an times wus entirely different fae noo. Weel, there were much more people here, an aal the hooses were occupied. Weel, at that time there were too many people, bit they emigrated to various parts o' the world. Some wur cleared tae Eday in Orkney, and a great lot to America, Canada, Australia, India an some o' them in Africa. Oh yas, yas, yas, a great lot went fae this hoose ap here at Upper Linnay. Thur wur fourteen hooses in the Nort End when I wus there, an thur wur three or fower folk in every one… an noo huds nothing but bare walls. "

Tammy

The Future

I first visited North Ronaldsay in 1985 when the population was in decline.

"Me faither remembered ower five hunder here an I remember two hunder an fifty when I wur at the school. An wur comman doon tae nearly the fifty!"

Sydney

~

Some of the reasons for depopulation are clear to those that are left.

"Aye machinery, they call hud labour-saving devices, so hud is, thurs no mistake aboot that. Bit huds unemployment-making devices too. A man wae a tractor noo will do the sam as three pair o' horse an three men an there ye are. Only wan man needed. The sam wae everything, big ferms an aal the rest o' hud. An they wonder why thurs so much unemployment!"

Willie

~

Small farms and crofts are no longer viable.

"Thurs no work fur them an thats whit they need. An the wee bits o' crofts, thur no wanting tae be work'an them anymore, huds no a living, ye canna survive on hud noo adays."

John Ninian

~

And Tommy Muir remembered the predictions of some of the older generation.

"A'll tell ye what, Peter o' Garso went awey fae here in the 1960s an he thowt the island wus start'an tae go doon afore that. An thur wur a man at Hooking an he said the same thing. He wus gan tae clear oot, fur the island wus starting tae go doon."

Tommy

The structure of the community has changed as young islanders leave.

"Then hud wus very different fae noo, thur wur far more people. The toonships aal helped wan anither. An if the sea dyke cam doon or anything, the whole toonship cam together tae put hud up, they worked together as a group. Hud worked pretty weel bit thurs none tae do hud noo, thurs nobody left. Huds a disaster because thurs jist nobody here."

John T

~

During a visit in 2018 an islander told me the number had dropped to forty.

How many people does the island need to survive? The late Willie Thomson, the Orkney historian was pessimistic,

"An island population of less than fifty is unlikely to have much in the way of a structured community" [1]

Depopulation has been steady, but has gathered momentum in recent years.

And there is fear of what the future holds.

"When you see how quickly a house left vacant becomes ruinous, and is taken back by grass and weather. Only an occasional hardy shrub shows the trace of an old walled garden, and a home where once a family grew up… There is nothing left but the bare elemental bones, the hard rocky core, surrounded by cold seas and infinite space." [2]

~

A list of Orkney's uninhabited islands tells its own story.[3]

Eynhallow	depopulated in 1850s
Gairsay	depopulated by 1890s
North Faray	the last family left in 1947

Copinsay	the last family left in 1950s
Cava	the community left in 1960s
Auskerry	the community left in 1960s
South Fara	the community left in 1960s
Swona	depopulated in 1974
Papa Stronsay	the community left in 1970s

~

The decline in North Ronaldsay began much earlier than the 1980s. Maimie Corse remembered an abandoned house that fascinated her as a child in the 1930s.

❝I always remember there was one house, we would go and look in the windows, and here it was left as if the woman had just gone out. The bottle was on the dresser ready to be filled for going to bed, and the bucket for feeding the hens. Everything was there as if she'd just walked out the day before. It had been like that for years. ❞

Maimie

~

The islanders that are left have their memories,

❝We thowt thur wus no place like hud, no we thowt thur wus no place like Ronaldsay, North Ronaldsay. ❞

Sarah K

~

But Meeno understands the reason why young people decide to leave.

❝An wae hud no a bad life here ye ken, bit the island's done noo, huds jist aboot done. Hoo mony young fowk's in the isle? I dun'no blame the wan or two that has tae go, fur they really hae no life here noo. Hud's jist dead, aye hud's dead. ❞

Meeno

Robert Rendall the writer and naturalist recognised the magic of the island in the 1950s. His account shows poetic optimism.

"My first impression of the island was of its leisurely tempo of work and of its quietness. Nature here seemed to breathe with timeless tranquility, far from the clutter of modern invention. Survival is here linked with adaptation to the rhythm of climate and season: everything is held in a fine balance." [4]

North Ronaldsay needs new energy and investment in order to survive and prosper. A once vibrant community is facing its biggest challenge: to create a future balance where new generations can grow up, live, and continue to hear the voice of the islanders.

The Island

1. "If you say to an Orcadian that you have visited North Ronaldsay, he at once looks at you with an air of respect!", *The Orkney Herald* Sept 12th 1888

2. Pliny the Elder in his Naturalis Historia of AD77 refers to the earlier Greek explorer Pytheas who in 330BC reached an island called Thule "six days north of Britain… in which there be no nights at all about midsummer and contrariwise no days in midwinter".

3. Ben, Jo, p4

4. Brand, Rev, J, p81

5. Tulloch, Peter, p32

6. Clouston, J Storer, OSA, quoted in *The Orkney Parishes* p. 280

7. Marwick, Hugh, *Orkney Norn*, p47

8. Marwick, Ernest, *Creatures of Orkney Legend and their Norse Ancestry*, p178

9. Traill, Dr. W, PSAS, 11 p309-10

10. Tulloch, Peter, p31

11. Lamb, Raymond, p175 -184

12. Marwick, Hugh, 1923, POAS Vol 1, p 55

13. Thomson, WPL, *New History of Orkney*, p1

14. Scott, Walter, p.461

15. Palsson and Edwards, p.33

16. Anderson, Joseph, p.206

17. Tudor, John, p. 364

18. Anderson, Joseph, p73

19. Clouston, J Storer, *The Orkney Parishes*, p251

20. Marwick, Ernest, *The Folklore of Orkney and Shetland*, p25

21. Wallace, James, p60

22. Scott, Mary, p157

23. Marwick, Ernest, *Creatures of Orkney Legend and their Norse Ancestry*, p181

24. This story is clearly Scandinavian in origin and is almost identical to Tomten stories told in Sweden, and Nisse stories in Norway. For a modern account of these creatures, see www.ingebretsens.com

25. Scott, Walter, P461-463

26. Scott visited the islands in 1814 with the Lighthouse Commission and earned the undying enmity of Orcadians in his observation that "Stromness is a dirty little straggling town' and Kirkwall, 'Tis a base little borough, both dirty and mean,' Lockhart's Life of Walter Scott, vol 4, p. 238 and letter to Duke of Buccleugh, August 13, 1814

27. Wilson, John, p150

28. Walter Traill Dennison

The Land

1. Wallace, James p12; OSA, Clouston, J.S. *The Orkney Parishes* p254
2. Shirreff, John, p15
3. NSA, p110
4. Clouston, J.S. Orkney Agricultural Journal, 1927, p73/78
5. NSA, p108
6. NSA, p109
7. Clouston, J.S. *A History of Orkney*, p352
8. OAJ, 1927 p73/8
9. NSA p108
10. Wallace, J. p72
11. Scott, Mary, p57
12. NSA, p109
13. Tulloch, Peter, p72
14. NSA, p109
15. *The Orkney Book,* Ed. Omand, p95
16. Fenton, Alexander, p298
17. NSA, p110
18. Tulloch, Peter, p72
19. Fenton, Alexander, p320
20. Gilles, Dr Alex, Medical Practitioner, report from local newspaper in North Ronaldsay archives. 1956-9
21. Fenton, Alexander, p326
22. Omond, James, p36
23. Barry, Rev. George, p323; NSA, p. 110
24. Scott, Mary, p64
25. Fenton, Alexander p435
26. Tulloch, Peter, p74
27. Scott, Mary, p64
28. Spence, Sheila and Leith, Peter
29. Cutt, John, p22
30. 'Limpets' were from Stronsay and 'Gruellie Belkies' were from Sanday, both neighbouring islands. These nicknames were given to different parishes and islands in Orkney. They were traditionally shouted as insults on agricultural show days as boats were leaving the pier. Marwick, Ernest, in *An Anthology* ed Robertson, JDM et al, Vol 2 p344

The Sea

1. NSA, p108
2. Wilson, Len, frontiersmagazine.org
3. Goodacre, Julian, The long hundred in medieval and early modern Scotland. PSAS 123 (1993) p395
4. Tulloch, Peter, p94
5. Rendall, Robert, p106
6. Coull, James, in Omand, Donald (ed), p146
7. Tulloch, Peter, p92
8. List of herring boats given to me by Sydney Scott in 1985:
   The Bull, The Caledonia, The Favourite, The Brothers, Willie, Hector, Teaser, Fiery Cross, Needle Gun, Star, Maggie, Granite City, Emerald, Lebanon, Serene, Foam.
9. Tulloch, Peter, p92
10. Coull, James, p148
11. Coull, James, p151
12. Fenton, Alexander, p544
13. Fenton, Alexander p527
14. Cutt, John WA, p6
15. Tulloch, Peter, p125
16. OSA p283
17. Tulloch, Peter, p120
18. Tulloch, Peter, p130
19. Tulloch, Peter, p123
20. Tulloch, Peter, p129
21. Tulloch, Peter, p126
22. Tulloch, Peter, p127
23. Tulloch, Peter, p121
24. Munro, R.W. p63
25. Robertson, J.D. *The Press Gang in Orkney and Shetland,* p2
26. Dennison, Water Traill, *The Selkie That Dudno Forget,* in Marwick, Ernest, *The Folklore of Orkney and Shetland,* p152

The Home

1. Cutt, John WA. p27
2. Tulloch, Peter, p126
3. OSA, p267
4. 1891 Census returns for North Ronaldsay
5. 1901 Census returns for North Ronaldsay
6. Shirreff, John, p154
7. Wallace, James, p12
8. Fenton, Alexander, p204
9. Tulloch, Peter, p127
10. Muir, Christine, p180
11. Fenton, Alexander, p440
12. Fenton, Alexander, p441
13. Tudor, John R, p365

The Community

1. NSA, p110
2. Fenton, Alexander, p276
3. Tulloch, Peter, p115
4. OSA, p287
5. Family Book Service, in North Ronaldsay Archive
6. Tulloch, Peter, p158
7. Tulloch, Peter, p155
8. Marwick, Ernest, in An Anthology ed by Robertson, JDM et al, Vol 1 p176
9. Scott, Mary, p132
10. Scott, Mary, p133
11. Tulloch, Peter, p176
12. Rendall, Robert, p105
13. The Congested Districts Board. Appendix No. XI. ' N. Ronaldshay Pier, 9th Jan 1901, grant of £1,650, In progress'
14. The Orcadian, 'Unsatisfactory Steamer Service', June 11th 1904.
15. Tudor, John, p362
16. Fresson, Captain E.E, p114
17. Fresson, Capt. E.E., p115
18. Scott-Moncrieff, George, p154
19. The Orkney Herald, 'North Ronaldsay and the Road', 29th March 1893
20. NSA, p110
21. Stoughton Holbourne, Ian B, p173
22. Marwick, Ernest, *An Anthology of Orkney Verse*, p. 46

The Islanders

1. Kerr, John, p159

2. Clouston, J Storer, POAS IV 1925-26 p13

    'The peculiarities of the odal system of inheritance, with its lack of document and its feature of all the descendants of the original owner having rights in the land, …obviously made it necessary to keep an oral pedigree very strictly and correctly, and for a long distance back.'

3. OSA, p262

    '…it appears that the isle of North Ronaldsay has the greatest number of persons to a square mile, which confirms the supposition usually made here, that this island is well peopled for its extent.'

4. NSA. p106

5. Scott, Mary, p138

6. Tulloch, Peter, p193

7. Firth, John, p79

8. Marwick, E.W. *The Folklore of Orkney and Shetland,* p83

9. *The Orcadian*, 'Outbreak of Diptheria at North Ronaldshay', August 1902

10. Marwick, E.W. *The Folklore of Orkney and Shetland,* p86

11. Firth, John, p85

12. Scott, Mary, p160

13. Marwick, Hugh, *The Orkney Norn,* 'gamfer', definition, p51

14. Marwick, E.W. *The Folklore of Orkney and Shetland,* p92

15. Scott, Mary, p162

16. Marwick, Hugh, *The Orkney Norn,* p47 'frootery', definition, ' superstitious belief or custom'.

17. Called the Witch of Hellihow, in School of Scottish Studies recording SA 1967/ 111 of William Thomson.

The Economy

1. Thomson, WPL, The New History of Orkney, p437

2. Corse, M. A, Orkney's Poultry Industry, journal article in Scottish Agriculture, 1952, p41

3. Firth, John, p148

4. Thomson, W.P.L, The New History of Orkney, p427

5. Report in The Orcadian, February 1952

6. Thomson, WPL, Kelp-Making in Orkney, p105

7. Thomson, WPL , Kelp-Making in Orkney, p106

8. orkneysheepfoundation.org.uk

9. Tulloch, Peter, p98

10. Scott, Mary, p127

11. Muir, Christine, p117

12. Cutt, John, p45

13. www.rbst.org.uk

14. Firth, John, p148 'clowgang' - 'sheep going in a flock'

15. Tulloch, Peter, p101

16. North Ronaldsay Sheep Regulations, 1839, p3

17. Cutt, John, p45

18. Tulloch, Peter, p103

19. Scott, Mary, p150

20. A Yarn from North Ronaldsay, www.northronaldsayayarn.co.uk

Survival

1. Marwick, Hugh, Merchant Lairds of Long Ago, Part 1, p116
2. Marwick, Hugh, Merchant Lairds of Long Ago, p153
3. Marwick, Ernest, in An Anthology ed by Robertson JDM et al, Vol 2, p346
4. Natusch, S. p42/7
5. Mackintosh, W.R. Around the Orkney Peat Fires, p217/218
6. Thomson, WPL, Orkney Land and People, p219
7. Tulloch, Peter, p56
8. Tulloch, Peter, p56
9. Tulloch, Peter, p56
10. Thomson, WPL, Orkney Land and People, p219
11. Neil, Patrick, p7
12. Fereday, Ray, in The People of Orkney, p232
13. Marwick, Hugh, Merchant Lairds of Long Ago, Part 2, p23
14. Tudor, John, p363
15. Robertson, Duncan, in The Orkney Book, ed Gunn, John, Among the Kelpers, p236.
16. Fea, James, p87
17. NSA p109
18. Notice to tenants from R. Scarth, North Ronaldsay archive
19. Tulloch, Peter, p62
20. Thomson, WPL, Orkney Land and People, p281
21. Miller, R and Davies, Susan L, p42
22. Neil, Patrick, p32
23. NSA , p109
24. Scott, Mary, p48
25. The Orkney Herald, 17/8/1870
26. Fereday, Ray, in The People of Orkney, p242
27. Fereday, Ray, in The People of Orkney, p242
28. Scott, Mary, p83
29. Scott, Mary, p84
30. Tulloch, Peter, p24
31. Tulloch, Peter, p26
32. Peterkin, Alexander, a letter written 'anonymously' to The Inverness Courier, 1818; A Vindication of Orkney, p. 65
33. Rendall, Jocelyn, p47
34. Thomson, WPL, Orkney Crofters in Crisis, p36
35. Greig, Andrew, p12
36. Thomson, WPL, The New History of Orkney, p420
37. Hunter, James, p288
38. Thomson, WPL, The New History of Orkney, p441
39. Scott, Ian, A Letter from North Ronaldsay, article in The Orcadian, 10/7/2003
40. Scott, Mary, p87

The Future

1. Thomson, WPL, The New History of Orkney p444
2. Muir, Christine, p31
3. Haswell-Smith, Hamish, p274-333
4. Rendall, Robert, p106/7

APPENDIX 1

Hugh Marwick, a local linguist was aware of the island's contribution to the preservation of the language.

> ' In consequence of this seclusion, it is in some ways the most interesting island ...for there, old tales, old words, and old customs have been preserved better than anywhere else in Orkney.'

Interestingly many of these words do not appear in Hugh Marwick's dictionary, the *The Orkney Norn*, published in 1929. Possibly this compilation was made after the Dictionary had been published. Nevertheless in Marwick's introduction to the book he thanks John Scott, as one of his key informants,

> ' The two men who helped me most of all are ... Mr John Spence, Evrabist, Birsay and Mr John Scott, North Manse, North Ronaldsay,'. p. viii

LIST OF WORDS USED IN NORTH RONALDSAY ORKNEY AND COMPILED BY JOHN SCOTT, NORTH MANSE, NORTH RONALDSAY

Abamy	Adjective	Run down to skin and bone
Abergallity	Noun	Foolish pride
Anterin	Adjective	Thinly planted
Avlin	Verb	Getting on in a slow shivvle or shavvie way
Baffy	Noun	Straight straw
Bassly	Adjective	Of straw or sheaves
Blaggeran	Verb	Making a whipping noise owing to rapid movement in the wind, like a sail edge in the wind
Bogle	noun or verb	Noise made by cattle 'routan'
Boontry	Noun	Poor folk, opposite of gentry
Boorikin or Bootikin	Noun	A bower, a bield, a retreat, lady's parlour
Browdened	Adjective	Impudent
Ca or Caa	Verb	Used in North Ronaldsay, not only of whales, also cattle and other farm animals, to guide them in a direction
Chanked	Verb	Prevented or thwarted
Choondy or Choonty	Noun	A strong heavy blow or a strong push
Consowdersy	Noun	A mixed mass, literally or figuratively
Cother	Verb	To pet or caress, or sympathise with
Crowdy		A sporting name for a young boy
Cuddened		Given love and comfort
Daer	Verb	To have effect, eg. It never daered on him.
Daichan	Noun	A big lump
Daik	Adjective	Useless, decayed, eg. His meal's daik
Ech	Verb	To breathe, eg. he never eched again

Feuan	Verb	Pottering around in a lazy, aimless manner
Fig	Noun	Aimless pottering around
Firl-Chirls	Noun	Insignificant odds and ends
Fliggart or Fliggit	Noun	A big piece of thin, flat material such as leather.
Flubby	Adjective	Soft and yielding, eg. As saft as flub
Flukes head	Noun	A spoilt job
Footer	Noun	A spoilt job, eg. He made a footer o'd
Frapp	Noun	A confusion, a raffle
Freemple or Frample	Noun	Cheap ornaments
Funlin	Noun	A useless incapable man or boy, a fleep
Fype	Verb	Pottering around without a purpose
Gassage	Noun	Orders or instructions, eg. I gied him the gassage
Gaumsmire	Noun	Noise made when everyone is talking and no one is listening
Gled		Used of coals which are bright without a flame
Hatapool		Draggled, miserable and hang-dog
Haubbal or Hauval	Adjective	Coarse, unrefined, same as rawley
Hilley	Adjective	Witless, hill-ting, a witless creature
Hirship	Noun	Careless, reckless and unnecessary spending
Hisslan	Verb	making a sizzling noise, like dried sheaves
Hootie	Noun	An extraordinarily good feed given to horses and cattle on Christmas and New Year morning.
Howtrel	Noun	A green sheltered depression at the foot of a brae
Huistyen	Adjective	Low class, ill-contriven
Imsed	Adjective	In North Ronaldsay this always meant very annoyed, agitated and undecided
Imp	Verb	To fix a snood on a fish line by a peculiar sort of hitch when no suitable string was at hand
Kest or Kaist	Noun	A heap or bing of sea-ware or dung
Klaik	Noun or Verb	Gossip
Krell	Noun	A terrible breakage, a complete wreck, eg. He overturned the table and laid all the dishes in krell
Kurr		To touch lightly, eg. I never kurred it
Kuff	Verb	To skim, as of a pot
Kyes On	Verb	Is proved by events
Leethfu		Faithful and very painstaking
Leed	Noun	Knack of doing any factor work, or using a tool in the best way
Laytherly	Adjective	In a slow, slovenly manner
Lisseen	Noun	A very small fragment of strae or wood, etc.
Mausgrum	Noun	A thick wet mass of various ingredients
Meethe	Noun	A landmark to guide ships at sea
Minwit	Noun	A kind of instinct, the subconscious mind

Miracle	Noun	Phosphorescence
Mildereens	Noun	Oatmeal wetted and stirred to a crumbling mass for chicken food
Mogs	Verb	To plod wearily and with difficulty, as through snow
Mushanly	Adverb	rapidly, quickly, hustlingly
Mutchkin	Noun	A measure, as of milk
Nackit	Noun	A small boy
Naur		To snarl or 'girn'
Nirp	Verb	To complain or keep making nasty remarks
Nizzan	Verb	To brood or sit miserably
Nowe or Katanowe	Noun	Trouble or worry
Noolty	Noun	A small thrust or blow with the fist
Nurlo	Noun	A warty lump
Pirlins	Noun	Sheeps droppings
Pilter or Pilters	Noun	A small man, but podgy
Paeswisp	Noun	A ravelled hesp or line of rope
Plat	Verb	To plump a pig (dead) into water, to make skinning or removing the hair easier
Pamal	Noun	A muddy mess
Prilling	Verb	Working at small light, jobs
Rowt	Verb	To roar

A P P E N D I X   2

EDAY CLEARANCES

In 2011 I walked the Westside of Eday photographing the houses built by the islanders cleared from North Ronaldsay in the 1840s. I interviewed Ernie Miller, who had grown up at Sandybank on the Westside where he ran a small shop. He told me he knew people from the North Ronaldsay community and remembered them working at Fersness, where they quarried stone to build their houses.

He also remembered that the children from the North Ronaldsay families had to walk up and over the 344 feet high Ward Hill to get to school as there was no road. A 'slap' or gate was made at the summit using a post and some flagstones as a marker so that children knew where to go.

The crofts on which the cleared North Ronaldsay families lived were all small - the largest was ten acres. Here are the houses in order north to south along the West Side of Eday with details from the 1841,1851 and 1861 census returns:-

Quarry House - A well built house of red sandstone, which stands close to the quarry at Ferness. Margaret Peace, a widow born in North Ronaldsay lived here.

Dale of Carpaquoy - Two families born in North Ronaldsay lived on this ten acre croft, also called Deal. John Tulloch and his wife Janet and their children were part of the 1831 clearance. By 1861 their son Robert and his wife Jessie, also from North Ronaldsay were living here with their three children born in Eday.

Carpoquoy - Three families lived on this eight acre croft: Magnus Swanney and wife Mary, who farmed four acres; Their son Charles Swanney, a fisherman, and wife Mary with their two children; John Tulloch and his wife Jennet also lived on the croft and farmed the other four acres of land. Their sons Robert and John, age 26 and 19 were born in North Ronaldsay, so these families were probably part of the 1831 clearance to Eday. By 1861 these three familes had left Carpoquoy and the house was occupied by James Cutt, another North Ronaldsay man with his wife Mary from Stronsay and their seven children.

The next group of four houses look down onto the fresh water Seal Skerry Loch.

Greenbank - also called Greenwall **-** Magnus Tulloch and his wife Christian and son Peter, all born in North Ronaldsay.

Smiddyhill - John Tulloch, a shoemaker from North Ronaldsay lived here with his wife Jean, born in Sanday. His teenage sons were born in Eday so he was probably one of the first group of North Ronaldsay islanders cleared to Eday in 1831.

Warrenhill - croft of seven acres - William Muir, farmer moved here in 1831 with his wife Margaret and two children, Jessie, a dressmaker and William a fisherman. William's brother David, a fisherman, also lived at Warrenhill. By 1851, son William had married Ann, from Eday and they had six children.

Castlehill - John Tulloch, who previously lived at Smiddyhill had moved here with his wife and three children by 1861. His eldest son John, previously an apprentice shoemaker was by this time a teacher.

Sandsend - Two families lived here, James Cutt and his wife Ann who farmed five acres and their son James a fisherman, born in North Ronaldsay. The family included James' wife Mary, a woolspinner born in Stronsay and their two children born in Eday. By the time of the 1861 census the Cutt family have moved out and two Swanney families from North Ronaldsay have moved in. These families have two acres of land each.

Townsend - six acre croft. - Peter Tulloch and his wife Sibella, both born in North Ronaldsay lived here with their seven children.

Swinstie - Janet Peace, a widow born in North Ronaldsay lived here.

Cauldale - David Muir born in North Ronaldsay and his wife Robina from Eday lived on this one and a half acre croft with their six children.

Newbigging - John Tulloch and his wife Rachel both from North Ronaldsay moved here in the 1850s, with their two children born in Eday. Two adult cousins, including Thomas Tulloch from North Ronaldsay, lived with them.

BIBLIOGRAPHY

Anderson, Joseph, *The Orkneyinga Saga*, 1977

Barry, Rev. George, *The History of the Orkney Islands*, 1805

Berry, R.J. and Firth, H.N., *The People of Orkney*, 1986

Ben, Jo, *Descriptio Insularum Orchadiarum* (c.1529), 1922

Brand, Rev, J, *A Brief Description of Orkney, Zetland, Pightland Firth and Caithness,* 1700, 1883

Clouston, J. Storer, *A History of Orkney,* 1932

Clouston, J.Storer, *The Orkney Parishes* containing The Statistical Account of Orkney, 1795-1798, 1927

Congested Districts Board Report, 1901

Coull, James, *The Orkney Book*, 1998

Cutt, John W.A., *The Way We Were* : Reminiscences of a man of North Ronaldsay, 2007

Dennison, Walter Traill, *The Orcadian Sketch Book*, 1880

Fea, James, *The Present State of the Orkney Islands considered*, 1775, 1884

Fenton, Alexander, *The Northern Isles: Orkney and Shetland*, 1978

Firth, John, *Reminiscences of an Orkney Parish*, 1974

Fresson, Captain, E.E., *Air Road to the Isles,* 1967

Goodacre, Julian, The long hundred in medieval and early modern Scotland. PSAS 123 (1993)

Greig, Andrew, *Preferred Lies*, 2006

Gunn, John,(ed.) *The Orkney Book*, 1909

Haswell-Smith, Hamish, *The Scottish Islands*, 1998

Hewison, W.S. *Who Was Who in Orkney*, 1998

Hunter, James, *The Making of a Crofting Community*, 2010

Kerr, John, *Memories Grave and Gay*, 1903

Lamb, Raymond, The Orkney Trebs, Settlement in North Britain, British Archeological Reports, 1983

Low, George, *A Tour Through the Islands of Orkney and Schetland,* 1879

Mackintosh, W.R., *Around the Orkney Peat Fires,* 1938

Marwick, Ernest, W., (ed.) *An Anthology of Verse*, 1949

Marwick, Ernest,W., Creatures of Orkney legend and their Norse Ancestry, Norveg, Folfelivsgransking 15, 1972

Marwick, Ernest, W., *The Folklore of Orkney and Shetland*, 1975

Marwick, Hugh, *The Orkney Norn*, 1929.

Marwick, Hugh, *Merchant Lairds of Long Ago*, Part 1 & 2, 1936 & 1939

Marwick, Hugh, *Orkney*, 1951

Miller, Ronald, *Orkney*, 1976

Miller, R and Davies, Susan L, Eday and Hoy; A Development Survey. 1967

Muir, Christine, *Orkney Days*, 1986

Munro, R.W. *Scottish Lighthouses*, 1979

Natusch, Sheila, *The Natural World of the Traills*, 1995

Neil, Patrick, *A Tour Through some of the Islands of Orkney and Shetland*, 1806

NSA, *The New Statistical Account of the Orkney Islands,* 1842

OADS - Orkney Agricultural Discussion Society

OAJ, Orkney Agricultural Journal

Omand, Donald, (ed.) *The Orkney Book*, 2003

Omond, James, *Orkney 80 Years Ago*, 1980

Palsson, Herman and Edwards, Paul, *Orkneyinga Saga*: The History of the Earls of Orkney, 1978.

Orcadian, The, newspaper

Orkney Herald, The, newspaper

Peterkin, Alexander, *Notes on Orkney and Zetland,* Vol 1. 1822

POAS Proceedings of the Orkney Antiquarian Society

PSAS - Proceedings of the Society of Antiquaries of Scotland,

Rendall, Jocelyn, *A Jar of Seed Corn*, 2002

Rendall, Robert*, An Orkney Shore*, 1960

Robertson, J.D.M. (ed.) *An Orkney Anthology*; Selected Works of Ernest Walker Marwick, Vol 1, 1991

Robertson, J.D.M.,Irvine, James, M. & Sutherland, Marie, E., (eds.) *An Orkney Anthology;* Selected Works of Ernest Walker Marwick, Vol 2, 2012

Robertson, J.D.M., *The Press Gang in Orkney and Shetland,* 2011

Scott-Moncrieff, George, *The Scottish Islands*, 1952

Scott, Mary, *Island Saga : A Story of North Ronaldsay*, 1967

Scott, Walter, *The Pirate*, 1822

Scottish Agriculture, 1952

Shirreff, John, *General View of the Agriculture of the Orkney Islands*, 1814

Spence, Sheila and Leith, Peter, 1977 *Orkney Threshing Mills.*

Stoughton Holbourn, Ian B., *The Isle of Foula*, 2001

Thomson, William, P.L., *The Little General and the Rousay Crofters*, 1981

Thomson, William, P.L., *Kelp-Making in Orkney,* 1983

Thomson, William, P.L. *The History of Orkney*, 1987

Thomson, William, P.L. *The New History of Orkney,* 2001

Thomson, William, P.L. *Orkney Crofters in Crisis*, 2013

Traill, Rev. Walter, *Vindication of Orkney*, 1823

Tudor, John, R., *The Orkneys and Shetland:* Their Past and Present State, 1883

Tulloch, Peter, A., *A Window on North Ronaldsay,* 1974

Wallace, James, *An Account of the Islands of Orkney,* 1700

Wilson, John, *Tales and Travels of a School Inspector*, 1928

Wilson, Len, Frontiers Magazine, The Orkney Yole, frontiersmagazine.org

Biography

Born in Orkney, Ann studied art history at Aberdeen University. As Curator of the Pier Arts Centre in Stromness, she created a number of exhibitions including 5000 Years of Orkney Art and served on the Scottish Arts Council for four years.

As Sound Archivist from 1980 to 1990, she helped establish the Orkney Sound Archive, contributing oral material to the Imperial War Museum and BBC Radio 4 programmes. Her research into the working lives of women in Orkney was featured in the documentary Grampian Television series 'Time Quines' in 1994. More recently she has produced and presented an oral history series, The Wey Hid Wis, for BBC Radio Orkney.

For 20 years she was the District Islands Manager for Historic Environment Scotland, responsible for sites in Barra, the Western Isles, Orkney and Shetland. A past Chair of Destination Orkney, she is also a World Host Customer Service trainer. Currently Ann is on the Board of the Orkney Heritage Society and is a Trustee of Stromness Museum.